CHAMPAGNER

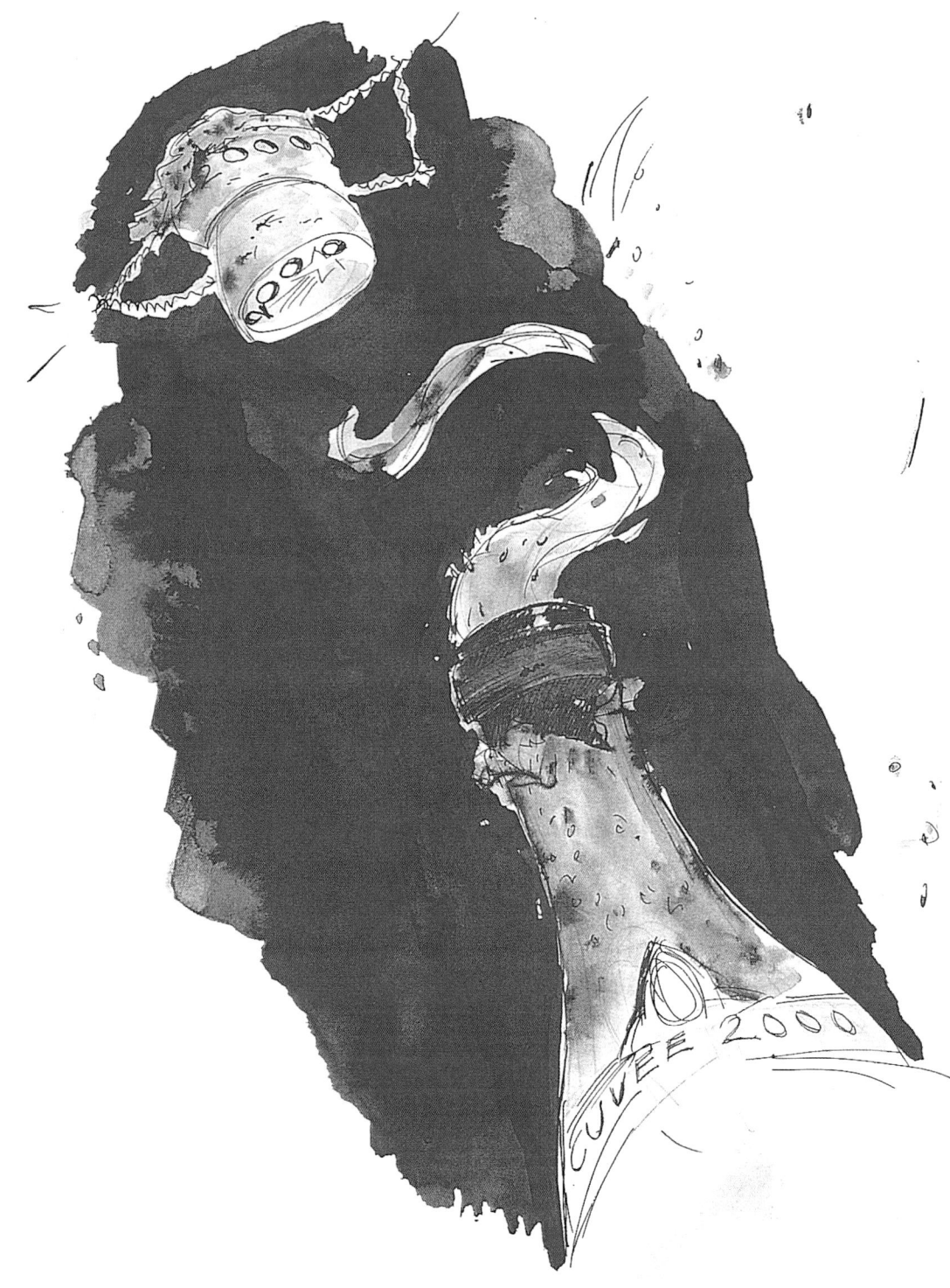

Rolf Bichsel

CHAMPAGNER

Mit
Illustrationen
von
Barbara Schroeder

SIGLOCH
Edition

Vorwort

D er Champagner ist ein Hochgetränk, besonderen Ereignissen vorbehalten – und trotzdem unglaublich populär. Rund 300 Millionen Flaschen werden davon jährlich abgefüllt – genug, so sagt man sich, um die ganze Welt mit Schaum zu beglücken. Dennoch hat er Platz gelassen für zahlreiche Nachahmer. In Deutschland sprudelt der Sekt, in Spanien prickelt der Cava, in Italien schäumt der Spumante und in Frankreich werden seine Kopien heute von Gesetzes wegen Crémant genannt. Aus Amerika kommt der *Sparkling wine* – nicht selten in Weinfabriken produziert, deren Gründer und Aktionäre bekannte Champagnerhäuser sind. Um die Kopie vom Original zu unterscheiden, um Verwechslungen und Missbräuchen vorzubeugen, hat die Weinbaubehörde der Champagne durchgesetzt, dass die Methode, nach der die besseren dieser Schäumer gekeltert werden, nicht mehr wie früher *méthode champenoise* oder Champagnermethode heißen darf. *Méthode traditionelle* (auf Deutsch: klassische Flaschengärung) muss heute die Technik genannt werden, wie sie in der Champagne über Jahrhunderte hinweg entwickelt wurde – übrigens von Einheimischen wie von deutschen Einwanderern, was zumindest dieser Nation eine Art historisches Recht dazu geben würde, sich der betreffenden Methoden zu bedienen.

Das Theater um den Namen einer Herstellungsart ist eigentlich Wortklauberei. Ein Begriff macht noch lange keinen Wein. Zwar sind viele Sprudler aus anderen Schaumweinregionen von beachtlicher Qualität und dem einfachen, neutralen Dutzendchampagner (ja, auch den gibt es) ebenbürtig. Doch der Ruf und die absolute Güte eines Produktes illustriert nicht die Basis, sondern die Spitze: Man wird ja wohl nicht ausgerechnet den einzigen Österreicher auf die Bretter stellen, der nicht

Ski laufen kann, um die Qualitäten des Landes als Skination Nummer eins in Frage zu stellen. Die Vormachtstellung des Champagners (und Österreichs als Skination!) bleibt daher intakt und wird auch nicht durch Zufallssiege von Schaumweinen über Champagner auf wettkampfmäßigen Vergleichsdegustationen gebrochen oder durch Perioden der Reorganisation. Denn ganz so, wie ich als gebürtiger Schweizer und Ex-Fan von Russi, Zurbriggen & Co., den Skistars meiner Jugend, neidlos anerkennen muss, dass Österreicher Abfahrtsläufer einfach ein paar Millimeter Oberschenkelumfang mehr aufweisen, einfach eine Spur fescher über die Piste brausen, kommen Produzenten von Schaumweinen nicht darum herum, die Vormachtstellung der Champenois zu akzeptieren, ja, sie haben immer nur ein Ideal vor Augen, den großen, außergewöhnlichen Champagner. Kein anderer Schaumwein der Welt besitzt diese Finesse, Frische, Länge, Fruchtigkeit, Saftigkeit, Herbe, Würze, Kraft und Eleganz, die in eine ganz außerordentliche Ausgewogenheit mündet, und kein anderes Genussmittel der Welt symbolisiert so schön das Zusammengehen von Mensch und Natur, von Technik und Handwerk, von Erkenntnis und Erfahrung.

Entstanden ist – oder besser, hervorgedacht wurde – der Champagner im Zeitalter der Aufklärung, des Lichts (*le siècle de la lumière* nennen die Franzosen sehr treffend diese Periode). Er symbolisiert darum auch irgendwie das Erwachen des Menschen, der nach einer langen, dunklen, barbarischen Periode gleichsam ans sprudelnde, glänzende Licht des Wissens und der Zivilisation tritt. Darum ist Champagner geradezu zur Metapher geworden für Menschlichkeit, Vorstellungskraft, Inspiration, Kunst und eine ganze Menge anderer schöner Dinge, von denen in diesem Buch die Rede sein soll.

Rolf Bichsel

Inhalt

Mythos Champagner

Vorgeschichte des Champagners

Von der Kultur des Champagners und der Zeitlosigkeit des Trinkvergnügens

Besungen haben ihn so gut wie alle Dichter der Weltliteratur und die Liste derer, die ihn totgeschwiegen, ist garantiert schneller erstellt als ein Verzeichnis derjenigen, die ihm Lobgesänge widmeten. Über die Einmaligkeit des Champagners und seine Zeitlosigkeit oder warum der Genuss eines Glases Champagner einer Reise mit der Zeitmaschine gleicht ...

Ein großer Bordeaux ist ein Roman mit ellenlangem Vorgeplänkel, durch das man sich hindurchquälen muss, um zu seiner – dann allerdings faszinierenden, bis zum letzten Schluck fesselnden – Essenz zu gelangen. Ein großer Burgunder ist ein magistrales Theaterstück, das mit einem Paukenschlag beginnt und wonnig und gleichsam in Minne endet. Großer Champagner aber ist das feinfühlige Gedicht, das romantische Poem unter den Weinen.

Nicht zuletzt darum hat der Champagner wie kein anderer Wein die Federn der großen Dichter inspiriert. Nur wenige schwiegen ihn tot. Henry James etwa, der nur Whisky trank, Hermann Hesse, der den Elsässer Weißen den Vorzug gab, oder Victor Hugo, der den Schäumer abgrundtief hasste, wie François Bonal schreibt, Verfasser einer „Anthologie des Champagners in der Weltliteratur", die so dick daherkommt wie die Bibel. Die meisten anderen aber erwähnen ihn gelegentlich oder schreiben ihm feurige Liebeserklärungen. „Was mich anbelangt, ich liebe sie über alles, die Ecke am Kaminfeuer, den Gesang der Grillen und was am besten dazu passt, einen Hummersalat, etwas Champagner und ein geistvolles Gespräch", dichtete Lord Byron, der Vater aller Romantiker, in seinem Don Juan oder noch schöner: „ ... eine Flasche Champagner, durch die Kälte zu einem eisigen Likör reduziert, der in seinem

Zentrum einige Tropfen eines unsterblichen Morgentaus birgt, den Inhalt eines Glases ungefähr, aber über jeden Preis erhaben und belebender als der großzügigste Wein aus der reifsten Traube, in ihre flüssigste Form gebracht? Das ist der ganze Geist des Weins, auf seine Quintessenz reduziert …"

Champagner als Quelle der Inspiration, Champagner als Wein höchsten Ausdrucks, größter Reinheit und Feinheit, Champagner als Wein hoher Geisteskultur und – nicht zuletzt, schließlich ist es Don Juan, durch dessen Mund Byron zu uns spricht – Champagner als Wein der Liebe: Fast alles ist in diesen 1819 veröffentlichten Zeilen vereint, was die Größe dieses einmaligen Rebensaftes ausmacht.

Champagner ist kein Wein wie andere, nicht nur weil er schäumt und prickelt. Er ist von ganz besonderer Konstitution, von ganz besonderem Gehalt, wie Mediziner und Chemiker jüngst voller Erstaunen entdeckten; er ist von äußerst komplexer Machart, er ist von einmaliger Klarheit, von geradezu kristallener Art. Dass er prickelt und leise summt im Glas, ist eine glückliche Fügung, eine Ergänzung auf dem Weg zur Vollendung, ein zusätzliches kleines Wunder der Natur und des erfinderischen Menschen. Einen Kelch voll Champagner ans Licht zu heben, mit dem glitzernden Glas einen Sonnenstrahl einzufangen, die Bläschen aufsteigen zu sehen in den Himmel, das ist wie eine Sanduhr verkehrt herum ablaufen zu lassen, von unten nach oben, die Zeit nicht als etwas Vergehendes und rasch Verblichenes zu betrachten, sondern als etwas Verdientes, für immer Erworbenes. Ein Glas Champagner ist ein Prisma, in dem die Welt sich bricht.

„Im Kamin brannte fröhlich die Flamme, und das sanfte Licht der Glühlampen in Form von silbernen Lilien spiegelte sich in den Bläschen, die glänzend in unseren Gläsern aufstiegen", schrieb sinnig H.G. Wells in seiner „Reise mit der Zeitmaschine". Stimmungsvoller kann man die Zeit kaum verbringen als mit einem Glas Champagner in der Hand.

Einer Reise mit der Zeitmaschine kommt auch die Geschichte des Champagners gleich. Doch sie wäre nicht wirklich der Werdegang eines edlen Getränks, würde sie linear verlaufen, von einem Punkt zum anderen. Denn der Champagner gleicht auch diesbezüglich nur sich selber und seiner Geschichte geht es nicht anders als seinen Bläschen. Diese entstehen in einem imaginären, geheimnisvollen Zentrum, schwärmen aus und schweben in den Himmel auf unberechenbarem Kurs. Die Geschichte des Champagners erleben heißt, immer wieder in ein Glas zu tauchen, sich von diesem und jenem Bläschen aufpicken zu lassen, sich treiben zu sehen im Strudel der Zeit und atemlos und doch ohne Hast kreuz und quer durch die Epochen zu purzeln. Das und nicht mehr will dieses kleine Buch, ein Glas Champagner sein mit vielen Bläschen. Lesen Sie es darum genau so, wie Sie an einem Glas Grand siècle von Laurent-Perrier nippen: mit Maß und in kleinen, empfindsamen Schlucken.

Der Champagner ist ein französisches Produkt und seine Geschichte ist eng mit der französischen verknüpft. Das Lebensgefühl des *grand siècle*, des großen 18. Jahrhunderts, ist denn auch das Bad, in dem der neugeborene Champagner sich zuallererst vergnügte, der Quell, an dem er sich am meisten labte. Doch hält sich der Champagner – auch diesbezüglich ist er, und das verdientermaßen, der Wein aller edlen Geister – an keine künstlich vorgegebenen Grenzen. Der Champagner ist der Wein der Aufklärung, der französischen Revolution u n d der darauf folgenden Restauration, er wurde hüben und drüben verehrt, von den Verfassern des kommunistischen Manifests ebenso wie von den Vertretern des Kapitals, und auf den preußisch-bayerischen Vertrag, der im November 1870 unterzeichnet wurde und die Einheit Deutschlands besiegelte, stieß Bismarck nicht etwa mit Sekt von der Mosel an, sondern mit etlichen Gläsern Champagner, und dies, obwohl Frankreich Deutschland vier Monate zuvor den Krieg erklärt hatte.

Nein, den Champagner auf seine geographischen Grenzen reduzieren zu wollen, wäre verfehlt. Das führte zu solch pauschalen Dummheiten wie „Die Franzosen sind so windig wie ihr bevorzugtes Getränk, der Champagner", wie einst einer meiner Schulmeister meinte, der es in seinem Leben nie weiter brachte als zu ein paar oberflächlichen Aphorismen. „Ohne die Mithilfe anderer Nationen, darunter besonders der englischen und der deutschen", ist man versucht zu antworten, „wäre der Champagner gar nie zu seinem „Wind" gekommen". Unterstreichen wir also noch einmal, dass der Champagner zwar aus Frankreich kommt, aber dennoch ein durch und durch europäisches Getränk ist, mehr noch: ein Symbol für die wohl bestmögliche Form eines geeinten Europa, eines Europa der Regionen. Er ist der flüssige Beweis dafür, was man erschaffen kann, wann man gemeinsam am gleichen Strick und in die gleiche Richtung zieht und dennoch auf kulturellen Austausch pocht und nicht auf gewalttätige Domination, und weise regionale Sitten und Eigenheiten, oder, wie die Franzosen so treffend sagen, das *terroir*, den Boden respektiert, wobei *terroir*, im Gegensatz zum *sol* einen geographischen Raum und dessen Ausdruck, Geschichte, Klima, Eigenheiten und nicht zuletzt dessen Bewohner meint. Ein *terroir* aber prägt einen Menschen, im Gegensatz zum *sol* mit seinen künstlich erzwungenen Grenzen, ob er nun seit tausend Jahren an Ort und Stelle weilt oder erst seit zwei. Die Bewohner der Provinz der Champagne, des Departements Marne haben uns dies zur Genüge bewiesen. Keinem Menschen käme es in den Sinn, den Bollinger, Krug oder Heidsieck das Recht abzusprechen, sich als Champenois und Franzosen zu fühlen, trotz ihres Namens mit dem germanischen Akzent, der auf ihre Herkunft von jenseits der

Grenze hinweist. Man ist ihnen vielmehr dankbar für die geleisteten Verdienste rund um die Entwicklung eines Hochproduktes und seiner Verbreitung. Auch in dieser Hinsicht symbolisiert der Champagner den fruchtbaren Austausch der Nationen, die geglückte Verbindung von Natur und Geist, von Technik und Ökologie, von Fortschritt und Traditionsbewusstsein, und prädestiniert sich so gleich selbst zum Wein des dritten Jahrtausends.

Dass die Banalisierung, dieser Vielfraß, diese Geißel des ausgehenden 19. und des 20. Jahrhunderts, auch vor dem Champagner nicht halt macht, wollen wir damit gar nicht bestreiten. Demokratie – die beste aller schlechten Regierungsformen – hat immer auch mit Mittelmäßigkeit zu tun. Dass ein Gutteil der rund 300 Millionen Flaschen Champagner, die zur Zeit jährlich die Keller verlassen, „nur" von ordentlicher Qualität sind, stellt an sich schon eine Leistung dar. Auch wenn nur zehn Prozent aller Champagner der Klasse der herausragenden Weine angehören würden, wäre diese Menge immer noch groß genug, niemand unter der Knappheit großer Champagner leiden zu lassen, sondern – und das ist die gute Seite der Demokratisierung – es jedem Genießer zu ermöglichen, davon so viel zu kosten, wie er seiner Leber und seinem Geldbeutel zumuten will.

Apropos Geldbeutel, und dies ist eine weitere positive Eigenschaft des Champagners: Er ist zwar kostbar, aber nur gerade so teuer, wie ein solch edles Produkt sein soll, damit es sich den nötigen Respekt verschafft. Er kostet weniger als die meisten anderen, vergleichbar großen Weine und hat erst noch den Vorteil, dass er augenblicklich Freude bereitet. Er verlässt den Lagerkeller erst im Stadium der Reife und kann (auch wenn ihm ein paar Monate oder zwei, drei Jahre der zusätzlichen Kellerruhe gut anstehen) deshalb rasch geöffnet werden. Ein großer Bordeaux oder Burgunder aber wartet zehn, zwanzig, dreißig Jahre im Keller auf seine optimale Reife.

Auf den nächsten Seiten folgen einige Geschichten rund um die Geschichte des Champagners, die, im Einklang mit dem vorher Gesagten, mit der Philosophie des Champagners, nicht streng chronologisch aufgezeichnet sind, sondern eben im Rhythmus der Bläschen, die wie Ideen und Gedanken ihrer ganz eigenen Logik folgen. So haben wir denn auch die ganze Vorgeschichte des Champagners in den zweiten Teil dieses Buches verbannt: Schließlich versteht die Vergangenheit nur, wer sie durch die Brille der Gegenwart betrachten kann. Bei aller Sachlichkeit, bei allen

Bemühungen um Quellentreue, wollen die folgenden Zeilen vor allem eines sein: eine Hommage an all die Frauen und Männer, die sich in der Vergangenheit wie der Gegenwart um die wahre Kultur des Champagners verdient gemacht haben. Dass daraus eine weitere Liebeserklärung an den Champagner geworden ist, ließ sich dabei nicht verhindern.

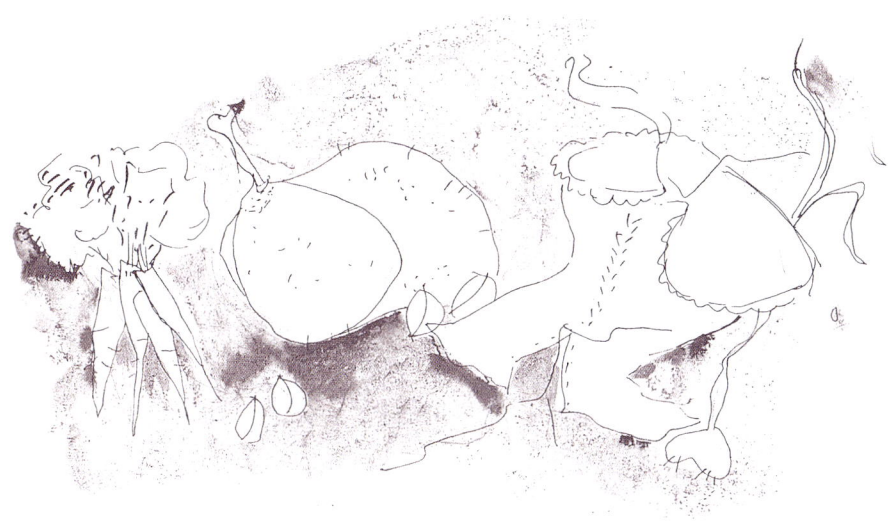

Ein Apostel des Champagners: Saint-Evremond oder die Leichtigkeit des Seins

Wenn ihm England das Verdienst strittig macht, den Champagner erfunden zu haben, so bleibt Frankreich wenigstens der Trost, den Mann hervorgebracht zu haben, der dessen „Erfindung" direkt gefördert hat: Charles de Marguetel de Saint-Denis, Marquis de Saint-Evremond. Hier erzählen wir vom Leben und Wirken eines Mannes, der zu den größten Freigeistern, Literaten und Feinschmeckern seiner Zeit zählt, sein halbes Leben im Exil verbrachte und in einem seiner letzten Briefe sich noch um die Zukunft des Champagners sorgte. Eine Geschichte als Einstieg in unsere Reise durch die Welt des Champagners, wie sie nur das Leben schreiben kann …

Nie gehört, den Namen Saint-Evremond? Kein Wunder, denn sein Lebensschicksal hat ihn um öffentliche Anerkennung gebracht. Andere Literaten und Haudegen seiner Zeit haben an seiner Stelle Ruhm geerntet. D'Artagnan und Cyrano de Bergerac sind als Romangestalten in die Literatur eingegangen; Racine, Corneille, La Fontaine und Molière gelten als die großen Poeten ihrer – und seiner – Zeit und als Champagner-Apostel wird heute allgemein der brave Mönch Dom Pierre Pérignon gefeiert. In den meisten Werken über die Entstehung des Champagners kein Wort über den sinnlichen Lebemann, kein Wort über das geistige Zentrum des damaligen Paris, den Salon der Marquise de Sablé, wo Saint-Evremond sich durch Witz und Geist hervortat und seine Zeitgenossen über die wichtigsten Eigenschaften großer Weine und großer Küche unterrichtete: Ausgewogenheit, Feinheit, Leichtigkeit und Bekömm-

lichkeit und als Illustration die Rebensäfte der Hänge um Reims, Aÿ und Avenay zitierte. Kein Wort über seine Verdienste als Botschafter französischer Lebensart am Hof der Stuart in London. Vergessen seine von Großmut und Raffinesse durchwirkten literarischen Werke, heute nur mehr in verstaubten Bibliotheken auffindbar.

Was ihm postum verwehrt geblieben ist – die öffentliche Anerkennung –, war ihm schon zu Lebzeiten nicht gegönnt. Keine fette Pfründe als Dank für geleistete Dienste auf den zahlreichen Schlachtfeldern der Epoche. Weder Ludwig XIII. noch Anne von Österreich noch Ludwig XIV., die Regenten Frankreichs seiner Zeit, noch deren Statthalter, die Kardinäle Richelieu und Mazarin, ehrten den unbequemen Libertiner, dessen wichtigstes Gut seine Freiheit war, sondern straften ihn im Gegenteil mit Festungshaft und Verbannung. Und nicht einmal die Tatsache, dass seine Gebeine heute in Westminster Abbey ruhen, ist ein Zeichen für späten Ruhm: Man wusste ganz einfach nicht, wohin mit den sterblichen Resten des tapferen Ritters und Philosophen, der im stolzen Alter von 89 Jahren dieser schnöden Welt den Rücken kehrte, und entledigte sich seiner und künftiger Gewissensbisse, indem man ihn in der Londoner Abtei in die Ecke der verstorbenen Dichter verbannte. Doch eines ist sicher: Nicht einmal mit dieser Geste hat man den Freidenker zum Schweigen gebracht. Wenn es irgendwo ein Jenseits gibt, wird sich Saint-Evremond auch dort keinem Diktat von oben beugen, wird weiter unbestechlich bleiben, sich weiter den Leidenschaften widmen, die sein ganzes Leben bestimmt hatten: der Verehrung der schönen Damen, der Literatur, der Musik und der Feinschmeckerei. Zu wünschen ist ihm nur, dass der Kellermeister des Himmels Verständnis zeigt und Kennertum und den stoischen Marquis mit genügend Cristal von Roederer versorgt oder mit Comte de Champagne von Taittinger, diesem luftigsten, leichtesten, liebenswürdigsten aller Champagner, und nicht mit sprödem Crémant von der Loire.

Charles de Marguetel de Saint-Denis, Marquis de Saint-Evremond (oder *chevalier,* Ritter, wie er sich selber am liebsten bezeichnete), wurde im Dezember 1613 oder im Januar 1614 geboren, als Sohn normannischer Landadeliger, deren einzig nennenswertes Verdienst es war, zu den wenigen Getreuen zu gehören, die den König, dem sie dienten, Heinrich IV., zeit ihres Lebens nie verrieten. Seine Ausbildung genoss er bei den Jesuiten im Kollegium von Clérmont und an der Militärakademie von Harcourt, zwei bekannten Bildungsstätten der Kapitale Paris, was ihm nicht nur umfassende Kenntnisse in Mathematik und Fechtkunst bescherte, sondern auch in der lateinischen Sprache, und so ganz nebenbei eine profunde Kenntnis antiker Texte. Nicht nur der offiziell gelehrten, sondern auch der inoffiziellen: Unter der Bettdecke las er Petronius" "Satiricon", ein ebenso geistreiches wie fröhliches und laszives Werk, in dem Erotik, Wein, feines Essen und rauschende Feste den roten Faden bilden und das wir heute zumindest als gewagt, wenn nicht gar als pornographisch bezeichnen würden. Der erste Roman der Literaturgeschichte hatte einen großen Einfluss auf seine Lebensphilosophie. Von Petronius – wie Saint-Evremond ein *arbiter elegantiae,* ein Richter des guten Geschmacks seiner Epoche – schrieb er später, er sei der einzige Autor der Antike, der mit so viel Zärtlichkeit über die Freuden des Fleisches geschrieben habe wie die französischen Dichter Ronsard oder du Bellay, zwei Klassiker des 16. Jahrhunderts.

Im Sommer 1630 wurde Saint-Evremond Fähnrich im Régiment Royal Champagne, das die schöne Devise „je m'en fous" im Stander trug – was etwa zu übersetzen wäre mit: „das schert mich einen feuchten Dreck". Beides, der Name des Regimentes wie dessen Devise, sollten bestimmend sein für sein späteres Leben. Über zwanzig Jahre lang führte Saint-Evremond das Leben eines jungen Landadeligen seiner Zeit, der einzig wählen konnte zwischen einer Laufbahn als Geistlicher, als Jurist oder als Kriegsmann. Er schlug sich tapfer in zahlreichen Schlachten, wurde Leutnant und endlich Feldmarschall. Er nahm an der Belagerung und Eroberung von Arras (1640) teil und diente im Regiment des großen Condé, eines der wichtigsten Feldherren seiner Zeit, zusammen mit so illustren Persönlichkeiten wie Cinq Mars, dem Schildknappen des Königs, La Rochefoucauld, Cyrano de Bergerac, d'Artagnan oder Isaac de Porteau, den Dumas in seinem Roman „Die drei Musketiere", im Jahre 1844 veröffentlicht, lautmalerisch Porthos nennt.

Am Marschallsstab sollte Saint-Evremond sich indes nicht lange freuen. Denn kaum hatte er diesen in der Tasche, wurde er auf Geheiß des Statthalters des unmündigen Königs Ludwig XIV., des Kardinals Mazarin, ein erstes Mal in die Bastille gesteckt. Die wenigen Historiker, die sich mit dem Leben und dem Werk des Ritters auseinander gesetzt haben, rätseln noch heute über die Gründe dieser Internierung. Am wahrscheinlichsten ist wohl, dass man damit dem Freidenker eine Lehre erteilen wollte, der sich nicht dazu bequemen konnte, der Staatsraison zuliebe aufs lockere Mundwerk zu hocken, und es sich nicht nehmen ließ, mit spitzer Feder das Zeitgeschehen zu kommentieren und dabei auch vor den höchsten Sphären der Politik nicht Halt machte.

Einer zweiten Internierung im Jahre 1657, immer aus den nämlichen Gründen, folgte die Flucht nach England im Jahre 1661. De Marguetel entging nur mit Glück den Häschern des Königs, die ihn einmal mehr hinter den dicken Mauern der Bastille versorgt wissen wollten, diesmal, weil er es gewagt hatte, in seinem Pamphlet „Le traité de paix des Pyrénées" (betreffend den Friedensvertrag zwischen Frankreich und Spanien) nach seinem Premierminister, dem Kardinal, auch Ludwig XIV., den künftigen Sonnenkönig, zu kritisieren, der eben den Thron bestiegen hatte. Den Rest seines Lebens verbrachte Saint-Evremond im Exil, als Literat, als Poet, als Richter des guten Geschmacks – in London meist, von einem Abstecher nach Den Haag abgesehen, wo er die Jahre 1665 bis 1669 verbrachte.

Weit interessanter als die militärische Karriere des Saint-Evremond ist seine Laufbahn als Lebemann, die wohl gleichzeitig mit ersterer begann. Wie öde wäre das Leben eines jungen Kavaliers von Stand gewesen ohne die durch und durch weltlichen Vergnügungen, mit denen er sich die Zeit zwischen zwei Feldzügen versüßte!

Glücklicherweise schlug man sich grundsätzlich nur im Sommer, im Winter tat man sich in der Kapitale an anderen Fronten hervor. Das Paris der Régence, von Dumas in seinen „Musketieren" in den schillerndsten Farben gemalt, als an Stelle des ewig kranken und früh verstorbenen Königs Ludwig XIII. und dessen unmündigen Sohnes Ludwig XIV. offiziell Königin Anne von Österreich regierte, in Wirklichkeit aber die Kardinäle Richelieu und später Mazarin das Zepter führten, war das Paris der verbotenen Duelle – über 15 000 Tote forderten die Ehrengeplänkel in Frankreich damals pro Jahr, mehr als heute der Straßenverkehr –, aber auch das Paris der lockeren Sitten, der Ausschweifungen, der amourösen Abenteuer, in der eine Dame von Welt so viele Liebhaber vorzeigen durfte wie Finger an der Hand, wo eheliche Treue als Unding galt und der Seitensprung als Adelspflicht. Die exquisitesten Schönheiten des Reiches hielten Salon und empfingen in ihren Gemächern alles, was Rang und Namen hatte: Adlige, Politiker, Literaten … Man tafelte und zechte und parlierte gewandt und mit Stil und kommentierte süffisant das Zeitgeschehen, man las und spielte die neusten Werke aus der Literatur und der Musik. Und zog sich anschließend ins Schlafgemach zurück und gab sich dort noch ganz andern Freuden hin – in wechselnden Duos, je nachdem, wer gerade die Gunst der Stunde besaß.

In dieser Welt voller Charme und Leichtigkeit tat sich einer besonders hervor: der Marquis de Saint-Evremond. Böse Zungen behaupteten gar, sein späteres Statut als Verbannter und Verkannter sei Strafe für die Ausschweifungen und Verfehlungen, die er in der wildesten Zeit seines Lebens begangen habe. Nicht nur gehörte er zu den Lieblingen der galanten Damen, „groß und gut geformt" wie er war, mit „offenen Gesichtszügen und breiter Stirn und einem maliziös blitzenden Lavendelblick, der noch zusätzlich verstärkt wird durch dichte, schwarze Wimpern, und dessen Bedeutung die Damen augenblicklich zu verstehen glauben", wie einer seiner Widersacher neidisch gestand. Er galt rasch auch als einer der geistreichsten Plauderer der Kapitale und stand im Ruf, einer der größten Kenner von Wein und Speisen zu sein, „le plus exquis du royaume", wie ein anderer Zeitgenosse berichtet.

Seine Weinkenntnisse hatte er sich nicht zuletzt auf verschiedenen Feldzügen erworben, die ihn mehrmals nach Flandern führten und, während der Grenzstreitigkeiten des Dreißigjährigen Krieges, immer wieder mal an den Rhein – natürlich und dank seiner Zugehörigkeit zum königlichen Bataillon der Champagne. So fand sich Saint-Evremond während fast 25 Jahren jeden Frühling in der Champagne wieder und der Teufel hätte ihn reiten müssen, hätte er nicht die Gelegenheit genutzt und wäre nicht in die Keller der Abteien von Hautvillers, Pierry oder Reims hinuntergestiegen, um höchstpersönlich die Rebensäfte auszulesen, mit denen sich zu stärken er auch im Feld die Gewohnheit hatte. Hier erwarb er seine Kenntnisse der Verkostung, die ihn zum wichtigsten Weinkenner seiner Zeit machten, das heißt, indem er wie wir heutigen Weintester von Fass zu Fass schritt und die Pipette in das kühle, prickelnde Nass tauchte, dieses in den bereitgehaltenen Kelch sprudeln ließ und sorgfältig Weine unterschiedlicher Lagen und Cuvées miteinander verglich. „Die Weine aus dem Marnetal, insbesondere die aus Aÿ, sind von besonderer Finesse, die Weine aus der Gegend von Reims hingegen kräftiger und besser haltbar", notierte er und gab seine Beobachtungen an seine Umgebung weiter. So schrieb er später aus seinem englischen Exil an einen seiner besten Freunde, den Grafen d'Olonne: „Außer der Champagne gibt es kaum eine Provinz, die ausgezeichnete Weine für das ganze Jahr hervorbringt. Sie liefert uns die Weine aus Aÿ, Avenay und Hautvillers bis in den Frühling und die Weine aus Taissy, Sillery und Verzenay für den Rest des Jahres."

Diese knappen Zeilen – die im Übrigen im ersten ernst zu nehmenden Werk über das Herstellen von Champagner ihre Bestätigung finden sollten, „Manière de cultiver la vigne et de faire du vin en Champagne" des Geistlichen Jean Godinot, erschienen im Jahr 1717, sind Quelle einiger unschätzbarer Informationen. So erfahren wir, dass die leichten, luftigen Weine aus dem Marnetal am besten während der ersten sechs Monate nach der Ernte schmeckten und Ende April geleert sein wollten und man sich anschließend den korpulenteren Gewächsen der Montagne de Reims zuwandte, die Kraft genug besaßen, bis zur nächsten Ernte vorzuhalten. Saint-Evremond trank folglich noch stillen Champagner, der allenfalls etwas perlte wie Schweizer Chasselas vom Genfer See, luftigen, leichten, jungen Weißwein von gräulicher Farbe, gepresst aus den roten Trauben des Pinot Noir.

Dieses feingliedrige, subtile, gleichsam geistvolle Getränk, das ihm stellvertretend schien für eine ganze Denk- und Lebensweise, die hin zu Ausgewogenheit, Eleganz und Raffinesse tendierte, war wie geschaffen für einen Kult, den Saint-Evremond in der Folge in den Salons der Hauptstadt etablierte, und dabei so ganz nebenbei und quasi als Begleiterscheinung auch die Erfindung der „neuen Küche" vorwegnahm, einer leichten, eleganten Küche, die auf größte Qualität der Grundprodukte achtete und auf deftige Beigaben und schwer verdauliche Saucen verzichtete – wohlgemerkt über dreihundert Jahre bevor zwei selbst ernannte Gastronomiepäpste namens Gault und Millau in Paris die Geburt der *nouvelle cuisine* verkündeten!

Seinen größten Einfluss übte Saint-Evremond in den Salons des Marais aus, des Stadtteils von Paris, der damals gerade besonders in war und heute gerade wieder einmal wird, und besonders im Salon seiner Freundin, der Markgräfin von Sablé. Ausgestreckt auf ihrem Bette empfing diese ihre Gäste: Die männlichen ließen sich auf dem Fußboden nieder, die weiblichen auf den Sesseln, die fleißige Bedienstete im Schlafgemach verteilten. Man tafelte und zechte stundenlang und betrieb galant Konversation – theoretisch zumindest und während einer gewissen Zeit, denn erhitzt durch zu reichlich genossenen, feurigen, spanischen Wein, durch zu zahlreiche, mit-, auf- und durcheinander gereichte Gänge, die fast immer Fleisch und Saucen enthielten, denn Gemüse war rar und teuer, fiel auch der tapferste Schlemmer unweigerlich in tiefsten Schlaf, und nur die mäßigsten unter den Gästen widerstanden, so etwa unser Saint-Evremond, der als einziger unbeirrt weiterplauderte, sich aber bald seines Publikums betrogen sah, das schnarchte wie ein Bataillon betrunkener Husaren. Weitere Begleiterscheinung dieser Völlerei: Die Damen, die sich die Pfunde, die sie in den Salons gewannen, ja nicht auf Feldzügen wieder vom Leibe strampeln konnten, nahmen rasch an Leibesfülle zu und zeigten zu viel Embonpoint sogar für eine Epoche, die in der Vollschlankheit ihr Schönheitsideal sah. So glich die Marquise mit vierzig einem Modell von Rubens, und eine ihrer Freundinnen, die Marquise d'Olonne, Gast des Salons wie der Marquis, ihr Gatte, beklagte nicht nur ihre Gewichtsprobleme, sondern noch mehr die nachlassende Manneskraft ihres Ehemanns wegen im Übermaß genossener Nahrung.

Madame de Sablé fürchtete nicht nur um ihren Ruf, sondern auch um das Überleben ihres Salons. Würde er nicht im Meer der beginnenden Dekadenz Schiffbruch erleiden wie andere ähnliche Institutionen der Kapitale? Sie handelte rasch und gezielt: Renard, der bekannteste Feinkoch der Stadt, wurde damit beauftragt, eine neue, leichtere Küche auszuarbeiten. Man pochte auf möglichst frische Grundprodukte, man verkürzte die Garzeiten, um den Geschmack der Nahrungsmittel zu erhalten, man verzichtete auf den Gebrauch aller möglichen Gewürze, man verfeinerte die Saucen – genau so, wie das Fernand Point, Paul Bocuse und Michel Guérard, drei der „Erfinder" der *nouvelle cuisine*, im zwanzigsten Jahrhundert tun sollten. Mit solchem Eifer betrieb die Marquise diese Küchenrevolution, dass sie sich gleich selber an den Herd stellte. Offenbar mit Erfolg, denn die besten Freunde gaben Bestellung auf: Der Herzog von La Rochefoucauld verlangte „Karottensuppe, Hammelragoût und Rindsvoressen und ein weiteres Gericht, vielleicht Kapaun mit Backpflaumen", versprach seine Karosse vorbei zu schicken, um das Ganze abzuholen, und wollte anschließend Rechenschaft ablegen über den Erfolg und die Bekömmlichkeit des Mahls. Fügen wir an, dass sich der Herzog damit den Spott der vereinigten Lästerzungen der Kapitale zuzog, die postwendend behaupteten, ohne die Dienste der kochgewandten Marquise hätte er seine „Maximen", ein Klassiker der französischen Literatur, nie schreiben können. Bald galt, wer ein neues, noch raffinierteres Gericht kreierte, im Marais mehr als der Verfasser gelehrter Werke. Eine wahre Kücheneuphorie brach aus und eine Polemik um den guten Geschmack, der ins erste ernst zu nehmende Werk über moderne Küche mündete: „Le Cuisinier françois" von Lavarenne, 1651 erschienen. Tatkräftig mitgetragen wurde diese Entwicklung auch von Freund Saint-Evremond, der sich wohl keine Gelegenheit entgehen ließ, darauf hinzuweisen, dass „ohne die feinfühligen Geister die Galanterie unbekannt wäre, die Musik roh und die Mahlzeiten deftig und grob".

Geradezu revolutionäre Ideen hatte die Marquise auch, was die Getränke anbelangte. So wollte sie ihren Gästen fortan Wasser reichen, wurde daran aber von Saint-Evremond gehindert, der Madame darüber aufklärte, dass Wasser das einzige Getränk sei, das den Durst vollständig lösche und es daher nur in kleinen Mengen zu konsumieren sei. Dass „Durst löschen" dabei nur eine Metapher ist, die sich auch auf andere zu stillende Lüste anwenden lässt, wie etwa die fleischliche Liebe, liest, wer den beweglichen Geist des Ritters kennt, amüsiert und zwischen den Zeilen. Anstelle der spartanischen Wassertherapie führte Saint-Evremond einen anderen Kult der Bekömmlichkeit in der Hauptstadt ein: den Kult des Weines aus der Champagne. Die Leidenschaft, mit welcher der Kreis um Saint-Evremond und Madame de Sablé sich der Küche und den Rebensäften widmete, griff nach und nach auf die ganze Kapitale über, stieß nicht selten aber auch auf Spott und Unverständnis. Weil Saint-Evremond sich eines Tages über die Qualität der Küche des Bischofs von Le Mans beklagte, erwiderte dieser erbost: „Diese Herren (gemeint sind drei Freunde: der Herzog von Olonne, der Markgraf von Bois-Dauphin und Saint-Evremond selber) machen alles herunter, weil sie alles verfeinert haben möchten. Sie essen nicht einfach nur Kalb: Die Rebhühner müssen aus der Auvergne kommen und die Kaninchen aus La Roche-Guyon oder Versine. Sie sind nicht weniger diffizil in der Wahl der Früchte und des Weins: Sie trinken ausschließlich solchen der drei Hänge Aÿ, Hautvillers und Avenay." Diese wütende Replik sollte den drei Freunden und ihrer wachsenden Anhängerschaft einen hübschen Spitznamen einbringen: *les frères des trois coteaux*, die Brüder der drei Hänge, oder *l'ordre des trois coteaux*, der Orden der drei Hänge. Dieser „Orden" wurde von dem Dichter Nicolas Boileau in seinem 1665 erschienenen Stück „Le repas ridicule", die lächerliche Mahlzeit, parodiert: „ … und wollen trinken nur die Weine der drei Hänge Reims, Aÿ und Avenay" steht da über die Feinschmecker des Clans geschrieben. Die Uraufführung des Schwanks sollte Saint-Evremond allerdings nur aus der Ferne miterleben und ebenso den Siegeszug des Champagners am Hofe zu Versailles in den letzten Jahren des Jahrhunderts. Seit 1661 weilte er in London im Exil …

Am Hofe der Stuart erwarb sich Saint-Evremond rasch eine Position, welche die noch bei weitem übertraf, die er bereits im Paris der Régence inne hatte: die Position eines unbestechlichen Richters des guten Geschmacks. Er sammelte im Nu einen Kreis von Gleichgesinnten um sich – Franzosen im Exil wie er selber, aber auch kultivierte englische Intellektuelle und Lebemänner, und wurde erneut zentrale Gestalt eines Zirkels, der dem des „Ordens der drei Hänge" aufs Haar glich. Charles II., selber ein halber Franzose, ein notorischer Frauenheld und ein ehemaliger Verbannter, der elf Jahre seines Lebens in Frankreich im Exil verbracht hatte, bevor er den englischen Thron bestieg, teilte mit Saint-Evremond nicht nur den Hang zum schönen Geschlecht, sondern auch die Vorliebe für kultivierte Lebensart. Der König etablierte rasch seinen Geschmack. Zwar hasste man die Franzosen – französisches *savoir vivre*, französische Speisen und Weine aber wurden einmal mehr in. Unser Held erhielt so viele Einladungen zu Soupers und Diners, dass er seine Bewunderer dazu anhalten musste, diese zwei Wochen vorher abzugeben, um Ordnung in seinem Terminkalender halten zu können. Er behielt sich ausdrücklich vor, in letzter Minute auf eine Teilnahme zu verzichten. Und während in Paris unter dem Zepter der Madame de Maintenon, der letzten Liebe von Ludwig XIV., nach und nach ein geradezu englisch anmutender Puritanismus die Oberhand gewann, erlebte das Lebensgefühl der Régence und mit ihm Saint-Evremond am Hofe der Stuart einen zweiten Frühling, nur unterbrochen durch die Pest von 1665, vor der unser Held nach Den Haag floh, wo er vier Jahre leben sollte, und die Feuersbrunst von 1666, die London in Schutt und Trümmer legte. Aus der Katastrophe sollte die Stadt hervorgehen wie ein Phönix, der aus der Asche steigt: schöner, moderner, großzügiger und strahlender als je zuvor, eine neue, glänzende Metropole der Welt. Die Zeit in Holland schien Saint-Evremond etwas gar lang vorgekommen zu sein. Die Damen, so ließ der hartgesottene Junggeselle seine Freunde in Frankreich wissen, seien an Avancen nur interessiert, wenn damit ein Eheversprechen erfolge. Doch dieser hatte sich nun einmal den Wahlspruch aufs Banner geschrieben: „Sich dahingehend zu reduzieren, nur eine einzige Person zu lieben, bedeutet, sich dazu zu disponieren, alle anderen zu hassen!"

Zurück im neuen, strahlenden London, das ihn mit offenen Armen empfing, nahm er daher rasch sein altes Leben wieder auf. Seine französischen Freunde sandten ihm regelmäßig seinen geliebten Champagner, den er mit Vorliebe zu Austern aus Colchester genoss, so ziemlich die einzige kulinarische Spezialität aus England, die der verwöhnte Gaumen für erwähnenswert hielt. Der drückenden Geldsorgen enthoben wurde er durch die Großzügigkeit des Herrschers, der ihn zum „Gouverneur der Enteninsel" des Saint James Parks ernannte, und diese nicht ganz ernst gemeinte Ernennung mit einer bescheidenen Pension honorierte, die Saint-Evremond bis an sein Lebensende erhielt.

Nun hat nicht Saint-Evremond den Champagner nach England gebracht – die Händler der Themsestadt besorgten sich längst schon in Reims und Aÿ genügend Nachschub für die durstigen Britenkehlen – er hat ihn aber am Hofe der Stuart bekannt gemacht und ist indirekt dafür verantwortlich, dass er etwa ab dem Jahre 1662 zu schäumen begann und zum Symbol wurde für diese sprudelnde Londoner Epoche. Die englischen Händler versetzten nämlich als erste die Weine aus der Champagne mit Zucker oder Melasse und füllten sie in Flaschen, die sie mit portugiesischem Kork zustöpselten. Dieser Zucker begann zu gären – dabei wurde Kohlensäure frei. Der neuen Mode gegenüber blieb Saint-Evremond eher skeptisch, machte dann aber wohl oder übel mit, auch wenn er bis ans Ende seines Lebens dem stillen, oder besser, nur leicht prickelnden Champagner die Treue hielt. Damit reagierte er ganz ähnlich wie die Weinhersteller in der Champagne, die sich zwar etwa zehn Jahre später ebenfalls dazu bequemten, ihre Weine zum Moussieren zu bringen, um ihre englische Klientel nicht zu verlieren, aber noch fünfzig Jahre später glaubten, die Mode des schäumenden Champagners sei nur vorübergehend. Die weitere Geschichte hat sie eines Besseren belehrt.

Ob schäumend oder perlend: Der Champagner war in aller Leute Munde, am Hofe der Stuart ebenso wie in den Londoner Salons. Noch einmal wurde Saint-Evremond zum geistigen Mittelpunkt eines solchen: dem Salon von Hortense Mancini, Duchesse de Mazarin, einer Kurtisane, deren Leben und wechselnde Liebhaber einen ganzen Roman füllen würden. Sie lebte in London im Exil wie der Marquis, doch war sie nicht etwa vor der französischen Polizei geflohen, sondern vor den Nachstellungen eines allzu eifersüchtigen Ehemanns. „J'aime, donc je suis", hieß die Devise der letzten zwanzig Jahre des Lebens von Saint-Evremond, ich liebe, folglich bin ich, in einer Anspielung auf den Philosophen Descartes, den Saint-Evremond nicht besonders mochte – zu rationell, zu sehr von der Vernunft geprägt schienen ihm dessen Theorien.

Galet, der beste Koch Londons der Epoche, war für das physische Wohl der Gäste des Palais de Saint James verantwortlich, welcher der flotten Duchesse von einem ihrer Liebhaber zur Verfügung gestellt worden war. Der Champagner traf gleich kistenweise im Palais ein – in Fässern aus den Abteien der Montagne de Reims geordert, im Fass ausgeliefert und durch den Londoner Handel auf Flaschen gefüllt. Die größten Galane des englischen Königreichs gingen bald ein und aus und die vollkommensten Schönheiten der Insel zeigten hier ihre wohlgeformten Beine – denn die Röcke wurden kürzer und kürzer, nicht zuletzt unter dem Einfluss der Herzogin, um deren makellose Figur sich rasch Legenden sponnen. Zu den Gästen des Salons zählten aber auch einige der wichtigsten englischen Philosophen und Literaten der Epoche. Den prickelnden Champagner zelebrierte man mit Trinkliedern zu Ehren des schäumenden Weins:

> "Auf der Hauptstraße und im Park
> Verzehren vor Liebe wir uns bis zur einbrechenden Nacht;
> Aber der perlende Champagner
> Bringt rasch zu Ende die Herrschaft (der Damen),
> Denn er erfrischt die armen, beharrlichen Liebhaber,
> Gibt ihnen ihre Fröhlichkeit zurück, und ertränkt all ihren Kummer."

So dichtete 1676 der Poet Etheredge im Theaterstück „Der modische Mann". Der Champagner hielt Einzug auch in andere Werke der englischen Literatur dieser Epoche. Im 1663 erschienenen Gedicht „Hudibras" schrieb Samuel Butler: „Trinkt jeden Buchstaben mit dem Most, und verwandelt ihn in lebhaften Champagner". Und in dem Schwank „Liebe und Flasche" legte ein anderer Zeitgenosse, George Farquhar, einem Bediensteten folgende Replik in den Mund: „Schau, doch, schau doch, mein Herr und Meister, wie er sprudelt und flüstert im Glas."

Saint-Evremond starb 1703, vier Jahre nach Hortense Mancini, im Alter von 89 Jahren. In einem seiner letzten Briefe sorgte er sich noch um die Zukunft des Champagners und entsetzte sich über die Praktiken, wie sie die Händler anwandten, damit der Champagner dem milderen Wein aus der Loire oder dem fülligen Burgunder gleiche, die damals in Versailles in Mode kamen: „Ich hätte nie gedacht, dass die Weine aus Reims plötzlich zu Weinen aus dem Anjou werden durch ihre Farbe und ihre Säure. Die Weine aus Reims brauchen Säure. Eine Säure, die zur Saftigkeit wird, wenn der Wein reift ist. Die Saftigkeit ist verliebt in die Säure. Man sollte mit dem Konsum der Weine erst gegen Ende Juli beginnen. Trotz allem, was ich über die Weine aus der Champagne gesagt und geschrieben habe, sind die Weine aus dem Burgund in Mode gekommen, so dass ich sie kaum mehr zu erwähnen wage."

Doch Saint-Evremond konnte beruhigt von hinnen gehen. Den Aufstieg der Burgunder Weine konnte er zwar nicht verhindern, literarischen Ruhm haben andere an seiner Stelle geerntet und zum Entdecker des Champagners haben die Legendendichter des 19. Jahrhunderts einen tugendreinen Mönch aus Hautvillers ernannt, nicht den frivolen Libertiner. Doch der Champagner blieb ein Getränk allererster Güte, war gar zu glänzender Laufbahn bestimmt: zuerst in England, bald aber auch in Paris, Brüssel oder den anderen europäischen Metropolen. Mit dem Getränk, das er in Mode brachte, schlug er einen Funken, schmuggelte er einen gutartigen Virus in die Gesellschaft ein, der sich in Windeseile verbreitete und die Lehre, die Philosophie des Marquis über die ganze Welt ausbreitete: die Philosophie des Geistes, der Freiheit, der Liebe, der Anbetung der schönen Damen, aber auch der Mäßigung, der durch und durch raffinierten Lebensart, egal, ob das nun Literatur, Musik oder Küchenkunst betraf. Sprühenden Geist bewies Saint-Evremond bis in die letzten Atemzüge. Sterbesakramente wollte er keine empfangen, wie sein Arzt berichtet, der die letzten Minuten seines Lebens für die Nachwelt festgehalten hat. Ob er denn nicht mit sich selbst ins Reine kommen, sich aussöhnen wolle, fragte der rasch herbeigerufene Priester. Lächelnd erwiderte der Sterbende „Mich aussöhnen? Doch ja, von ganzem Herzen – mit meinem Appetit."

Dom Pérignon oder die Mär von der Erfindung des Schaums

Wie man Champagner zum Sprudeln bringt, haben englische Händler entdeckt. Die erste Schrift zur Technik der Champagnerherstellung ist einem anderen Geistlichen zu verdanken: Jean Godinot aus Reims. Die Legende des Dom Pérignon – eine infame Lüge? Nein, nur eine Verdrehung, eine romantische Verbrämung der Tatsachen. Den Schaum hat er zwar nicht erfunden, doch Dom Pérignons Verdienste um die Technik der Champagnerbereitung sind immens. Ein Kapitel über die Gratwanderung zwischen Dichtung und Wahrheit …

Er war garantiert ein helles Köpfchen, ein Tüftler und Denker, ein Grübler und Pröbler, ein Weinfachmann sondergleichen, gar einer der ersten der Geschichte. Wenn ihm die Erfindung des Champagners zugeschrieben wird, so ist das wenigstens nicht ganz unverdient. Doch die Mär, die man um Dom Pierre Pérignon, Kellermeister der Abtei von Hautvillers, gesponnen hat, steht seit jeher auf wackeligen Beinen. Sie ist im Ansatz bereits kurz nach dem Tod des Dom entstanden und hat aus einem tatkräftigen Gutsverwalter, dem das Wohl der Klostergemeinde über alles ging, und einem Weinbereiter mit höchst modernen An- und Einsichten ein demütiges Mönchlein gemacht, eine Art Onkel Tom des Weines, der Gott zu Ehren das Geheimnis des Sprudelns entdeckt haben soll. Von Mitte des 19. Jahrhunderts an wurde die Legende noch zusätzlich ausgeschmückt und um zahlreiche Details ergänzt, schließlich machte sie sich nicht schlecht als Werbetrommel für den Champagner. Einmal wird der Benediktinermönch als blind beschrieben, dann wieder „streichelt er mit zärtlichem Blick das Fass", immer aber besitzt er einen guten Riecher für den besten Wein. So eng ist die Fabel des Dom Pérignon mit der Entstehung des

Champagners verknüpft, dass sogar sonst so quellenversessene Historiker sie nur mit Samthandschuhen anzufassen wagen, ganz so, als fürchteten sie, mit der Legende das Produkt selbst zu kompromittieren und den Kult des Champagners platzen zu lassen wie ein Bläschen aus einem Glas voll Wein aus Aÿ.

Schade ist nur, dass man mit dem ganzen Lügengestrick um den Mönch, der das Geheimnis des Schäumens entdeckt haben soll, den fleißigen Benediktiner um seine eigentlichen Verdienste bringt. Denn Dom Pérignon war wirklich ein Weinfachmann mit besonderen Kapazitäten, der sein ganzes Leben in den Dienst der Weinqualität stellte. Er verfeinerte die Anbau- und Keltertechniken rund um den Champagner und ermöglichte damit erst dessen Siegeszug rund um die Welt, was garantiert wichtiger war als die vermeintliche Geheimniskrämerei rund um die Tatsache, dass er (der Champagner) prickelte und sprudelte. Das immense Verdienst des Dom besteht darin, dank seiner rigorosen Kellerdisziplin aus dem Champagner den ausgewogensten, saubersten und stabilsten Wein seiner Epoche gemacht zu haben. Damit – und nicht damit, dass er ihn zum Schäumen brachte, denn das ist so ziemlich das einzige Verdienst, das ihm nicht zusteht – schuf er die Voraussetzungen für ein Luxusgetränk höchster Güte und verhinderte, dass der Champagner zu billigem, ödem Sprudel wurde.

Geschäumt haben Weine schon zu weit früheren Zeiten. Man mag eine Textstelle in der Aeneis von Vergil als erste schriftliche Quelle für schäumenden Wein bemühen. „Spumantem pateram et pleno se proluit auro", deklarierte einst stolz mein Lateinlehrer, dessen rote Nase (ein Hinweis darauf, dass er dem Weine nicht nur in Form von Zitaten huldigte) und listige Äuglein mir zusammen mit diesem Satz bis heute in Erinnerung geblieben sind. Von einem überschäumenden Becher ist die Rede, der ein Getränk von goldener Farbe enthält und in langen Zügen ausgetrunken wird. Daraus ableiten zu wollen, es hätte sich um die Urform von Champagner oder Asti Spumante gehandelt – Vergil stammte aus dem heutigen Piemont, der Heimat des italienischen Silversterschäumers –, kann nun aber wirklich nur einem Werbefachmann in Sachen Wein in den Sinn kommen, der keine, aber auch gar keine Skrupel besitzt, oder einem verstaubten Lateiner, der während nicht enden wollender Stunden in der Öde eines Klassenzimmers heimlich von verbotenen Genüssen träumt.

Die Kohlensäure gehört zum Wein wie der Rauch zum Feuer – sie ist ein Abfallprodukt jeder Gärung. Man muss sich also gar nicht darum bemühen, den Wein zum Schäumen zu bringen, das tut dieser ganz von allein. Viel eher hat man sich dafür zu interessieren, wie man dem Wein das störrische Prickeln wieder austreiben kann. Genau dies taten Weinbereiter jahrhundertelang, vor allem, um schmerzliche Verluste im Keller zu vermeiden. Das Moussieren mittelalterlicher Weine wurde als Unfall angesehen, weil unter dem Kohlensäuredruck mitunter ganze Fässer aus den Fugen krachten und platzten wie später die ersten Champagnerflaschen. Von letzteren gingen nun allerdings zahllose zu Bruch, und man begreift spätestens, wenn man die Kellerbücher eines Händlers aus dem Reims des 19. Jahrhunderts studiert, warum der Champagner ein Luxusgetränk war. Dieser protokollierte: „Von 6 000 Flaschen des Jahrgangs 1746 blieben nur 120 übrig. Vom Jahrgang 1747 zerbrachen nur ein Drittel der Flaschen." Die Weinproduzenten von Limoux, einer kleinen Region im Süden Frankreichs, vermieden solche Unfälle, indem sie ihre Weine in Tontöpfen aufbewahrten, die sie mit Latwerge verschlossen. In diesen Tontöpfen gärten die Weine fertig und wurden prickelnd: Die Blanquette de Limoux, urkundlich erwähnt seit 1530, darf sich daher getrost zu den Vorläufern des Champagners zählen.

Dass der Champagner nie erfunden wurde, sondern bestenfalls entdeckt, wussten schon des Doms Zeitgenossen. Doch die Polemik rund um den vermeintlichen Erfindungsakt findet noch dreihundert Jahre später Nahrung. „Jetzt wollen die Engländer Dom Pérignon verbrennen", titelte sinngemäß die sonst so ernsthafte französische Tageszeitung Le Figaro in ihrer Ausgabe vom 13. Oktober 1998 und spielte damit auf ein anderes französisches Nationalheiligtum an, das die Briten auf den Scheiterhaufen brachten: Jeanne d'Arc, die Jungfrau von Orléans. In einem Ton, der sich spöttisch gibt, aber schwerlich das Entsetzen des Kolumnisten verbirgt, ist da vom Scoop des Tom Stevenson die Rede, der in seiner neu aufgelegten „Enzyklopädie des Champagners und der schäumenden Weine" den dokumentarischen Beweis erbringe, dass das Rezept zur Herstellung schäumenden Champagners (nein, zu der Zeit war das noch kein Pleonasmus) erstmals nicht von einem Franzosen, sondern vom Engländer Christopher Merret festgehalten wurde, und zwar auf acht Seiten und Ende 1662. Der Berichterstatter ging gar so weit, bei Moët & Chandon, dem Champagnerhaus, das die Legende um Dom Pérignon seit jeher am stärksten kultiviert, eine Luxuscuvée mit dem Namen des Geistlichen keltert und in der Abtei von Hautvillers gar ein kleines Museum zum Thema unterhält, eine Gegendarstellung einzuholen. Dort hat man sich allerdings längst an solche Schaumschlägereien gewöhnt. „Wir haben nie behauptet, Dom Pérignon sei der Erfinder des Champagners, sondern dessen spiritueller Vater", meinte lakonisch ein Vertreter des Hauses.

Wir kennen es bereits, das Rezept von Christopher Merret – aus unserem Kapitel über Saint-Evremond. Es gleicht anderen damals verwendeten Praktiken zum „Aufbessern" von Wein aufs Haar, und besteht darin, den Grundwein mit Zucker und allerlei Gewürzen zu vermischen und so eine zweite Gärung zu provozieren. Nutzen aus dieser Technik ziehen konnte man, weil etwa zur gleichen Zeit die Glasbläserkunst gewaltig verbessert wurde, die Flaschen nun also dem Überdruck des bei der Flaschengärung (so heißt das nun mal, auch wenn nicht die Flasche gärt, sondern deren Inhalt) entstehenden Gases widerstanden und erstmals Kork als Mittel zum Verschließen verwendet wurde. Die bauchige Champagnerflasche mit dem langen Hals wurde ebenfalls 1662 in England patentiert, also kurz bevor Merret der Royal Society sein Schaumweinrezept präsentierte, und zwar durch Henry Holden und John Colenet. Und spätestens seit 1690 verweisen Quellen auf erstklassigen englischen Kork, der wohl aus Portugal oder Spanien stammte, denn die immergrüne Korkeiche gedieh auch damals nicht im kühlen britischen Klima.

Ein Rezept, den Champagner zum Schäumen zu bringen, ähnlich dem des Engländers Merret, findet sich auch im Büchlein „Manière de cultiver la vigne et de faire le vin en Champagne" von Jean Godinot wieder, auf das wir in diesem Kapitel noch mehrmals eingehen werden. Das Rezept fehlt zwar in der Erstausgabe von 1717, wird aber angeführt in der Ausgabe von 1722, erschienen sieben Jahre nach dem Tod des Dom Pérignon, zusammen mit anderen Tricks und Rezepten zum Machen von Champagner. Godinot, selber Geistlicher in Reims, aber auch Forscher in Sachen Wein, rühmt den Kellermeister der Abtei von Hautvillers als den besten Weinmacher seiner Zeit: „jamais homme n'a été plus habile à faire le vin". Er erwähnt sodann, von einer „Person, deren Ehrlichkeit er nicht in Zweifel ziehen wolle" gehört zu haben, der Dom Pérignon auf seinem Sterbebett sein Geheimnis anvertraut habe. Schließlich führt er dieses „Geheimnis" an, bekundet aber gleichzeitig einige Mühe, an dessen Gehalt und Wirksamkeit zu glauben:

„Man nehme etwa einen Schoppen Wein, löse darin ein Pfund Kandiszucker auf und gebe fünf oder sechs entkernte Pfirsiche dazu, vier Prisen Zimtpulver und eine Muskatnuss, ebenfalls zerrieben. Nachdem man dies alles gut verrührt und aufgelöst habe, gebe man ein halbes Maß guten Branntwein bei, man streiche das Ganze durch ein feines und sauberes Tuch, man gebe die Flüssigkeit ins Weinfass, was ihn (den Wein) fein und lecker mache (vom Sprudeln ist also nicht die Rede), man brauche davon eine Portion pro Fass, die man dem Wein beigebe, sobald er zu gären aufgehört habe."

Die Rechnung ist rasch gemacht: 500 Gramm Zucker für ein Fass von 228 Litern (Gewürze und Branntwein haben keinen positiven Einfluss auf die Gärung, ganz im Gegenteil) oder zwei Gramm pro Liter Wein provozieren nur eine ganz leichte Gärung und folglich nur wenig Kohlensäure, denn tatsächlich braucht es zwischen 20 bis 24 Gramm Zucker pro Liter Wein, um ein zusätzliches Volumenprozent Alkohol zu erzeugen – die Menge an Zucker also, die heutige Champagnerhersteller pro Flasche beigeben, um einen Überdruck von 6 Bar zu erhalten. Das (so genannte) Rezept des Dom Pérignon ist folglich Humbug und bestenfalls ein Mittel zum Aufbessern des Geschmacks eines Weins und zu verstehen vor dem Hintergrund einer Epoche, die eben erst die Gesetze der Natur zu entdecken sich anschickte und den Schaum im Champagner fürs achte Weltwunder nahm.

Dies bestätigt auch ein anderer Auszug aus dem oben erwähnten Werk, der wichtigsten Quelle der Weinmacherkunst der Epoche. „Seit mehr als zwanzig Jahren hat der Geschmack der Franzosen sich hin zu schäumendem Wein gewandt, nach dem man buchstäblich verrückt ist", steht da unter anderem zu lesen. Verschiedene Thesen werden aufgestellt, die erklären sollen, warum der Wein schäume. Von geheimnisvollen Beigaben ist da die Rede (Branntwein, Taubendreck und anderes), von der besonderen Konstitution der Weine, ihrem oft beträchtlichen Säuregehalt oder dem Einfluss der Mondzyklen. „Doch", wie Jean Godinot festhält, der ganz offensichtlich die Wirksamkeit dieser Zaubermittel in Frage stellt, „eines ist sicher: Der Wein wird schäumend, wenn er schon kurz nach der Ernte und bis spätestens im Mai auf die Flasche gezogen wird." Nötig seien beileibe keine fremden Zugaben, sondern einzig der richtige Abfüllzeitpunkt. Der Wein schäume allerdings erst, wenn er mindestens sechs Wochen, meist aber zwei Monate und länger auf der Flasche bleibe. Damit bestätigt Godinot auch unsere (und die jedes vernünftigen Weingeschichtlers) Theorie, zu deren Verhärtung wir auch in den Kapiteln zur Vorgeschichte des Champagners noch einige Beweisstücke hinzufügen werden und wonach der Wein aus der Champagne immer schon eine Tendenz zum Schäumen hatte, eine Tendenz, die aber erst durch das systematische Abfüllen in Flaschen und das Verpfropfen mit einem Korken Bedeutung erhielt. Die Tatsache, dass der Marquis von Saint-Evremond wenig hielt vom explosiven Getränk, wie es in London in Mode kam, sondern bis an sein Lebensende an seiner Vorliebe zu leicht prickelnden Weinen festhielt, ist ein Beweis dafür, dass zeitweise mehrere Arten von Champagner friedlich koexistierten: wild schäumender, weil künstlich mit Zucker versetzter, dann ein leicht sprudelnder, weil vor dem Abschluss der Gärung auf die Flasche gefüllter und stiller, höchstens sanft prickelnder Wein.

Bezeichnenderweise widmet Jean Godinot nur gerade zwei, drei Seiten in seinem rund fünfzig Seiten umfassenden Werk den Rezeptchen und dem Humbug rund um den schäumenden Wein. Der ganze Rest gilt dem Anbau und den Keltertechniken, die nun allerdings verblüffend modern anmuten. Dass Godinot, der sich selber zeit seines Lebens intensiv mit Weinbau beschäftigte, damit nur die Techniken festgehalten hat, wie sie unter anderem auch Dom Pérignon zwischen 1665, dem Zeitpunkt seines Eintritts ins Kloster, und seinem Tode im Jahre 1717 entwickelte oder verbesserte und ganz sicher seinen Kollegen und Zeitgenossen zugänglich machte, liegt auf der Hand. Das weiter oben zitierte Sterbebettgeheimnis wäre in dem Falle nur als Metapher dafür zu werten, dass der Mönch seine Entdeckungen nicht mit ins Grab genommen hat. Noch einmal: Dom Pérignon war der größte Champagnerspezialist seiner Zeit (das bestätigen auch noch andere Quellen). Doch er war ein Spezialist für stille oder leicht prickelnde (Weiß)weine größtmöglicher Qualität: Ob Weine anderswo zum Schäumen gebracht wurden, kümmerte ihn dabei herzlich wenig. Der Mythos Dom Pérignon wurde durch die Fachleute begründet, die im fleißigen Benediktiner ihr Vorbild, ihre Vaterfigur in Sachen Keltertechnik sahen, und (wie so vieles) poetisch verbrämt und romantisch verklärt in der zweiten Hälfte des 19. Jahrhunderts, oder genauer ab 1860. In diesem Jahr schrieb der Reimser Poet J.L. Gonzalle sein Gedicht „Le vin de Champagne". Es ist so voll geladen mit all den Klischées rund um die so genannte Erfindung des Champagners, dass ich es dem Leser (in einer etwas gestrafften Übersetzung und auszugsweise) unmöglich vorenthalten kann:

> Aber zehn Jahrhunderte später erfand der Mönch Dom Pérignon
> Den Champagner und gab ihm seinen Namen.
> Des Klosters von Hautvillers Reichtum war dieser Wein.
> Dort hatte Dom Pérignon seine Jugend verbracht.
> Seht Ihr, wie er nachdenklich, um Atem ringend, mit verstörtem Blick,
> Sich über ein Fass beugt, es zärtlich mit den Augen streichelt,
> Vom Weine die Gesetze und Kaprizen studiert,
> Quelle von so viel Gutem und Bösem.
> Und, toll wie Archimedes, fröhlich verkündet,
> „Ich habe das Geheimnis gefunden".

So viel zur Fabel des Dom Pérignon. Bleibt uns nun, dem wahren Leben des Geistlichen ein paar Zeilen zu widmen. Dom Pérignon wurde im Januar 1639 geboren (vier Monate vor seinem künftigen Herrscher, Ludwig XIV.) und starb dreizehn Tage nach diesem, am 14. September 1715. Von 1668 bis zu seinem Tode war er Verwalter und Kellermeister der Abtei von Hautvillers. Als solcher war er verantwortlich für „den Gutsbetrieb, die Hölzer und Fässer, die nötig waren für den Wein, den An- und Verkauf von Pferden und Vieh" und viel anderes mehr, wie in einer Art Pflichtenheft festgehalten ist, erstellt zu seinem Amtsantritt und so ziemlich das einzige verbürgte Dokument aus dem Leben und Wirken des Dom, ausgenommen die Inschrift auf seinem Grabmal, wo wir lesen können: „Hier ruht Dom Pierre Pérignon, Kellermeister dieses Klosters während 47 Jahren, der, nachdem er mit großer Sorgfalt die Güter der Gemeinschaft verwaltete, gewissenhaft und mit väterlicher Liebe für die Armen, verstorben ist im Jahre 1715, im Alter von 87 Jahren." Vom „Erfinden" des Champagners keinen Ton …

Seine weitere Karriere müssen wir aus den Kontobüchern der Abtei ableiten und aus den spärlichen Zeugnissen seiner Zeitgenossen. Erstere belegen, dass er die Abtei bei seinem Amtsantritt in ziemlich desolatem Zustand antraf. Einzige Möglichkeit, die Mittel aufzutreiben, um die Abtei wieder auf Vordermann zu bringen, war die Reorganisation des Gutsbetriebs, dessen wichtigste Einnahmequelle der Wein war. Wenn der Verwalter zeit seines Lebens auf Weine höchster Qualität setzte, dann nicht zuletzt, weil solche sich weit teurer an den Mann bringen ließen als öder Fusel. Als Dom Pérignon sein Amt antrat, war die Mode des Champagners am englischen Hof auf ihrem Höhepunkt. Saint-Evremond fand in seinen britischen Verehrern gelehrige Schüler, die rasch einen erstklassigen Champagner vom Dutzendwein unterscheiden konnten und ohne mit der Wimper zu zucken bereit waren, für bessere Qualität einen höheren Preis zu bezahlen. Auch die Konkurrenz unter den Produzenten mochte einen Einfluss haben: Dom Pérignon hatte alles Interesse daran, Weine zu erzeugen, die denen seiner Kollegen ebenbürtig oder gar überlegen waren. Alle Kommentare zum Leben des Benediktiners stimmen in einem Punkt überein: Dom Pérignon war ein ausgezeichneter Verkoster und wurde rasch ein erfahrener „Blender", der aus verschiedenen Grundweinen seine Cuvée, seine ganz spezielle Weinmischung komponierte. „Vater Pérignon … ließ sich die Trauben der Reben bringen, aus denen er die beste Cuvée komponieren wollte; er verkostete sie erst am nächsten Tag auf nüchternen Magen, nachdem er sie die Nacht vor dem Fenster im Freien hatte verbringen lassen, und beurteilte ihren Geschmack. So komponierte er nicht nur seine Cuvées jedes Jahr neu, sondern auch je nach Witterungsverlauf, früher oder später Reife …", schrieb ein anderer Geistlicher, der Abbé Pluche, in einem 1773 aufgelegten Werk namens „Le spectacle de la nature".

Um seine Cuvées zu komponieren, musste der Dom also zuerst Grundweine allererster Güte ernten. Seine Mittel zur Verbesserung der Qualität waren so ziemlich die gleichen, wie sie noch heute für den Qualitätsweinbau gelten. Um uns nicht unsererseits in Spekulationen zu verlieren über die (nicht schriftlich verbürgten) Techniken Dom Pérignons, zitieren wir lieber noch einmal das als sichere Quelle geltende, 1722 erschienene Werk Jean Godinots, das wir schon mehrmals erwähnt haben:

„Damit ein Wein exquisit wird, muss die Rebe der Sonne zugekehrt sein, am besten in südlicher Ausrichtung und in Hanglage und nicht in der Ebene. Auserwählte Rebstöcke geben meist nur wenige Trauben blauer Farbe. Die Erde muss gut sein, am besten etwas steinig und gut drainierend." … „Die Rebstöcke sollen tief gehalten sein: Sie produzieren wenig, aber ihr Wein ist viel delikater." … „Damit der Wein von feinerer Machart ist, muss man alle Rebstöcke ausreißen, die weiße Trauben ergeben, und solche, die große blaue Beeren tragen." … „Man sei sehr aufmerksam und lese alle fauligen Trauben aus."

Godinot lässt sich aber nicht nur ausführlich über den Rebbau aus, sondern auch über die Kellertechnik, etwa darüber, wie aus roten Trauben weißer Wein zu gewinnen sei: „Wenn die Kelter in der Nähe der Reben steht, ist es einfacher, klaren Wein zu erhalten, weil man die Trauben sanft und sauber und rasch auf die Kelter bringt." Er gibt seitenlange Anweisungen zum möglichst schonenden Pressen der Beeren, beschreibt die Unterschiede der verschiedenen Pressdurchgänge und gibt eine präzise Anleitung zum Umziehen und Klären des Weins. Ohne weiter auf technische Details eingehen zu wollen, die ja an anderer Stelle in diesem Buch ausführlich erläutert werden: Wer die Anleitungen Godinots genau einhalten würde, würde noch heute einwandfreie Weine keltern, und einige seiner Methoden – etwa die zur „biologischen" Schädlingsbekämpfung – kommen heute gerade mal wieder in Mode.

Die Wege von Saint-Evremond, dem Marquis mit dem guten Geschmack, und die des Dom Pérignon, dem Mönch mit dem richtigen Riecher, haben sich nie gekreuzt. Das ist eigentlich schade. Sie hätten sich trefflich unterhalten, über alle Standesgrenzen hinweg. Denn eins hatten sie garantiert gemein: ihre Liebe zu einem neuen, raffinierten und exquisiten Produkt, dessen Herstellung und Verbreitung sie ihr ganzes Leben widmeten. Seit ihrer Passage auf unserem Planeten ist die Menschheit um ein Kulturgut reicher: den großen Wein aus der Champagne, dessen Erfolg nun nicht mehr aufzuhalten war.

Der Champagner erobert die Welt: die Entstehung der großen Marken

Was ist das beste Produkt wert, wenn niemand es kennt und davon kosten kann? Der Erfolg des Champagners wäre nicht möglich gewesen ohne einen starken Handel, der ein engmaschiges, weitreichendes Vertriebsnetz aufbaute, den Absatz des Champagners förderte und gleichzeitig das Produkt auch technisch weiterentwickelte. Von der Entstehung der großen Marken, erfinderischen Unternehmern und tüchtigen Witwen …

„Im Namen Gottes und der heiligen Jungfrau sei vorliegendes Buch eröffnet, am 1. September 1729." So beginnt das Kontobuch des Unternehmens, das die Geschichte (oder das Fehlen anderer Dokumente) zum ersten eigentlichen Handelshaus der Champagne bestimmt hat: dem Hause Nicolas Ruinart in Reims. Die Ruinarts waren seit Generationen im Tuchhandel tätig. Kamen von den Hügeln und Hängen um Reims und Épernay seit Jahrhunderten ausgezeichnete Weine, war die fruchtbare Ebene nicht nur für den Anbau von Korn bestens geeignet, sondern auch für den Anbau von Leinen. Leinen aber war neben Schurwolle vor dem Aufkommen der Baumwolle aus den Kolonien der wichtigste Rohstoff zur Tuchherstellung. Reims war folglich auch eigentliche Bastion der Produktion von Tuch, das auf den bekannten Jahrmärkten der Champagne abgesetzt, aber auch en gros nach Paris oder Lille verfrachtet wurde. Es ist anzunehmen, dass auch Nicolas Ruinart im Stoffhandel seine Zukunft sah. In den ersten Jahren seiner Tätigkeit als Firmenchef handelte er zwar mit Wein – jedoch nur ausnahmsweise, was einige Chronisten heute so auslegen, dass Wein ihm nicht mehr war als ein Mitbringsel, ein „Firmengeschenk" zum Aufrechterhalten guter Geschäftsbeziehungen.

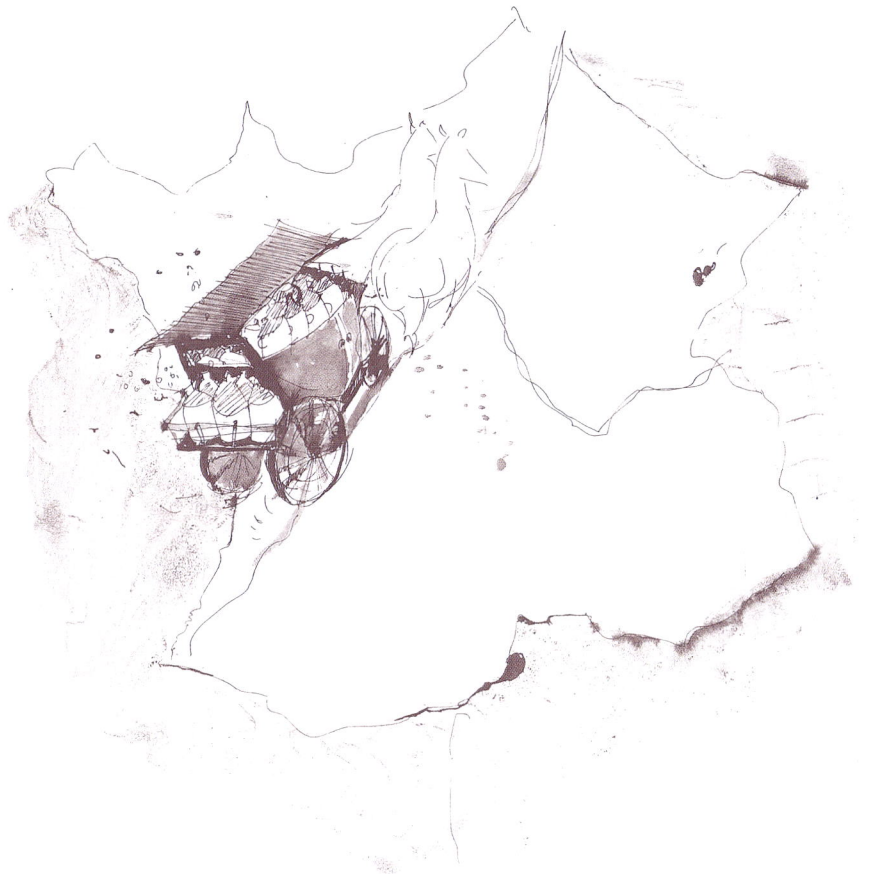

Etwa von 1733 an änderte Nicolas Ruinart allerdings seine Strategie, wie aus seinem Kontobuch hervorgeht. Der Handel mit Tuch nahm ab, der Verkauf von Wein hingegen zu. Dieser plötzliche Umschwung zeugt von der Weitsichtigkeit des künftigen Champagner-Magnaten. Denn gleich mehrere Ereignisse machten den Handel mit Wein opportun. Das erste war ganz einfach wirtschaftlicher Natur. Aus dem bereits zitierten Büchlein Jean Godinots (siehe vorhergehendes Kapitel) wissen wir, dass die Franzosen seit Anfang des 18. Jahrhunderts „buchstäblich verrückt" waren nach schäumendem Wein. Die Nachfrage stieg, nicht nur nach dem Schäumer, sondern überhaupt nach Rebensaft, und mit ihr die Gewinne. Rund 40 Prozent betrug die Marge aus dem Handel mit Wein, während mit dem Tuch nur mehr etwa 20 Prozent Gewinn gemacht werden konnten. Kein Geschäftsmann, der etwas auf sich hielt, durfte diese Entwicklung verschlafen! Das zweite Ereignis betraf direkt den Wein aus der Champagne: Am 25. Mai 1728 wurde in Paris ein Gesetz verabschiedet, das es den Händlern aus Reims erst erlaubte, ihre Weine „in Körben von 50 oder 100 Flaschen zu transportieren". Bis dahin musste der Champagner grundsätzlich im Fass ausgeliefert werden, auf die Flasche kam er erst am Bestimmungsort. Dabei litt regelmäßig seine Qualität. Nicht nur dass sich die Kohlensäure schlecht im Fass hielt, es wurden auch nicht überall die nötigen Manipulationen rund um das Abfüllen so ausgeführt, wie dies die Sorgfaltspflicht verlangte. Ferner machte die beim Produzenten abgefüllte Flasche erst das Versiegeln möglich und das Etikettieren und dadurch die Entstehung einer Vertrauensmarke, die einen Mehrwert über längeren Zeitraum garantierte.

Nicolas Ruinart packte also die Gelegenheit beim Schopf und engagierte sich voll im Handel mit Wein. Rebberge besaß er keine – er deckte sich folglich bei den örtlichen Winzern mit Rohstoff ein. Diesen fand er in Klöstern der Montagne de Reims und des Vallée de la Marne, mehr und mehr aber auch bei kleinen Weinbauern. Um den Einkauf kümmerte er sich höchstpersönlich, baute nach und nach gute Beziehungen zu seinen Lieferanten auf, verkostete regelmäßig deren Weine – und feilschte hartnäckig um den bestmöglichen Preis. Nicolas Ruinart handelte nicht nur mit schäumendem Wein, sondern mit allen damals üblichen Kategorien. Am billigsten war der „ordinäre Wein" ohne nähere Bezeichnung. Jungwein (nicht älter als ein Jahr) und Wein aus der Montagne de Reims sowie „alter Wein" (zwei Jahre gereift) kosteten schon fast das Doppelte. Noch einmal teurer war der Champagner selber, der in Körben zu 12, 20, 30 oder 60 Flaschen vertrieben wurde.

In den dreißiger und vierziger Jahren des 18. Jahrhunderts erwarb sich Nicolas Ruinart eine treue Klientel für seine als „ausgezeichnet" taxierten Weine, vor allem im Norden Frankreichs und in Flandern. Auf seiner Kundenliste standen einfache Geistliche und Prälaten, ein Notar aus Cambrai, ein Professor aus Reims, ein Druckereibesitzer aus Paris und ein flämischer Adeliger, aber auch ein Metzgermeister, ein Dachdecker und ein Bäcker. Die abgesetzten Mengen waren beträchtlich: Ein Zimmermann aus Tours-sur-Marne bestellte fast 2 000 Liter aufs Mal – Offenwein natürlich und nicht teuren Champagner! Ab dem Jahre 1736 handelte Nicolas Ruinart ausschließlich mit Wein und baute sein Vertriebsnetz weiter aus. Dreißig Jahre später trat Sohn Claude seinem Vater zur Seite. Ruinart Père & Fils nannte sich nun die Firma, bald eine der wichtigsten der Champagne. Dann wandte man sich den Exportmärkten zu. Claude Ruinart verbrachte über die Hälfte seiner Zeit auf Achse. Am 15. Mai 1762 machte er sich auf nach Straßburg, weilte am nächsten Tag in Rastatt, fuhr weiter nach Heidelberg, Stuttgart, Ulm, Augsburg, München, Nürnberg, Frankfurt, Mannheim und Köln, machte einen Abstecher nach Holland und kehrte über Belgien zurück nach Reims, wo er erst am 8. September wieder eintraf. Nur ein Viertel des Umsatzes wurde nun noch in Frankreich gemacht. Und hatte man hier noch alle Klassen bedient, zählte man im Ausland vor allem den Adel zu seinen Klienten.

Man lieferte an den Herzog Karl Eugen von Württemberg, an Nicolas Esterhazy, Haydns Mäzen in Ungarn, und an die Kaiserin Maria Theresia in Wien, an die Königin-Mutter von Schweden, an den König von Dänemark … Wichtigster Kunde aber war Friedrich der Große, der preußische König, ein Freund Voltaires und der Aufklärung überhaupt, französischer Lebensart und französischen Weinen, nicht zuletzt dem Champagner, besonders zugetan. „Und Bacchus, seine Flasche leerend, vergoss Tränen aus Champagner", reimte er in einem Brief an Voltaire im Jahre 1740, eines der vielen Zeugnisse seiner Trinkkultur. Dass Champagner zu den Genüssen gehörte, die auch der Adel sich nicht jeden Tag leistete, illustriert eine Anekdote, die man sich über den preußischen König erzählt. So wandte sich dieser eines Tages an seinen Gastgeber, den Prinzen von Anhalt, und meinte: „Was ich zum Schinken sagen wollte – Sie haben mir unter diesem Namen ein ganz vorzügliches Gericht serviert, am Tage als Sie mich zum Abendessen luden. Geben Sie mir doch bitte das Rezept, auf dass ich es an meinen Koch weiterleite. – Es handelt sich um Schinken, in Champagner gekocht. – In Champagner gekocht! erwiderte der König mit einer Geste des Erschreckens; ich bin nicht reich genug, mir eine solche Sauce leisten zu können!"

Offenbar opferte Friedrich der Große dann aber doch sein Sparschweinchen und leistete sich schäumenden Wein aus Reims wie alle die Großen seiner Zeit. Denn die Ruinarts konnten sich über mangelnde Einnahmen nicht beklagen. Claude Ruinart, nach dem Tod seines Vaters im Jahre 1769 allein für das Haus zuständig, zählte bald zu den reichsten Bürgern von Reims. Er investierte in immer bessere Grundweinqualitäten, so dass die neuen Kategorien „außergewöhnlich, ausgezeichnet, sehr gut und gut" bald das Gros seiner Verkäufe ausmachten, was sich nur positiv auf den Ruf der Marke auswirken konnte, und vergrößerte damit nur noch sein Vermögen. Eins fehlte ihm nur noch zum Glück: das Adelspatent, das allein der König verleihen konnte. Reichtum und zweihundert Jahre Karriere im Handel konnten nicht vergessen machen, dass die Ruinarts von einfachen Bürgern aus Reims abstammten.

1773 erwarb Claude Ruinart einen Grundbesitz, die erste Etappe auf dem Weg zum Adelstitel, um das Dorf Brimont gelegen, und vier Jahre später und für viel klingendes Gold den Titel eines „Ratssekretärs des Königs und der französischen Krone". Was immer das auch geheißen haben mag, es war jedenfalls mit dem Vorteil versehen, dass sein Träger sich nach zwanzig Jahren „von" nennen konnte. Ab dem Jahre 1797 hätte Claude „Ruinart de Brimont" sich folglich als zum Adel zugehörig bezeichnen können – wäre nicht die Französische Revolution dazwischengekommen. Immerhin: Nach dem Zusammenbruch des Napoleonischen Reichs adelte der neue König, Ludwig XVIII., unter vielen anderen auch die Ruinarts – in der Zeit wurden schließlich gar einfache Fischer über Nacht zum Grafen, wie wir aus Dumas' „Monte Christo" wissen.

Vorerst aber baute Claude Ruinart weiter seine Stellung als reicher Händler aus. In Reims besaß er drei großbürgerliche Häuser, die man getrost als Paläste bezeichnen kann und unter denen sich die Keller für das Lagern seiner Weine befanden. Weil es dem ständig wachsenden Betrieb ewig an Lagerfläche fehlte, kam Claude Ruinart auf eine geradezu geniale Idee: Er erwarb einen Teil der stillgelegten Kreidekalksteinbrüche am Eingang der Stadt unter der so genannten *butte Saint Nicaise* gelegen, ein wahres Labyrinth von unterirdischen Sälen, Stollen und Gängen, deren älteste noch aus der Zeit der Römer stammten. Diese Kavernen waren wie geschaffen für das Lagern von Wein. Sie besaßen eine gesunde, weder zu trockene noch zu feuchte Atmosphäre und eine konstante Temperatur ohne saisonale Schwankungen, ließen kein Sonnenlicht ein (zu allen Zeiten der größte Feind des Champagners) und gewährten dem Wein eine geradezu andächtige Ruhe. Der Kalkstein wurde in der Folge gleich doppelt zum Symbol der Champagne: Der Rebe gewährte er ein optimales Wachstum und dem fertigen Wein optimale Kellerreife … Vor den Steinbrüchen ließ Claude Ruinart die nötigen Wirtschaftsgebäude erstellen, transferierte so alle Aktivitäten vor die Stadt und trennte damit künftig ganz klar Geschäft und Privatleben. Bald sollten andere Händler diesem Beispiel folgen.

Die Geschichte der Ruinarts dient hier nur als Exempel. Ähnliche Geschichten rund um heute noch bekannte Marken können Bände füllen. Etwa die von Claude Moët, der um 1717 in Cumières Reben und eine Presse besaß und von 1743 an mit schäumendem Wein handelte. Er eröffnete sein Kontor im Faubourg de la Folie in Épernay (der heutigen Avenue de Champagne) wo er ebenfalls einen Keller besaß.

Oder die von Philippe Clicquot, Banker und Tuchhändler in Reims, der 1772 das Haus Champagne Clicquot gründete, das sich ganz in der Nähe von Ruinart in Reims etablierte. Oder von Florenz Ludwig Heidsieck, einem jungen Deutschen aus Westfalen, der (wie viele andere Deutsche nach ihm) in der Heimat des Champagners sein Glück suchte, sich mit der Tochter eines reichen Reimser Stoffhändlers vermählte und 1785 das Haus Heidsieck gründete, dem Handel mit Tuch und Wein gewidmet.

Zu Beginn des 19. Jahrhunderts besaß die Champagne eine reiche Kaste gut organisierter Händler und die Voraussetzung dafür, den Champagner über die ganze Welt zu verteilen. Allein im neuen Departement Marne (mittlerweile hatte die Französische Revolution Napoleon an die Macht gespült, ganz Frankreich wurde neu eingeteilt, die noch heute gültige Ordnung geschaffen) standen 20 000 Hektar unter Reben, was in etwa der heutigen Ausdehnung entspricht, die Gebiete in den Departementen Aube und Aisne nicht mitgerechnet. Etwa 6 000 Hektar produzierten Wein ausgesuchter Qualität, wovon wiederum nur ein Bruchteil zu Champagner verarbeitet wurde. Einige hunderttausend Flaschen produzierte man davon immerhin pro Jahr, eine stolze Summe für die damalige Zeit. 30 Millionen sollten es bis Ende des 19. Jahrhunderts werden und 300 Millionen Ende des zweiten Jahrtausends.

Was hier so flott aus der Feder fließt und gerade mal ein paar Seiten füllt – die Pionierzeit des Champagnerhandels – war natürlich nicht immer nur eitel Freude und Sonnenschein, sondern im Gegenteil Mühsal und tägliche Plage. Zitieren wir dazu eine Stelle aus dem Brief eines anderen Pioniers, Charles Heidsieck, der sich in den sechziger Jahren des 19. Jahrhunderts am amerikanischen Markt die Zähne ausbiss: „Den ganzen Tag in einer riesigen, fremden Stadt herumrennen, mehrmals die gleichen Personen sehen, Präsentationen ertragen unendlich viele Male, versuchen, dabei niemand zu vergessen, abgeplagt heimkehren, sich rasch umziehen, in die Stadt dinieren gehen, essen, ohne Appetit zu verspüren, meist eine abscheuliche Kost, und trinken, ohne an Durst zu leiden, nichts abweisen, sich tödlich langweilen und doch immer gute Miene machen …", so beschrieb er seinen Tagesablauf in den Großstädten Amerikas, und jedem, der sich im Leben ähnlich abplagt, werden diese Zeilen geradezu erschreckend aktuell erscheinen.

Seine Kollegen zu Beginn des 19. Jahrhunderts hatten aber noch ganz andere Sorgen. Sie schlugen sich mit Verkehrsproblemen und Zöllen herum, von den Unruhen der Revolution und der napoleonischen Kriege ganz zu schweigen. Zwar war das französische Straßennetz relativ gut ausgebaut, doch kaum unterhalten und teils in einem üblen Zustand. Besser und rascher war der Wasserweg auf den Flüssen Marne und Seine. Dennoch litt der Wein beträchtlich unterwegs. Fässer und Flaschen waren der Hitze, der Kälte, dem Sonnenlicht ausgesetzt, wurden gerüttelt und geschüttelt, was das Zeug hielt, und gingen immer mal wieder zu Bruch. Erreichten sie dennoch unversehrt ihren Bestimmungsort, kamen postwendend die Reklamationen: „trüb, dünn oder gar untrinkbar" sollten die Weine sein, die den Keller doch im besten Zustand verlassen hatten.

Was Zölle und Taxen anbelangt, war Wein schon immer ein Handelsgut, das dem Staat wie gerufen kam, seine Untertanen zu beuteln. Bis endlich eine einheitliche Regelung getroffen war, wusste sich ein Händler vor lauter Steuern, Taxen, Durchfahrtsrechten oder Brückenzöllen kaum zu retten. Wer die Taxen eintrieb, schien nicht zuletzt in die eigene Tasche zu wirtschaften. Im Jahr 1788 ließ der Abgesandte Mathieu de Vienne einen Korb mit einem Dutzend Flaschen an Jean-Paul Marat senden. Doch als ein Jahr später die Revolution ausbrach, hatte der als Volksfreund und Linker bekannte Marat, der sich vom Champagner erhoffte, dass er ihn „fröhlich stimme und ihn zu entzückenden Ideen inspiriere", die Flaschen immer noch nicht erhalten. An seiner Stelle tat sich ein Zollkommissär gütlich am schäumenden Wein. Zu behaupten, auf die Idee der Septembermorde von 1792 und die Hinrichtung der Girondisten von 1793 sei Marat nur gekommen, weil es ihm an Erleuchtung durch etwas Champagner gemangelt habe, scheint uns nun aber doch etwas gewagt. Andererseits ist es gewiss, dass ein paar Gläser Champagner auch den mordlustigsten Kämpen beruhigen ...

Probleme gab es ferner rund die Fabrikation. Über das Problem explodierender Flaschen haben wir bereits an anderer Stelle berichtet. Die Ausfallquote betrug zeitweise bis zu 50 Prozent. Um Unfällen vorzubeugen, trugen die Kellerarbeiter lederne Schutzhüllen, Handschuhe und vergitterte Masken. Die Glasqualität war ein ständiges Problem. Von 1735 an wurde durch ein königliches Dekret festgehalten, dass die offizielle Champagnerflasche „eine Pariser Pinte, also 93 Centiliter enthalten und mindestens 750 Gramm schwer sein müsse". Die Glasbläser aus Argonne, die bis dahin die Champagnerflaschen hergestellt hatten, versuchten daraufhin, einfach die Hälse der noch warmen Flaschen in die Länge zu ziehen, damit sie die gleichen Formen wie früher verwenden konnten. Doch noch mehr Flaschen gingen zu Bruch und die Argonneser handelten sich einen Prozess ein, der 1747 vor dem Pariser Parlament ausgetragen wurde.

Mehr aus der Not heraus entwickelte der Handel auch die Techniken um die Erzeugung des Champagners entscheidend weiter. Eines der wichtigsten Probleme der damaligen Zeit war das Hefedepot, das bei der zweiten Gärung entstand und wohl oder übel in der Flasche blieb. Auf dem Bild „Le déjeuner d'huitres", von Jean-François de Troy im Jahre 1735 gemalt, wird eine Tafelszene dargestellt. Eine Bande fröhlicher Zecher lässt sich Austern servieren. Der Champagner kühlt in speziellen Serviergestellen. Auf dem Tisch sind Porzellanschalen verteilt, die umgekippte Gläser enthalten: Wer ein Glas ausgetrunken hatte, musste nämlich zuerst das Hefedepot, nachweislich von unangenehmem Geschmack, in diese Schalen leeren, bevor er sich sein Glas nachfüllen ließ. Ob wohl daher die russische Sitte stammt, das leer getrunkene Champagnerglas an der Wand zu zerschmettern? Später versuchte man das Depot zu eliminieren, indem man die Weine vor dem Ausliefern entkorkte und sorgfältig in eine andere Flasche umfüllte, eine delikate und schwierige Operation, doch im Auge der Händler mehr und mehr nötig. Denn das Hefedepot war auch verantwortlich für eine unangenehme Krankheit des Weines, die *graisse*, also Fett, genannt wurde und den Champagner ungenießbar machte – wenigstens eine Zeit lang, denn Jean-Rémy Moët, Sohn des Firmengründers, hielt fest, dass man diese Krankheit zum Verschwinden brachte, indem man die Weine genügend lang im Keller ruhen ließ. Was zumindest teilweise das Interesse des Handels an guten Kellern und genügend Lagerfläche erklärt …

In der ersten Hälfte des 19. Jahrhunderts lernte man endlich, die alkoholische Gärung zumeistern und den Zucker, den man für die zweite Gärung beigab, genau zu dosieren. Erfunden wurde die Prozedur von einem Apotheker aus Châlons-en-Champagne, Jean Baptiste François, und angewendet zum ersten Mal durch Jean-Rémy Moët. Die Erfindung des Rüttelpultes, das erst das gezielte Eliminieren des Hefedepots in der Flasche gestattete, lässt sich auf das Jahr 1818 zurückdatieren. Zu verdanken ist sie einem bayerischen Emigranten namens Antoine de Muller, dem Mitarbeiter einer geradezu legendären Figur: der Witwe Clicquot-Ponsardin. Es wurde im Jahre 1884 ergänzt durch die Erfindung des Degorgierens durch Tiefkühlen des Flaschenhalses (Fachbegriffe zur Champagnerherstellung siehe Teil III: „Das Geheimnis der Fabrikation"). Sie ist dem Händler Henri Abelé zu verdanken. Bereits vierzig Jahre früher ließ Adolphe Jacquesson das *muselet* patentieren, den Drahtverschluss, der erst den Korken optimal auf der Flasche fixierte. All diese Entwicklungen gingen einher mit der Etablierung immer neuer großer Häuser: etwa Moët & Chandon, aus dem Zusammenschluss der Familie Moët mit den Chandon de Briailles entstanden. 1880 besaß der noch heute größte Betrieb der Champagne 380 Hektar Reben, beschäftigte 350 Kellerarbeiter, 800 Winzer und 1600 (!) weitere Angestellte und produzierte bereits drei Millionen Flaschen pro Jahr, also (wie heute) rund 10 Prozent der Gesamtproduktion. Aber auch die Häuser Perrier-Jouët (1811), Bollinger (1829), Krug (1829), Lanson (1837), Roederer (1843), Mumm (1853) oder Pommery (1858), um nur einige zu nennen, wurden in dieser Zeit gegründet.

Nicht fehlen darf in einem Kapitel über die Entstehung des Handels eine Kategorie, welche die Geschichte der Champagne besonders prägte: die Kaste der geschäftstüchtigen Witwen. Ihre Zahl ist Legion, ihre wichtigste Vertreterin aber Nicole Barbe, die spätere Veuve Clicquot-Ponsardin. Nicole Barbe Ponsardin wurde 1775 als Tochter eines Reimser Textilfabrikanten geboren. Mit 18 Jahren verheiratete sie sich mit dem Weinhändler und Bankier François Marie Clicquot. Zwölf Jahre später starb ihr Gatte völlig unerwartet: Das gut gehende Unternehmen Champagne Clicquot schien dem Untergang geweiht. Doch zum Erstaunen aller nahm die temperamentvolle Witwe ihr Schicksal selber in die Hände und stellte sich höchstpersönlich an die Spitze ihres Unternehmens. Als erstes stellte sie zwei tüchtige Mitarbeiter ein: Louis Bohne, ein aus Deutschland stammender Handelsvertreter mit außergewöhnlichem Sinn für Geschäfte, und Jérôme Fourneaux, selber Weinhändler und ein Künstler der Assemblage. Bald florierte das Unternehmen mehr denn je zuvor – und die Veuve Clicquot wurde zur Legende: „la reine de Reims" nannte sie der Dichter Prosper Mérimée. 1830 assoziierte sie sich mit einem anderen tüchtigen Mitarbeiter deutscher Herkunft, Eduard Wehrlé. Dieser führte nach dem Tod der Witwe 1866 des Werk der tatkräftigen Dame weiter. Clicquot machte sich nicht nur einen Namen auf dem französischen Markt: Wichtigstes Absatzland war – neben Deutschland – das immense russische Zarenreich.

Dem Beispiel der tüchtigen Nicole Barbe sind seither eine hübsche Menge anderer Champagner-Königinnen gefolgt, von Jeanne-Alexandrine Pommery über Léonie Roederer (keine waschechte Witwe zwar, weil sie nicht ihren Gatten, sondern ihren Bruder an die Spitze des Unternehmens ersetzte), Odette Pol Roger und

Jeannine Bollinger bis hin zu Carole Duval (heute an der Spitze von Champagner Duval Leroy) in jüngster Zeit. Das Präfix Witwe ist geradezu zum Qualitätssymbol geworden auf dem Etikett, so dass sich heute auf diesen eine ganze Menge imaginärer solcher tummeln. Eine schöne Revanche für die Frauen einer Epoche, die sie zu lebenslänglicher Haft im Heim und am Herd verbannte – und ein weiterer Beweis dafür, welch guten Einfluss der Champagner, mit Maß genossen, auf die menschliche Gesellschaft hat.

Champagner zwischen „sweet“ und „dry“: die Geschichte des Champagner-Geschmacks

Hemingway liebte ihn knockentrocken. Churchill hingegen trank nur lange gereiften Champagner – am liebsten Pol Roger 1928. Der Geschmack des Champagners hat sich immer wieder dem Zeitgeist unterworfen – und sich doch der Standardisierung widersetzt. Von süßen und trockenen Schäumern, dem reifen, alten Champagner und wider ein internationales Geschmacksdiktat …

„Möchten Sie ein Glas Champagner?“, fragte man eines Tages den stadtbekannten Snob. „Nein, danke, ich trinke lieber Wein“, gab dieser salopp zur Antwort. Ein Hinweis darauf, dass er den Champagner nicht zur Kategorie der Rebensäfte zählte. Die Anekdote ist so alt wie der Champagner selber: Kaum hatte man ihn zum Schäumen gebracht, war sein Stellenwert als Hochgetränk umstritten. Entweder man liebte ihn heiß – oder tat ihn als dem Populärgeschmack angepasstes, fabriziertes Wässerchen ab. Kurtisanen und Russen schlürften ihn becherweise, der Weinsnob aber rümpfte seine sensible Nase und der brave Bürger gab sich empört. Bereits Flaubert parodierte diesen Zwiespalt in seinem „Dictionnaire des idées reçues“ (Verzeichnis der Vorurteile), das eine Anthologie der menschlichen Dummheiten darstellen sollte. Eine solche sei unter anderem, „so zu tun, als würde man ihn hassen und sagen, er (der Champagner) ist kein Wein“.

Womöglich noch treffender beschrieb Alfred Delveau, Pariser Journalist während der Herrschaft Napoleons III., im Jahre 1867 die Polemik um den Stellenwert des Champagners: „Der Wein aus der Champagne – Moët, Théophile Roederer, Bollinger oder Clicquot – ist ein Wein, den die Leute mit Vorliebe beschimpfen, die nicht die Mittel besitzen, davon zu trinken. Man nennt ihn *coco artistique* oder *coco épileptique* (Grille von Künstlern oder Epileptikern), man behauptet, er sei fabriziert – oder gar, es handle sich beim Champagner gar nicht um einen Wein. Man gibt sich rasch einmal unwissend in Frankreich, und man vergisst dabei, dass der Wein aus der Champagne der Nationalwein par excellence ist. Der Champagner ist nicht nur ein Wein, er ist der Wein an und für sich und nur die Bürger trinken ihn zum Dessert am Tag des großen Fests. Man muss ihn trinken wie einen Sauternes oder einen Meursault, ja, wie irgendeinen Wein, also zu Beginn einer Mahlzeit. Wer Champagner zum Mahl aufstellt, egal ob mittags oder abends, ist kein Exzentriker: Er denkt sowohl an seine Gesundheit als auch an sein Vergnügen, er beweist Geschmack und will sich seine gute Verdauung erhalten.“ Das sind so ziemlich die intelligentesten Worte,

die überhaupt je über den Champagner geschrieben wurden, Worte, die sich jeder echte Weinfreund hinter die Ohren schreiben sollte.

Letztlich wurde der Champagner schon kurz nach seiner Entstehung Opfer seines überraschenden, überwältigenden Erfolgs. Er wurde praktisch über Nacht populär und Popularität – wir wissen es aus der Musik, dem Kino, der Literatur – ist immer eine Gratwanderung zwischen Banalität und Genialität. Champagner war rar und teuer und folglich ein Phänomen, über das man zehn Mal mehr schwätzte, als man es sich leisten konnte. Und schließlich war und ist Champagner ein unglaublich komplex herzustellendes Produkt und daher für Missbräuche wie geschaffen … Am Anfang steht die Rebe, und die gibt bereits höchst unterschiedlichen Saft, je nach Terroir, Rebsorte, Sorgfalt und Pflege. Die Keltertechnik spielt mit, die Qualität des Pressens, die eigentliche Weinbereitung, Ausbau und Lagerung und schließlich die Assemblage, das gekonnte (oder weniger gekonnte) Vermischen von Weinen unterschiedlicher Herkunft. Aus den gleichen Aromastoffen kann ein Duftmischer ein dezentes, verführerisches, einfach umwerfendes Parfum höchster Komplexität und genialsten Ausdrucks komponieren oder aber ein übles, schrilles, dissonantes, billiges Toilettenwasser. Warum sollte es für den Champagner anders sein, der ja genau so gebaut wird wie ein großes Parfum? Sodann vergärt ein Champagner gleich zweimal: einmal im Tank, wenn er zu Wein wird, einmal auf der Flasche, wenn der Schaum sich bildet. Jede Gärung hat einen immensen Einfluss auf die Geschmacks- und Duftkomponenten. Schließlich wird er „dosiert", das heißt, mit Zucker gesüßt, und zwar mehr oder weniger, je nach Champagnertyp und Geschmack des Konsumenten.

Und dieser Geschmack hat sich immer mal wieder geändert im Lauf der Jahrhunderte und sich dem Zeitgeist unterworfen. Ursprünglich war der Wein aus der Champagne säuerlich, prickelnd, leicht und bekömmlich. So liebte man ihn im späten Mittelalter und bis in die erste Hälfte des 17. Jahrhunderts. Dann aber versetzte man ihn mit allerhand Gewürzen und Süßstoffen, um ihn dem Zeitgeschmack anzupassen, und „erfand" so ganz beiläufig den schäumenden Wein. Viel Säure plus Kohlensäure schlägt auf den Magen und muss zusätzlich mit Süße ausbalanciert werden. Der Champagner des 18. und 19. Jahrhunderts war also nicht trocken, sondern im Gegenteil geradezu unglaublich süß, je nach Klientel. Die Frage, ob der Champagner in dieser Epoche vor allem zum Dessert gereicht wurde, weil er süß war, oder ob er süß war, damit man ihm zum Dessert reichen konnte, ist etwa so müßig wie die Frage, wer denn nun zuerst da war, die Henne oder das Ei. Süß ist er auch heute noch, der Champagner. Gar keine Dosage enthält nur der Extrabrut. Acht bis zwölf Gramm Zucker pro Liter Champagner sind die Regel und werden – im Zusammenhang mit der Weinsäure und der Kohlensäure –, immer noch als trocken empfunden. Für einen halbsüßen Champagner, wie er heute kaum mehr vertrieben wird, sind weniger als 50 Gramm Zucker pro Liter die Regel. Das ist nichts, verglichen mit der Dosage, wie sie der Champagner des 19. Jahrhunderts aufwies. 250 bis 300 Gramm Zucker setzte man einer Flasche bei, die nach Russland ausgeführt wurde – die Russen mochten es offenbar besonders süß – 150 bis 200 Gramm war die Norm für Frankreich und Deutschland und über 50 Gramm für eine Flasche, welche die englischen Trinker verführen sollte.

Dass sich ein wahrer Kenner dieser Zuckerorgie zu widersetzen suchte, liegt auf der Hand. Der raffinierte Genießer Saint-Evremond, der seinen Champagner mit Vorliebe zu Austern trank und zeit seines Lebens die Leichtigkeit und die Ausgewogenheit predigte, hätte sich mit Schaudern vom klebrigen Getränk abgewandt, das man in den nächsten Jahrhunderten unter dem Namen Champagner vermarktete. Doch der Markt diktierte den Geschmack und dieser Geschmack tat einiges für die Verbreitung des Champagners, der damit nicht zuletzt zur Nascherei von Halbweltdamen und anderen Leckermäulern wurde, die offenbar wenig um ihre Linie fürchteten.

Die Revolution des trockenen Champagners ging einmal mehr von England aus, brauchte aber auch da einige Jahrzehnte Zeit, um ganz Fuß fassen zu können. Folgende Geschichte spielt im Jahre 1848. (Apropos Revolution und 1848, und weil erst Querverweise und Klammern das Leben so richtig spannend und lebenswert – oder lesenswert – machen: Im gleichen Jahr verfolgte ein Herr namens Friedrich Engels gespannt das Ablaufen einer ganz anderen Revolution und notierte auf einer Reise von Paris nach Berlin in sein Tagebuch: „… es braucht nur einiger Flaschen, um von der überschäumenden Freude des Cancan zur Kühnheit des revolutionären Feuers überzugehen und mit einer Flasche Champagner in die fröhlichste Carnevalslaune der Welt zu gleiten.") Im Jahre 1848 also bat ein englischer Weinhändler namens Burne das Champagnerhaus Perrier-Jouët, ihm ein paar Kisten trockenen Champagner zukommen zu lassen. Vermutlich versprach sich der englische Händler damit einfach einen verbesserten Absatz. Denn auch die Engländer tranken den *sparkling Champain* in erster Linie zum Dessert. Zum Nachtisch konsumierten sie aber auch eine ganze Menge anderer süßer Weine, vor allem Sherry oder Port – die Konkurrenz für den Champagner war folglich beträchtlich. Wie schwierig es ist, die Macht der Gewohnheit zu bekämpfen, sollte Burne gleich doppelt erfahren. Nicht nur wollte man bei Perrier-Jouët zuerst nichts wissen von einem solchen Deal: Als man schließlich nachgab und das Gewünschte lieferte, erhielt man die Flaschen postwendend zurück. Die Offiziere des Clubs, für den die Lieferung bestimmt war, konnten mit dem knockentrockenen Schäumer nichts anfangen und verlangten ungehalten nach ihrer gewohnten Marke.

Mister Burne schien ein besonders hartnäckiger Handelspartner zu sein, der sich von einem einzigen Misserfolg nicht entmutigen ließ. 1850 startete er einen neuen Versuch, ungesüßten Champagner geliefert zu erhalten – diesmal durch die Firma Roederer. Doch diese weigerte sich kategorisch. Doch offenbar war Burne von Burne & Taylor nicht nur hartnäckig, sondern auch besonders weitsichtig. Denn schlussendlich gab die Geschichte ihm Recht: Spätestens von 1865 an kam der trockene Champagner in England in Mode und verdrängte ganz den süßen Schäumer. Die veränderten Trinkgewohnheiten illustriert sehr schön ein satirischer Beitrag der Zeitschrift Punch aus dem Jahre 1862. Der Zeichner John Leech gibt eine Szene zum Besten, in der ein naseweiser Halbwüchsiger während eines Diners seinem Onkel erklärt: „Mmh … scheußlich süß! Ausgezeichnet für die Weibsbilder. Ich aber komme in ein Alter, in dem ich, ich gesteh's, dem Brut den Vorzug gebe."

Ins Mannesalter kam nach und nach auch der Champagner, nicht zuletzt dank einer Persönlichkeit, die seine Epoche nicht nur in punkto Trinkgewohnheiten nachhaltig beeinflusste: Eduard VII., der englische Thronfolger, durch seine ebenso langlebige wie sittenstrenge Mutter Viktoria(auf dem britischen Thron von 1837 bis 1901) zu einem Leben als ewiger Prinz verdammt. Der korpulente Lebemann war ein großer Zigarrenliebhaber und Schlemmer, trank aber mit Maß – und fast ausschließlich trockenen Champagner, am liebsten Ayala brut 1865. Seine Vorliebe für Champagner brachte ihm einen Spitznamen ein, der bald auf sein Lieblingsgetränk ausgedehnt wurde und noch bis zum Zweiten Weltkrieg in der guten Londoner Gesellschaft Verwendung fand: *the boy*, der Junge. Die Geschichte geht auf eine Jagdpartie zurück, die der Prinz von Wales mit seiner Gegenwart ehrte. Begleitet wurde er von einem *boy*, einem Diener, der querwaldein ein Wägelchen schob, auf dem ein Eiskübel mit einer geöffneten Flasche Champagner stand. Der Tag war überaus sonnig und warm und die Stille des Waldes wurde immer wieder durchbrochen vom Halali der Jäger und der Donnerstimme des Prinzen, der mit dem Ruf „the boy!" in regelmäßigen Abständen ein Glas der Erfrischung orderte. *A bottle of the boy* zu kippen, das hieß in der Folge, zum zweiten Frühstück eine Flasche trockenen Champagner zu leeren, ein Must für die englischen Lebemänner der Belle Époque, zu deren Motoren Eduard VII. nachgewiesenermaßen gehörte.

Dank des durstigen Prinzen war der trockene Champagner endgültig in England etabliert und Mister Burne konnte sich künftig aussuchen, ob er sich bei Ayala, Veuve Clicquot, Pommery oder Bollinger mit Brut eindecken wollte, aber noch immer nicht bei Roederer, denn noch 1884 gab einer der Direktoren dieses Haus zu Papier: „Niemals, solange ich lebe, wird in unseren Kellern dem trockenen Champagner, diesem Gott Baal, gehuldigt werden." Mittlerweile werden auch die meisten Champagner aus den Kellern von Roederer trocken abgefüllt. Dennoch blieb trockener Champagner lange der englischen Kundschaft vorbehalten. *Tizane*, Kräutertee, nannten Kenner der Belle Époque spöttisch den süßen Champagner und behielten den Begriff Champagner dem trockenen Wein vor. Im 1903 von den beiden Briten Algernon Bastard und Newnham-Davies herausgegebenen „Gourmet's Guide to Europe" steht zu lesen: „Was die Champagner anbelangt, die man im Ausland findet, geziemt es sich nicht, sie an unseren gewohnten Maßstäben zu messen, außer, sie seien speziell für den englischen Markt bestimmt, denn sie sind in der Regel zu süß für unseren Geschmack." Der Berichterstatter gibt weiter eine Anekdote zum Besten, die sich in Reims, also im Herzen der Champagne, abgespielt haben soll: „Wir fanden uns zum Mittagsmahl im Jagdhaus wieder. Jeder der Gäste hatte seinen eigenen Wein mitgebracht. Auf dem Tische standen die zehn, zwölf größten Marken der Champagne. Mein Gastgeber wollte wissen, welchen Wein ich zu trinken wünschte. ‚Trockenen Champagner, wenn Sie davon haben.'– ‚Ah, Sie trinken solches Gift', meinte der Gastgeber lächelnd. ‚Offenbar teilen Sie nicht unseren Geschmack für trockene Weine'."

Weil diese kleine Geschichte in der Neuauflage von 1911 fehlt, lässt sich daraus schließen, dass sich die Kultur des trockenen Champagners in der Zwischenzeit endlich auch in dessen Heimat etabliert hatte. Doch hat zumindest halbsüßer Champagner Anhänger in Frankreich bis in unsere Tage, und nicht nur in der Kategorie der

Billigwein-Konsumenten. Ich erinnere mich an eine Mahlzeit als Gast von Roederer-Generaldirektor Jean Claude Rouzaud vor einigen Jahren, der mir – nach seinen trockenen Juwelen, etwa dem legendären Cristal – einen halbsüßen Schäumer zum Dessert, ich glaube eine Mirabellentorte, reichte. Der süße Schäumer schmeckte ungewohnt, mundete aber ausgezeichnet, nachdem ich mich endlich dazu durchgerungen hatte, mein Vorurteil gegen süße Champagner abzubauen. Offenbar hat Widerstandsgeist gegen ein Geschmacksdiktat im Hause Roederer Tradition ...

Ungewohnt und doch ausgezeichnet schmeckt auch eine Cuvée, die Veuve Clicquot vor kurzem neu herausgebracht hat. Es handelt sich um die nur leicht (mit rund 20 Gramm) gesüßte Rich Reserve Sec mit Jahrgang. Die Bezeichnung *sec*, trocken, wird hier in ihrem alten Sinn verwendet, nämlich trocken im Sinne der Trinkgewohnheiten des letzten Jahrhunderts, ein weiteres Indiz dafür, wie süß Champagner eine Zeit lang waren. Dank Grundweinen herausragender Qualität mundet auch dieser nach alter Art bereitete Champagner ausgezeichnet, mit seinen an exotische Früchte erinnernden Aromen. Die halbsüßen Champagner könnten – im Zug der Süßweinwelle, die seit einigen Jahren die Weinszene überrollt und Weintrinker aus aller Welt die herrlichen Kreszenzen aus Sauternes, Oporto, Marsala, Madeira oder Sherry entdecken lässt und natürlich aus Deutschland und Österreich, eigentliche Bastionen solcher Qualitäten – gar wieder an Bedeutung gewinnen in den nächsten Jahren.

Doch vorläufig ist und bleibt der trockene oder gar extratrockene, also ganz und gar undosierte Champagner in. Das hat nicht nur mit dem Geschmack zu tun, sondern wie immer auch mit einer hübschen Portion Snobismus. So wie man sich den Ruf eines Havanna-Kenners zu verschaffen sucht, indem man nur auf die stärksten, herbsten Module und Marken schwört wie Punch, Upmann oder Bolivar, und die milde Welle der Cohibas oder le Hoyo als weibisch oder als „Einstiegsdroge" abtut, beweist man Kennertum und Männlichkeit mit dem Absorbieren eckiger, zackiger Champagner. Und vergisst dabei, dass die Vorliebe der Engländer für trockene Weine mehr ist als Zeichen eines besonders vertrackten phallischen Wahns, sondern vielmehr Methode hat. Denn im Gegensatz zu uns Mitteleuropäern, die Champagner am liebsten schon im Einkaufskorb entkorken würden, lassen die Briten, welche die Lektionen, die Saint-Evremond ihnen einst erteilte, sichtlich behalten haben, dem Champagner seit je die nötige Zeit zur Reife. Churchill, ein anderer großer Freund einer guten Zigarre und etlichen Gläsern Champagners, hatte ein besonderes Flair für die Schäumer aus dem Haus Pol Roger. Am liebsten trank er 1928er, und zwar bis zu seinem Tode im Jahre 1965, was uns zur Vermutung verleitet, dass außer ihm wohl kaum einer in den Genuss dieses herausragenden Jahrgangs gekommen ist, er aber auch einen besonders guten – und gut bestückten – Keller besessen haben muss. Englische Weinkenner schätzen seit jeher gereifte Champagner. Die Reife mildert die Säure und gibt einen anderen, nicht von hinzugefügter Süße stammenden Eindruck der Fülle und Ründe, und die Aromen solch reifer Champagner – Quitte, Vanille, Rose, Haselnuss, Gebäck und viele andere mehr – sind schlichtweg betörend. An dieser Stelle ist folglich nicht einfach von Champagner die Rede, sondern vom durch und durch großen, perfekt ausgereiften, ganz und gar harmonischen Wein. Die Kultur des trockenen Champagners steht denn auch nicht im Widerspruch zur Kultur des lange gereiften und dadurch wieder rund und weich gewordenen Schäumers. Ganz im Gegenteil. Das eine ist vielmehr die Konsequenz des anderen – oder umgekehrt. Im Klartext: Nur knochentrockene Weine mit viel Struktur können überhaupt lange reifen. Nur lange gereifte Weine entwickeln Komplexität. Nur gereift sind herbe, extrem trockene Weine überhaupt genießbar.

Ein Widerspruch entsteht höchstens aus der Vorliebe für den Wein im Champagner, für das unverfälschte Produkt eines Bodens, dem man die nötige Kellerruhe gönnt, damit es in Muße all seine Duft- und Geschmackskomponenten entwickeln kann, der Vorliebe also, die den wahren Kenner verrät, und der Tendenz zur Standardisierung, zur Vereinheitlichung des Champagners, eine Tendenz, die so getreu die Geschichte des Champagners begleitet wie der Pilotfisch den Wal. So beklagte André Simon, einer der ersten Weinschreiber überhaupt, bereits Anfang dieses Jahrhunderts in seinem Werk „History of the Champagne Trade in England", dass der letzte Champagner mit klarem, charakteristischem Eigengeschmack der 1893er gewesen sei. Wir werden in einem späteren Kapitel die Krisen ausleuchten, die in dieser Epoche die Champagne erschütterten und dieses strenge Urteil mindestens teilweise erklären könnten. Ähnliche Statements gibt es jedoch auch aus späteren Jahren. Ein anderer großer britischer Weinkenner, Warner Allen, schrieb 1952: „Die Tatsache ist leider unbestritten, dass der Champagner im Laufe der letzten fünfzig Jahre kontinuierlich an Individualität verloren hat, wie sie doch so wichtig ist in den Augen des Weinliebhabers."

Der (vermeintlichen oder tatsächlichen) Banalisierung des Champagners habe ich gar meinen ersten richtigen Auftrag als Weinschreiber, meine Vorliebe für die Weine dieser Region und letztlich meine Berufslaufbahn zu verdanken: Auf meine erste professionelle Reportage in Sachen Wein wurde ich Ende der achtziger Jahre geschickt, und zwar ausgerechnet in die Champagne, wo ich, so mein damaliger Auftraggeber, die Spreu vom Weizen trennen sollte, also die „Champagner mit Seele" ausfindig machen im Meer der quasi-industriellen Produktion.

Dass immer mal wieder eine Tendenz herrschte zur Vereinheitlichung des Champagnergeschmacks, ist unbestritten. Sie fiel fast immer mit einem Absatzboom zusammen: Stieg die Nachfrage, ging das immer auf Kosten der Individualität. Das hat mit Erntemenge zu tun und mit Marketing, vor allem aber mit der Tatsache, dass große Terroirs auch in der Champagne nur beschränkt vorhanden sind. Mittels gezielt eingesetzter Technik hat man trotz großer Nachfrage immer den Qualitätsstandard wahren können, nicht aber die Eigenständigkeit und Individualität im Wein erhalten. Die Krise der neunziger Jahre, als der Golfkrieg abrupt der großen Nachfrage ein Ende setzte und die Lager plötzlich überquollen, hatte wie die meisten Krisen in der Champagne ein Gutes: Man besann sich wieder aufs eigentliche Produkt. Als ich 1990 eine Blindverkostung großer Champagner durchführen wollte, machte ich mich ziemlich unbeliebt bei der Champagnerbehörde, die äußerst ungehalten reagierte und mich wissen ließ, Champagner entzöge sich Quervergleichen, im Gegensatz zu anderen Weinen. „Weil sie ohnehin alle ähnlich schmecken", meinte damals ein Meckerer unter meinen Freunden. Als ich 1998 wieder einmal in der Champagne Halt machte, empfingen mich die Vertreter des Winzerrats mit offenen Armen und hielten mir als erstes vier Flaschen mit abgedeckten Etiketten unter die Nase, die man mich stolz verkosten und miteinander vergleichen hieß, weil man mich davon überzeugen wollte, wie viele unterschiedliche Spielarten der Champagner erlaube. Damit lief man offene Türen ein und ich konnte nur schwer meine Genugtuung verbergen, als man mir in der Folge die neuen Werbeslogans der Region präsentierte: Mit der Message „D e n Champagner gibt es nicht, wohl aber d i e Champagner" wollen die Champagnerstrategen das neue Jahrtausend angehen – und haben damit einen Volltreffer gelandet. Aus ist es mit Doktrinen wie *dry english taste* oder *Champagne doux*. An deren Stelle ist die Vielfalt getreten, die ganze Palette der Geschmacksrichtungen, die der Champagner möglich macht. Im Angebot stehen heute elegante, luftige Weine, wie sie Saint-Evremond gefallen hätten; kräftige, vollmundige, gleichsam „weinige" Champagner, die herrlich reifen können, einfache, relativ neutrale Schäumer für jede Gelegenheit, Jahrgangschampagner und Spezialcuvées, und Geschmacksrichtungen in feiner Anstufung von extratrocken bis leicht süß. Auf dass der Weinfreund selber entscheide, womit er sich verlustieren will …

Champagne und Eros oder worin Madame ihr Juwelchen badete

Champagner und fleischliche Liebe sind voneinander nicht zu trennen – schon bevor der Champagner schäumte, war er ein durch und durch laszives Produkt. Von Salons, in denen man nicht nur plauderte, Badewannen in „chambres séparées" und der anregenden Wirkung des Champagners. Ein nicht ganz jugendfreies Kapitel …

Der französische Schriftsteller Jean Lurçat nannte das Überschäumen einer Champagnerflasche einen glücklichen Erguss, oder, um genau zu sein *une heureuse éjaculation*. Im Original liest sich das noch viel direkter als in der Übersetzung. Deutsche Sprache neigt immer etwas zur Biederkeit, wenn es um die Zonen unter der Gürtellinie geht. Dies gilt für dieses aus den sechziger Jahren dieses Jahrhunderts stammende Bonmot, aber auch für folgende, 250 Jahre alte Verse, verfasst vom Abbé (und späteren Kardinal!) Bernis:

„Gleich geht er los, der Champagner,
Ungeduldig raucht er in seinem Gefängnis,
Bereit, Dich mit glänzendem Schaum zu bedecken.
Weißt Du, warum dieser charmante Wein,
Kaum, dass die Hände sich bewegen,
Wie ein funkender Blitz rast und überschäumt?
Vergeblich sucht Bacchus in seiner Flasche,
Die rebellische Liebe zu bändigen;
Die Liebe macht immer sich frei,
Unter der Hand einer Schönen.

Gewidmet waren sie der Marquise de Pompadour, der Mätresse Ludwigs XV., eine große Liebhaberin des Champagners, des einzigen Weins, der, so die Pompadour, die weibliche Schönheit intakt lasse. Die Pompadour galt als eher schwer zu entflammende Gespielin und der Champagner als ihr bevorzugtes Stimulanz.

Erotische Dimensionen hatte der Champagner schon, als er noch gar nicht schäumte. Schließlich war er schon zu Beginn des 17. Jahrhunderts der bevorzugte Wein der Pariser Salons, und diese Salons waren nichts anderes als besonders raffinierte Freudenhäuser. Marion de Llorme oder Ninon de Lenclos, zwei bekannte Salondamen ihrer Zeit, ließen sich ihre amourösen Dienste diskret bezahlen – schließlich musste der Lebensunterhalt bestritten und der „Salon" unterhalten werden, auch wenn man sich von den billigen Prostituierten der Schenken und Tavernen dadurch unterschied, dass man die Zahl seiner Liebhaber „auf etwa zehn" beschränkte. Unter dem Einfluss eines uns bereits bekannten Lebemanns und Genießers (wer sich lüstern auf dieses Kapitel geworfen hat, ohne zuerst die vorherigen zu lesen, blättere bitte ein paar Seiten zurück und vertiefe sich in den Abschnitt über Saint-Evremonds Zeit in Paris) wurde der Champagner zum Wein aller raffinierter Freuden, zu denen nicht zuletzt die des Fleisches zählten. Der Wein aus der Champagne schien wie geschaffen für die Liebe, bekömmlich und leicht wie er war. Wer mochte schon Lippen küssen, die blutrot nach Rotwein glänzten, einen Mund liebkosen, der übel nach billigem Fusel stank? Welche raffinierte Liebkosung aber, ein paar Tropfen kristallinen Champagners von schwellenden, schmachtenden Lippen zu saugen, von denen ein geheimnisvoller Hauch von Blumenduft ausging!

Die menschliche Nase ist unglaublich talentiert, wenn es darum geht, Duftkombinationen aufzunehmen und an unser Hirn weiterzugeben, wo sie in einer Art Duftgedächtnis gespeichert werden. Erfasst werden dabei nicht so sehr einzelne Duftkomponenten, sondern eine Duftkomposition in ihrer Gesamtheit, ihrer Vielschichtigkeit. Je komplexer eine solche Duftkomposition, desto nachhaltiger ihr Eindruck. Diesbezüglich ist der Champagner nun allerdings geradezu beispielhaft unter den Weinen. Er ist nicht nur besonders reich an Esthern, Aldehyden und wie die Duftkomponenten alle heißen mögen, die wir als Aromen wahrnehmen, die uns an blühenden Flieder, Holunder, Akazie erinnern; an grüne oder goldene Äpfel, an Zimt, Ingwer oder Vanille; an Butter, Nüsse oder frisch gegerbtes Leder ... Diese sprechen – aufgrund ihrer extremen Feinheit – unser Unterbewusstsein noch stärker an als unsere direkte Wahrnehmung. Die Bläschen des Champagners dienen zusätzlich als Transportmittel auch für die feinsten Aromakomponenten, die so gleichsam wie in einem Aufzug in unsere Nase schweben, und – über eine sensorielle Analyse, die der jeder Maschine überlegen ist – ins Hirn. Im Hirn aber lösen sie komplexe Mechanismen aus, setzen ungeahnte Energien frei, lassen Hormone entstehen, die Reize des Verlangens auslösen, das Empfinden steigern und die Lust bis hin zur Euphorie ...

Zu glauben, dass allein durch die Aromen des Champagners Lust und Begierde ausgelöst werden, wäre natürlich unangebracht. Dazu braucht es das Zusammenspiel aller Sinne. Der Champagner spricht nicht nur Auge, Nase und Mund an, sondern auch

Ohr und Tastsinn, ist er doch der einzige Wein, der durch sein leises Prickeln eine Weise summt und zusätzlich unsere Zunge streichelt. Je feiner die Mousse, desto luftiger die Melodie und delikater die Streicheleinheiten. Alle Spezialisten der Liebe sind sich aber zumindest in einem Punkt einig: je feinfühliger eine Liebkosung, desto größer das Gefühl der dabei empfundenen Wonne …

Dass der Champagner sich auch positiv auf die Manneskraft auswirken kann, wollen wir nur nebenbei erwähnen und quasi als chemische Pointe dieses kurzen und gezwungenermaßen oberflächlichen Exkurses in die Sexualmedizin. Zwei Stoffe bewirken die Erektion: Blut und Gas, genauer Stickstoffmonoxid (NO) und Kohlenmonoxid (CO). Die Produktion dieser Gase wird dabei nicht vom Gehirn gesteuert (das kann sich folglich anderen Phantasien hingeben) und erfolgt am Ort des Geschehens selber. Das Stickstoffmonoxid wird raffiniert aus einer Aminosäure namens Arginin. Dieses ist in nicht unbeträchtlicher Menge in gereiftem Champagner enthalten, zusammen mit einer stolzen Anzahl weiterer Stoffe, die sich positiv auf die sexuelle Energie auswirken können. Die positiven Eigenschaften des Champagners unterliegen allerdings einer Regel, die alles dominiert: die der Mäßigkeit. Ein, zwei Gläser Champagner wirken anregend. Mehr aber schläfern ein, und zwar das Gehirn wie die Organe. Ist nicht der Champagner (wie jeder große Wein) gerade darum eine kulturelle Leistung, weil er zur Mäßigung ermahnt? Und das Maß aller Dinge ist ja erst, was den Menschen grundlegend vom Tier unterscheidet, das nur Maßlosigkeit bis zur Erschöpfung kennt.

Apropos Maßlosigkeit und Erschöpfung: Wer sich in der Raserei der Lust verliert, wird unter Umständen ein böses Erwachen erleben. Schließlich sekretieren die Stoffe, die unsere Muskeln beleben, gleichzeitig üble Toxine. Eine Pause von Zeit zu Zeit kann da nicht schaden und steigert nur noch die Freude und das Verlangen. Eine Pause, versüßt durch ein Glas kühlen Champagners. Denn seine Inhaltsstoffe – vor allem Oligoelemente und Zucker – dienen aktiv der Erholung.

Heute ist es wissenschaftlich erwiesen: Champagner – auf Grund seiner besonderen Konstitution – beeinflusst direkt unsere Libido. Dies ist aber nichts mehr als die Bestätigung einer Tatsache, die kühnen Liebhabern und ihren galanten Mätressen schon vor Jahrhunderten so klar war wie der Wein aus Aÿ. Dämpfte feuriger spanischer Wein rasch die Begierden, machte trunken und brachte die Manneskraft zum Erlahmen, war prickelnder Champagner ein gesuchtes Aphrodisiak, das die Phantasie anregte und die Begierde steigerte. Der Genuss schwerer Südweine mündete in einem bleiernen Rausch, der Genuss von Champagner aber in einem leichten Schwips, dank dem sich die letzten Hemmungen legten. Die einschlägige Wirkung des Champagners war auch einem Manne nicht unbekannt, der wegen seiner unbotmäßigen Bücher und seinem Hang zu verqueren Vergnügungen mehrmals in der Bastille schmorte und doch nicht von seinen bizarren Liebhabereien abließ: dem Marquis de Sade. Am sechsten Tag der „120 Tage von Sodom" beschließt der extravagante Curval, sich zusammen mit „Fanchon, Marie und la Desgranges sowie dreißig Flaschen Champagner" in einem Zimmer einschließen zu lassen und sich einer endlosen Orgie hinzugeben … Auch an anderer Stelle erscheint der Champagner bei de Sade immer wieder als Stärkungsmittel und Droge und als Auftakt zu seinen ganz und gar nicht unschuldigen Vergnügungen.

In seinem Stellenwert als anregendes Getränk der Liebe in all ihren Spielarten, also auch denen, die züchtigere Zeitgenossen als „Ausschweifungen" bezeichneten, liegt sicher einer der Gründe für den Erfolg des Champagners. Dieser Stellenwert stieg womöglich noch an, als der Champagner zu schäumen begann: Sogar der größte Biedermann mit der beschränktesten Phantasie konnte in der bauchigen Flasche mit dem langen Hals, wie man sie 1735 für offiziell erklärte, nicht das Phallussymbol verkennen. Um so mehr, wenn eine solche Flasche plötzlich überschäumte „unter der Hand einer Schönen", um noch einmal an Bernis" frivole Verse zu erinnern.

Wie locker die Sitten im Paris des 17. Jahrhunderts waren, haben wir bereits mehrmals erwähnt. Doch das nächste Jahrhundert stand dem vorhergehenden diesbezüglich nicht nach. Denn kaum hatte der erst in seinen alten Tagen und unter dem Einfluss seiner letzten Geliebten, Madame de Maintenon, bigott gewordene Sonnenkönig das Zeitliche gesegnet, folgte erneut eine Periode des Trubels und der Heiterkeit. Bis zu Mündigkeit Ludwigs XV., der den Weltschmerz, der ihn so häufig plagte, auf Anraten der Pompadour mit reichlich Champagner stillte, führte Philippe d'Orléans das Zepter, und der war alles andere als ein Kind der Traurigkeit und der Sittenstrenge. Die Neuauflage einer Zeit der Régence bis zur Mündigkeit des Königs glich daher aufs Haar der Epoche unter Anne von Österreich und Kardinal Mazarin. Der Champagner aber erlebte seinen ersten, großen Triumph als Wein des Eros. Serge Douay, der eine wunderbare „Geschichte der Liebe in den französischen Provinzen" verfasst hat, gibt uns ein Beispiel davon: „An diesem Abend war das Mahl besonders gelungen. Die Stimmung war so leicht und fröhlich, dass Madame Parabère eine beachtliche Menge Champagner zu sich nahm, bis zum Augenblick, wo sie fühlte, wie ein Zeitgenosse berichtet – dass eine sengende Hitze ihre Kruppe entflammte. Sie knöpfte ihr Gewand auf, das ihre Nacktheit schon vorher kaum verhüllt hatte, und die Gäste, die wohl wussten, was sich gehört, wurden angehalten, ihr einer um den anderen die Aufwartung zumachen. Unter den entzückten Augen des Regenten entledigten sich die anderen Damen ihrer letzten Hüllen und demonstrierten ihrerseits ihre Fertigkeit …“ Die lockeren französischen Sitten erregten zwar immer mal wieder das Kopfschütteln der anderen Nationen, doch heimlich wurden sie bewundert und benieden und nachgeahmt. So stammt die Sitte, Champagner aus dem Schuh seiner Angebeteten zu trinken, nicht etwa aus Frankreich, wie man vermuten könnte: Die britische Zeitschrift The Connoisseur berichtet darüber bereits in ihrer Ausgabe von 1754.

Waren Champagner und lockere Sitten bis dahin einer bestimmten Kaste vorbehalten gewesen, demokratisierte sich beides im 19. Jahrhundert und erreichte in der Belle Époque den Höhepunkt. Die großen Pariser Restaurants entstanden – La Maison doré, Le Riche, Le Café Anglais – die Konzertcafés auf den Champs-Élysées und die Künstlercafés auf dem Montmartre, frequentiert von lebenslustigen Kunden quer durch alle Klassen: Bürgern auf der Suche nach Feierabendvergnügungen, Malern, Literaten und Halbweltdamen. Die käuflichen Damen waren Legion, die Prostitution noch nicht ins Ghetto verbannt. In dieser Welt der leiblichen Vergnügungen, wie sie uns aus einer ganzen Reihe von Gemälden von Toulouse-Lautrec entgegengrinst oder den zahlreichen zeitgenössischen Werbeplakaten der großen Champagnerbetriebe, die von verhaltener Erotik nur so triefen, von Alfons Mucha, Utrillo und anderen, weit weniger begnadeten Künstlern gemalt, stand der Champagner im Mittelpunkt. Seiner neuen Flamme eine Flasche Champagner zu offerieren, kam rasch einer einschlägigen Aufforderung gleich, wie folgendes Beispiel beweist: 1836 wurde der Pariser Journalist Arsène Houssaye, Lebemann und Freund vieler großer französischer Künstler seiner Zeit, nach London geschickt, um über eine Gemäldeausstellung zu berichten. In einer Schänke stellte ein Freund ihm eine entzückende junge Irländerin vor. „Weil ich Bier schrecklich fand“, so erzählt er in seinen Memoiren, „bestellte ich eine Flasche Champagner.“ „Yes“, meinte sie und setzte ihr schönstes Lächeln auf. „Es war, als wären plötzlich all ihre Sinne geweckt; es schien auch, dass dies einer galanten Erklärung gleich kam, denn sie warf sich in meine Arme wie ein verschüchtertes Vögelchen.“ Die kleine Geschichte ist nicht nur der Beweis dafür, dass Champagner schon früh ein Animiergetränk sondergleichen war, sondern auch, dass er diesen Stellenwert nicht nur in Frankreich hatte …

Über die Sitten in den Pariser Cabarets der Belle Époque klärt uns Guy de Maupassant auf, der ja überhaupt als einer der besten Chronisten der Epoche gelten darf. In der 1886 erschienenen Erzählung „Monsieur Parent" macht er uns mit Paul und Henriette bekannt, einem frisch verheirateten Paar. Henriette bittet Paul, sie auszuführen, und zwar zum Diner in ein *cabinet particulier*, wo man ihn noch aus seiner Junggesellenzeit kennt und wo man sie für die Mätresse des jungen Lebemanns halten könnte. Sie werden in ein Kabinett geleitet, das „mit vier Fauteuils möbliert war und einem breiten Ruhebett aus rotem Samt". Paul bestellt „ein kräftiges Menü: Brühe, Teufelspoulet, Hasenrücken, Hummer auf amerikanische Art, gut gewürzten Gemüsesalat und Dessert. Dazu trinken wir Champagner."

Henriette trinkt reichlich Champagner und fragt, neugierig geworden, ihren Gemahl über seine Vergangenheit aus und die Zahl seiner Mätressen. Nachdem dieser ihr sein lockeres Vorleben gestanden hat, macht sie ihm eine explosive Liebeserklärung und fällt ihm in die Arme. „Der Kellner, der eintrat, trat augenblicklich zurück und schloss diskret die Türe. Der Service wurde für fünf Minuten unterbrochen. Als der Ober wieder erschien, mit undurchdringlicher, würdiger Miene, und die Früchte des Desserts reichte, hielt sie (Henriette) von neuem ein Glas in den Händen und murmelte mit nachdenklicher Stimme und ganz versunken in die Betrachtung der transparenten, gelben Flüssigkeit, in der sie dunkle und traumhafte Dinge zu sehen schien: ‚Oh doch! Das muss ganz schön amüsant gewesen sein, trotz allem.'"

Ganz schön amüsant waren sie gewiss, die galanten Abenteuer in den *cabinets particuliers* oder *chambres séparées*, wie sie alle wichtigen Lokale der Epoche kannten, und gingen nicht immer so unschuldig aus, wie im obigen Beispiel beschrieben. Der Übergang vom Restaurant zum Freudenhaus war sozusagen fließend. Aber der Champagner floss hier wie da in Strömen. „Er (ein Stammkunde) verbringt jeweils Dienstag Nacht bei uns. Er reserviert drei Mädchen und den kleinen Salon. Er trinkt mehrere Flaschen Champagner mit ihnen. Ein Mann, der zu leben weiß. Er hält nicht mit Ausgaben zurück", steht im Büchlein „Paris secret des années trente" geschrieben, einer Art Reiseführer durch das „geheime" Paris. Die Cafés und Restaurants boten diskrete Einzelzimmer an, die Freudenhäuser

dafür erstklassige Küche – man wusste wahrlich zu leben in Paris der Jahrhundertwende und der goldenen zwanziger Jahre!

Die ganze fröhliche Kupplerei nahm erst ein Ende mit dem Verbot dieser einschlägigen Umschlagplätze für Sex und prickelnden Schaum im Jahre 1946. Die ehemaligen Modelokale und lärmigen Cabarets vom Montmartre und der Place Clichy wurden zu öden Striptease-Schuppen umfunktioniert und zu schummrigen Touristenfallen, wo sich heute noch Besucher aus aller Welt, nur nicht waschechte

Pariser, ein paar Stunden lang der Illusion von Paris by night hingeben können – eine museale Kopie des echten, schäumenden Paris der Jahrhundertwende und etwa so abgeschmackt und abgestanden wie der Sprudel, den man lüsternen Japanern und Amerikanern unter dem Namen „Champagner" ausschenkt. Nur mehr die alten Affichen und ein paar auf Hochglanz getrimmte nostalgische Requisiten erinnern an die muntere Belle Époque, als man buchstäblich im Champagner badete. Denn hatte nicht Eduard, Prinz von Wales und späterer König von England, im Chabanais, dem *maison d'illusions*, in dem er am liebsten verkehrte, eine kupferne Badewanne installieren lassen, damit seine Spielgefährtinnen (ob vorher oder nachher, bleibt leider auf immer ungewiss) sich gleich an Ort und Stelle mit einem Champagnerbad erfrischen konnten? Wenn Marilyn Monroe, laut der Legende, an der sie wohl selber am meisten strickte, eine große (Champagner-) Liebhaberin und Eromanin, nachgesagt wurde, sie bade mit Vorliebe im Champagner, so handelt es sich dabei nur um ein Plagiat alter französischer Sitten. Denn schon der muntere Poet Vesselier erwähnte das weibliche Champagnerbad, und zwar in seinem 1800 in der Sammlung „Contes gais et badines" erschienenen Gedicht „Das Bidet":

> Mit Ducrot, seinem Küchenmeister,
> Hielt Arpin de la Montagne Buch.
> Wie? Sagte der Financier,
> Du brauchst für diesen Haushalt allein
> Zweihundert Flaschen Champagner?
> Nie haben wir so viel davon getrunken.
> – Oh, nein, mein Herr, doch der Rest
> Ist fürs Bidet von Madame bestimmt.
> Ah, ruft Arpin, was für ein Weib!
> Wer wird sich da wundern,
> Dass ihr Juwel, was immer ich auch sage,
> Jeden Tag neue Dummheiten begeht,
> Wenn man es trunken macht vor dem Diner.

Wie herrlich unverschämt und entzückend verspielt war doch der Umgang mit der fleischlichen Liebe und ihrem bevorzugtem Partner, dem frivolen Wein aus

Aÿ einst! Doch die Zeiten ändern sich eben. Am besten trösten wir uns über diese Tatsache mit einem Glas (oder zwei oder drei) erstklassigen Champagners hinweg, das wir mit unserer Angebeteten teilen. Warum nicht begleitet von ein paar lasziven Naschereien, saftigem Hummer, zartem Spargel, schlüpfrigen Austern oder frivolen Artischocken, die man so hübsch entblättern kann? Denn schließlich und zuletzt: Wer sollte uns daran hindern, die lockeren Sitten des alten Paris zu Hause im heimischen Alkoven wieder aufleben zu lassen?

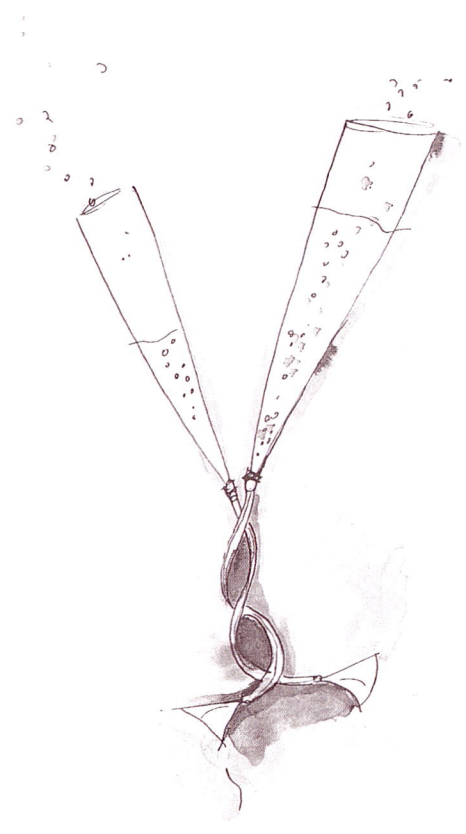

Über die Banalisierung des Champagners oder warum man nicht alle Feste feiern sollte, wie sie fallen

Champagner ist seit seiner Entstehung der Wein der großen Feste und Feiern. Keine Hochzeit, keine Militärparade, keine Schiffstaufe und kein Nürburgringsieg ohne Champagner. Über Bräuche und Missbräuche rund um den Champagner oder wie der brave Bürger den ungestümen Champagner zu zähmen versuchte, indem er ihn, der doch eigentlich den brillanten Auftakt bilden sollte, zum gähnenden Schlussakt degradierte …

Bis ins 18. Jahrhundert war der Champagner der Wein des Adels, der Salons, der Ausschweifungen und der amourösen Abenteuer. Dann wurde der Schäumer, der wie kein anderer den Funken der Freiheit in sich trägt, zum Wein der Aufklärung und deren letzter Konsequenz, der Französischen Revolution. Wie aber um des Teufels willen wurde er zum Wein der braven Familienfeier? Wohl aus der Angst des Bürgers vor der grenzenlosen Freiheit. Ähnlich, wie man die explosiven Ideen der Französischen Revolution in der darauf folgenden Restauration verwässerte, indem man sie zur Staatsräson erklärte, deklarierte man den windigen Champagner zum Wein aller züchtigen Feste und nahm ihm so etwas von seiner Frivolität. Denn ist nicht das beste Mittel zum Einschläfern einer Revolution, sie zur Institution zu erheben? Dass der Champagner über hundert Jahre brauchte, sich gutbürgerlichen Konventionen zu unterwerfen, zeugt nur vom Widerstandsgeist dieses durch und durch ungewöhnlichen Getränks, dessen kleine Geschichte so ganz und gar untrennbar ist von der großen, der Geschichte der Entstehung Europas und der modernen Welt.

Der Wein aller Feste wurde der Champagner natürlich schon bald nach seiner Entstehung und das ist er bis heute geblieben. Kommt nicht allein das Ritual des Entkorkens einem Festakt gleich? Das beginnt mit dem geheimnisvollen Knistern des Stanniolkleides, das man sorgfältig vom Flaschenkopf löst, während die züchtig harrende Gemeinde voller Vorfreude den Atem anhält. Das nimmt im Aufrollen und Abheben des Drahtverschlusses seinen Fortgang, diesem Keuschheitsgürtel des Weins, der gleichzeitig die Versuchung wie deren Fessel symbolisiert. Und endet im fröhlichen Knall, mit dem der Korken, einem Salutschuss gleich, aus der Kanone, will sagen, aus dem Hals der bauchigen Bouteille schießt. Und erst das Schäumen, das Spritzen und Sprudeln des Weins, der frohgemut aus seinem engen Glasgefängnis zischt, gleichsam mit Pauken und Trompeten und Wonnegesang.

Freude, schöner Götterfunken, dichtete Schiller, setzte Beethoven um in Musik, eine Ode an die Freiheit, ans Leben und an den sprudelnden Champagner, die vom entstehenden Bürgertum rasch zum züchtigen Lied der Wonnen eines sittsamen Lebens uminterpretiert wurde. Man hat sie weiter entschärft, indem sie ins Standardrepertoire jedes gestandenen Männerchors aufgenommen wurde, wo sie doch einst, wie überhaupt die 9. Symphonie und andere Werke des stürmischen Meisters, für einen Kulturskandal sorgte. Pfui, pfui über das schlappe Kastraten-Jahrhundert, ist man – noch einmal mit Schiller – versucht zu fluchen, das allem, was so fröhlich prickelte, schlussendlich die laszive Spitze brach! Zwar meinte Schiller damit das 18. Jahrhundert, doch der Ausspruch seines Oberräubers ist zeitlos wie überhaupt sein Werk, so dass er ruhig gleich auch für die beiden nächsten gelten darf. Doch wir schweifen (wieder einmal) ab.

Denn seien wir gerecht: Daran, dass es zur Banalisierung des Champagners kam, dass er zum Wein der gutbürgerlichen Familienfeiern wurde, am Ende einer Mahlzeit gereicht, am besten zum Dessert, nach einem schweren und schwer verdaulichen Mahl, wenn seine euphorisierenden Eigenschaften nun garantiert keine unmoralischen Früchte der Versuchung mehr wuchern ließen und man nicht mehr befürchten musste, dass Tante Berthe zu guter Letzt doch noch mit Onkel Thomas durchbrannte und Cousine Philippine auf dem Tisch Striptease tanzte, tragen seine Adepten und Botschafter der ersten Stunde die größte Schuld. 1800 Flaschen Champagner leerte die illustre Gesellschaft, die sich am 30. August 1739 zum großen Maskenball des Pariser Rathauses einfand – das erste schriftliche Zeugnis maßloser Champagnerzecherei der Geschichte und die Geburtsstunde eines Umgangs mit dem Champagner der dritten Art (mit der ersten ist natürlich der bekömmliche, mäßige Genuss gemeint und mit der zweiten die willkommene Wirkung des Champagners als frivoles Aphrodisiak), wie er nachgerade Mode werden sollte. Denn der schäumenden Feste sollte kein Ende mehr sein.

Zu einem einzigen solchen sollte ein Ereignis werden, das von geradezu herausragender Wichtigkeit war für die europäische Geschichte (und den Champagner als Wein aller Feste): der Wiener Kongress von 1814/1815. 143 Unterhändler, darunter der gesamte europäische Hochadel, gaben sich dort und damals während gut acht Monaten ein Stelldichein und verhandelten zäh über die künftige Form der europäischen Nationen, die einem heftig durcheinander gerüttelten Puzzle glichen, einen einzigen, verschlungenen Klüngel bildeten, einen geopolitischen Trümmerhaufen als Folge Napoleon'schen Eroberungswahns. Wichtigste Exponenten des legendär gewordenen Kongresses: der Fürst von Metternich, Vertreter des Kaisers von Österreich, Charles Maurice de Talleyrand-Périgord, der die französischen Interessen zu wahren den Auftrag hatte, und Zar Alexander I., der, gestützt auf seine Armee von 200 000 wilden Kosaken, Husaren oder wie die russischen Kriegsgurgeln auch immer heißen mochten, sich als Schutzpatron des in seinen Geburtswehen liegenden Europas gebärdete wie im 20. Jahrhundert die Vereinigten Staaten. Was an politischer Front ausgehandelt wurde beim Kongress zu Wien, hat uns hier nicht zu interessieren. Wohl aber, was die Fürsten in ihrer (offenbar reichlich bemessenen) Freizeit taten. Denn Talleyrand, Metternich und Alexander I. schienen sich gegenseitig übertreffen zu wollen im Veranstalten rauschender Bälle und Feste.

Die französische Delegation traf am 23. September 1814 in Wien ein, drei Tage vor der offiziellen Eröffnung des Kongresses, der bis zum 8. Juni des folgenden Jahres dauern sollte. Neben Talleyrand gehörten ihr sieben weitere Vertreter des französischen Königs an – und die Nichte Talleyrands, die Herzogin von Périgord, deren einzige Aufgabe es war, für den standesgemäßen Auftritt der Delegation zu sorgen – für die Öffentlichkeitsarbeit, wie wir heute sagen würden. In den ersten Monaten gingen die Verhandlungen nur zögernd voran. Grund: Der russische Zar „setzt sich nur selten an seinen Arbeitstisch, verbringt seinen Tag damit, dem Exerzieren und den Manövern der Truppen beizuwohnen, zu Pferd und im Wagen spazieren zu gehen, zu jagen, Besuche zu machen, und die Abende damit, bis um Mitternacht zu tanzen", wie ein Spitzel der Wiener Polizei vermerkte. In einem anderen, noch minuziöseren Polizeibericht steht zu lesen: „Anlässlich des Balls beim Grafen François Palfy bemerkte Alexander, der die Schönheit der Herzogin Szechenyi Guilford bewunderte, zu dieser: ‚Ihr Gatte ist abwesend. Ich würde gerne zwischenzeitlich seine Stelle einnehmen.' Die Herzogin antwortete nur: ‚Halten Eure Majestät mich für eine Provinz?'"

Doch die anderen Kongressteilnehmer wurden nicht wenig von der Festlaune des Zaren angesteckt, auch wenn die ernsthaftesten unter ihnen hofften, der russische Herrscher werde durch die bevorstehende Adventszeit etwas zur Mäßigung gemahnt und zeige sich damit besser disponiert zu seriöser Kongressarbeit.

Vorerst aber fieberte man dem wichtigsten Ereignis im Ereignis entgegen: dem Kaiserlichen Hofball. 3 000 Teilnehmer, darunter die Hälfte der gekrönten Häupter Europas, sollten sich an diesem größten Fest erfreuen, das die Epoche je erlebt hat. Die ganze Nacht hindurch tanzte man im Lichte von 6 000 Kerzen. Dass der Champagner in Strömen floss auf diesem rauschenden Fest, versteht sich schon fast von selbst. Dafür sorgten schon in eigenem Interesse die Franzosen, die im Champagner ihr Nationalgetränk sahen und ein Mittel dazu, zu vollenden, was ihnen mit militärischer Brachialgewalt nicht gelungen war: die Eroberung der Welt. Hatte nicht Talleyrand höchstpersönlich einst zu Jean-Rémy Moët gesagt, als dieser in seinem Hause zu Gast geladen war, der Champagner sei ein zivilisierendes Getränk und sich zu folgendem Bonmot verstiegen, das Glas Champagner zum Wohle seines Gastes erhoben: „Ich gebe gerne zu Protokoll, dass Ihr Name, dank dieses Glases und seines Inhalts, länger und besser schäumen wird als der unsere!"

Der Hofball war nur eins der vielen Feste des Wiener Kongresses. Die verschiedenen Delegationen schienen sich öfter im Tanzsaal als am Verhandlungstisch zu treffen, was den Prinzen von Ligné zur unsterblich gewordenen Bemerkung veranlasste: „Der Kongress marschiert nicht, er tanzt." Maskenbälle wurden veranstaltet „in der überschäumenden Stimmung der Fröhlichkeit und des Weins aus der Champagne", wie Graf La Garde-Champonas in seinem Werk „Feste und Erinnerungen des Wiener Kongresses" vermerkt (allein schon der Name dieses flotten Büchleins ist bezeichnend), das eine Menge nichtigen und doch so wichtigen Klatsches aus den Kulissen des Kongresses enthält. Dazu fanden herrliche Soupers statt, bei denen sich die Gegner des Tages friedlich zuprosteten, natürlich mit Champagner. „Am Nebentisch saßen der Prinz Kosslowski, Alfred und Stanislas Potocki, einige Russen, die zur Garde des Zaren gehörten, und etwas weiter Nostiltz, Borel, Palfy, der Prinz Esterhazy. Man trank auf eines jeden Gesundheit, man übertraf sich gegenseitig mit klugen Bemerkungen: die Geister sprühten nicht weniger als der Champagner", ist an anderer Stelle im oben zitierten Werk zu lesen.

Der italienische Historiker Guglielmo Ferrero erklärt die Vergnügungssucht der Kongressteilnehmer damit, dass sie, angesichts der folgenschweren Entscheidungen, die sie zu treffen hatten, einfach ein Ventil brauchten, durch das sie etwas Dampf ablassen konnten, etwa so wie ein pubertierender Jugendlicher, der tagsüber fleißig humanistisches Bildungsgut büffelt, sich nächtens aber an orgiastischen Ravepartys den Teufel aus dem Leib tobt. Das mag durchaus zutreffen. Möglich ist aber auch, dass der Adel ein letztes Mal die Größe des Ancien Régime aufleben lassen wollte, als Lust und Vergnügen und damit der Champagner ihm allein vorbehalten war, wohl wissend, dass die Zeit seiner Herrschaft – politisch wie kulturell und als Richter des guten Geschmacks – endgültig vorüber war. Tatsache ist jedenfalls, dass die Champagnerfabrikanten die Gunst der Stunde wohl zu nützen wussten und sozusagen täglich für Nachschub sorgten an schäumendem Wein, auf dass das Fest, nämlich der fröhlichste Kongress der Weltgeschichte, kein Ende nehme und auf dass der Champagner sich endgültig etabliere als Durstlöscher für Leute von Welt und als Wein aller Feste. Dabei schreckten sie auch vor Verlusten nicht zurück. Bevor er Frankreich endgültig den Rücken kehrte an der Spitze seiner 200 000-köpfigen Armee, wollte Alexander I. noch einmal eine große Fete geben. Als Austragungsort wählte er – Vertus in der Champagne. Noch einmal vereinigte sich alles, was Rang und Namen hatte in Europa, zu einem rauschenden Festgelage, wohnte dem Defilee der Truppen bei und verlustierte sich bei feinstem Essen und exquisitestem Wein. Vier Tage lang hielt Alexander Hof und verpflegte seine 300 Gäste. Fürs leibliche Wohl war der legendäre französische Gastronom Carême zuständig, den Champagner aber stellte das Haus Moët zur Verfügung. Unter den Aufwendungen für diese großartige Festparade litt die Provinz noch jahrelang: Der Champagner aber ging einmal mehr als der eigentliche Sieger aus dieser Schlacht am schäumenden Buffet hervor.

Vom Wein der Paraden und Defilees zum Wein des Bürgerfestes war es nur ein kleiner Schritt. Der Geldadel und die von ihm dominierte Unterkaste, das Kleinbürgertum, haben immer den Schwert- und Blutadel zu imitieren versucht, auch wenn sie dabei jeweils rasch an die Grenzen ihres beschränkten Horizontes und ihrer Phantasie prallten. Champagner, der Wein der rauschenden Feste – darunter verstand der brave Biedermann rasch den Wein als Krönung fürs nette Familienfest, äußeres Zeichen seiner Réussite, seines sozialen Aufstiegs. Und aus dem lasziven Wein der amourösen Abenteuer machte er im Handumdrehen den Wein fürs züchtige Picknick im Grünen, für die harmlose Landpartie. Bald lugten daher schmale Hälse bauchiger Flaschen keck aus prall gefüllten Körben, die man aufs Pferdegespann – oder besser, moderner, bürgerlicher – auf die ersten Fahrräder oder gar die ersten, noch bockigen, hustenden und keuchenden Automobile

schnallte. Und schlimmer: Die eigenen Kinder weihte man nicht mit dem sprudelnden Wein (was einer uralten Adelssitte entsprochen hätte: Henri IV., der erste
Bourbone auf dem französischen Thron, erhielt am Tage seiner Geburt von seinem
Großvater eine Knoblauchzehe in den Mund gesteckt und ein paar Tropfen goldenen Wein aus dem nahen Jurançon auf seine Lippen geträufelt, was aus ihm für
den Rest seines Lebens einen großen Schlemmer und Zecher machte und einen
treuen Anhänger der Weine aus Reims und Aÿ – dazu einen ganz schlimmen Frauenheld, der stolz erklärte: „Bis zu meinem vierzigsten Altersjahr glaubte ich, es –
was wohl! – sei ein Knochen …"). Nein, solche Sitten waren nun wirklich zu abge-
hoben für einen biederen Bürgersmann. Dafür taufte man Schiffe und andere Höl-
lenmaschinen, Zeugen für den Triumph der Technik über den Menschen, den
fleißigen Bürger über den müßigen Edelmann mit adeligem Champagner.
„Ein Schiff, das keinen Wein gekostet hat, wird Blut kosten", erklärte man voll
heidnischen Aberglaubens und verwies auf die unsinkbare Titanic, die anlässlich
ihrer Jungfernfahrt einen Eisberg rammte und sank – natürlich nur, weil die Flasche Pommery oder Heidsieck, mit der man das Ungetüm hatte taufen wollen,
partout nicht hatte explodieren wollen am stählernen Leib. Bald goss man das
kostbare Nass nicht mehr nur über Zivilflugzeugen und Jagdbombern aus, sondern
auch über siegreiche Formel-1-Piloten und Rennradfahrer. Wen soll es da wundern,
dass im Zuge solchen Banausentums die Verpackung wichtiger als der Inhalt
wurde? Wollten sie überleben, die Hersteller des Champagners, mussten sie mit
ihrer Zeit gehen. Jean-Rémy Moët sponserte das Fest des russischen Zaren, seine
Nachfahren taten das gleiche mit Pferderennen, Tennismatchs und Golfturnieren.

„Die Guten ins Töpfchen, die Schlechten ins Kröpfchen", reimte das
Aschenputtel der Brüder Grimm und unterwarf sich damit – auch symbolisch –
den Anstandsregeln des geizigen Kleinbürgertums. Wollte es überleben, bevor es
in höhere Sphären aufsteigen durfte, blieb ihm wohl nichts anderes übrig, dem
armen Kind. Wohl aber uns, den echten Genießern. Wir halten es nämlich gerade
umgekehrt. Die Schlechten ans Schiffchen, die Guten ins Glas, stabreimen wir
nicht ganz stubenrein und trösten uns mit folgender Maxime: Es gibt genügend
schlechte Champagner, die nichts Besseres verdienen, als an einem Schiffsrumpf
zu verdunsten. So werden sie aus der Welt geschafft und machen die Bahn frei für
all die wirklich großen Schäumer aus Reims und Épernay. Dieser und nur dieser

gehört ins Kröpfchen und kein anderer Wein. Nur mit diesem füllen wir den Kelch und erheben das Glas und stoßen an auf unser Wohl – und das Wohl des größten Weins der Welt. Oder noch anders gesagt und diesmal kurz und klipp und klar: Das Beste, was ein Genießer angesichts der Banalisierung des Champagners tun kann, ist sie rundweg zu ignorieren.

Die Zeit der großen Krisen: der Champagner wird erwachsen

Halfen ihm die Schlachten und Kriege des 19. Jahrhunderts, sich in ganz Europa und bis nach Russland hin zu verbreiten, machten ihm die großen Konflikte des zwanzigsten Jahrhunderts beinah den Garaus. Wie der Champagner Naturkatastrophen, soziale Spannungen, Wirtschaftskriege und Weltkonflikte überstand und warum es ihm heute besser geht denn je …

Am 3. September 1914 marschierten die deutschen Truppen in Reims ein. Am 4. September besetzten sie Épernay. Eine Woche später lancierte General Joffre die Gegenattacke und befreite die beiden Städte wieder. Dann begann der ewig scheinende, idiotische und mörderische Stellungskrieg. Beide Lager gruben sich im Boden ein wie Maulwürfe, und jeder Quadratmeter Boden, den man sich gegenseitig abrang, kostete Menschenleben. Reims geriet immer wieder unter Artilleriebeschuss: Feuersbrünste wüteten und ganze Quartiere wurden verwüstet. Zwei Drittel der Stadt lagen schließlich in Schutt und Asche. Vom „großen Krieg", wie ihn die Franzosen noch heute nennen, wurden auch die Weinberge nicht verschont. Ganze Rebzeilen wurden den Schützengräben geopfert oder waren mit Blindgängern verseucht. Die Männer waren im Krieg, um die Ernte mussten sich Frauen und Kinder kümmern. Es fehlte an allen Ecken und Enden: an Arbeitskräften, Düngemittel, an Zucker, an Kork und an Flaschen. Dennoch wurde wacker weiter produziert: Die Jahrgänge 1914, 1915 und 1917 waren von außergewöhnlicher Güte. Der Champagner wurde zum patriotischen Gut hochstilisiert. Man schenkte ihn den Kriegsverwundeten aus, er gehörte zum Inventar der Feldapotheke, und wer an die Front musste, rückte mit zwei Flaschen Champagner im Tornister ein. Getrunken wurde hüben und drüben: Als Getränk war Champagner seit jeher so neutral wie die Schweizer Eidgenossenschaft und wurde – mal gratis, mal unter Zwang, meistens aber gegen klingende Münze – in alle Lager geliefert.

An Krisensituationen waren die Reimser Händler gewöhnt. Sie ließen sich daher auch von diesem neuen Konflikt nicht unterkriegen. André Ruinart zog mitsamt Bürotisch, Stühlen und Ruhebett in die Kreidekeller um, wo seine geliebten Flaschen ruhten. Im Lichte der Petroleumlampe arbeitete er inmitten seiner Mitarbeiter weiter. Als eine verirrte Granate eine Kanalisationsröhre traf und im Keller kniehoch das Wasser stand, ließ er sich eine Plattform zimmern aus ein paar Brettern und sein Schreibpult auf dieses improvisierte Floß hieven. So beendete er in aller Ruhe die begonnene Arbeit. Doch als am 11. November 1918 das Waffenstillstandsabkommen unterzeichnet wurde, das den Ersten Weltkrieg beendete, war die Champagne völlig ausgeblutet. Denn der Erste Weltkrieg war trister Höhepunkt einer ganzen Serie von Krisen, welche die Region bis in ihre Grundfesten erschütterten.

Die Kriege waren dabei noch das kleinste Übel. Denn Soldaten hatten durstige Kehlen – wer heute als Besetzer eine Flasche stibitzte, kam morgen als potentieller Käufer wieder. „Man lasse sie trinken. Sie trinken – sie werden bezahlen", meinte trocken die Witwe Clicquot, als 1814 Preußen und Russen die Champagne besetzten und in die Keller der Händler einbrachen. Und sie sollte Recht behalten: Nach dem Friedensschluss von 1815 stiegen die Exporte in diese beiden Länder ins Unermessliche. „8 000 Flaschen der besten Jahrgänge" kostete Jean-Rémy Moët nach eigenen Angaben die Besetzung seiner Kellerei durch fremde Truppen während vier Monaten im gleichen Jahr. Doch auch er gab sich gelassen. „Ich mache aus all denen, die meine Weine trinken, ebenso viele Handelsvertreter, die, einmal in ihre ferne Heimat zurückgekehrt, Reklame für das Haus machen werden." 1870 marschierte wieder einmal eine fremde Armee in der Champagne ein: Doch der Großherzog von Mecklenburg-Schwerin, Kommandant des XIII. Armeekorps, das die Champagne besetzte, unterzeichnete eine öffentliche Erklärung, die stipulierte: „Die Truppen haben den Befehl, auf keine Art und Weise die Ernte zu beeinträchtigen; die Karren mit Wein und mit leeren Fässern werden nicht angehalten oder behindert in der ganzen Champagne, jedes unrechtmäßige Eindringen in die Reben, jede Beschädigung werden streng bestraft nach den herrschenden Kriegsgesetzen." Nein, mit der menschlichen Dummheit, mit den Tragödien der Kriege wurde man schon fertig in der Champagne. Daran war man seit der römischen Besatzung gewöhnt. Zu schaffen machten hingegen eine Anzahl ganz anderer Plagen.

Im 19. Jahrhundert erreichte die Rebfläche der Champagne ihre Rekordausdehnung. Rebbau wurde mehr und mehr intensiv betrieben: Die Nachfrage war groß, da konnte man es sich nicht leisten, Reben oder Böden zur Ruhe kommen zu lassen. Die Rebberge waren lückenlos dicht bepflanzt: Reben wurden erst ersetzt, wenn sie nicht mehr produzierten, nur selten aber ganze Felder neu bestockt, nachdem man sie einige Jahre hatte sich regenerieren lassen. Diese intensive Form des Rebbaus forderte aber rasch die Natur heraus, die auf ihre Art auf die Beanspruchung durch den Menschen antwortete. In der Champagne litt der Winzer bis Anfang des 19. Jahrhunderts vor allem unter Frost und Hagel. Tierische und andere Schädlinge blieben unter Kontrolle, trotz bescheidener (aber eben natürlicher) Mittel zu deren Bekämpfung. Von 1835 an jagten sich aber die Plagen. Zwei verfressene Insekten, die in der Weintraube die perfekte Kinderstube für ihren Nachwuchs sahen, gesunde Kost mit inbegriffen, die *Pyrale* und die *Cochilis*, waren die ersten, die wie Heuschrecken über die Rebfelder herfielen und beträchtliche Ernteausfälle bewirkten. Abgelöst wurden sie etwa gegen 1850 durch zwei Pilzkrankheiten, Echten und Falschen Mehltau, die ebenfalls für extreme Schäden sorgten. Bekämpft wurden die Pilzkrankheiten durch Spritzen von flüssigem Schwefel. Was das hieß angesichts von Rebbergen, die nur zu Fuß bestellt werden konnten, kann man sich ausmalen: Das Handwerk des Winzers wurde um eine Mühsal reicher. Die schlimmsten Auswirkungen aber hatte ein Schädling, der aus Amerika eingeschleppt worden war und nach und nach den gesamten Rebbestand in Europa vernichten sollte, die Reblaus oder *Phylloxera*. In der Champagne tauchte sie im Jahre 1888 erstmals auf, nachdem sie schon über zwanzig Jahre lang im Süden und Westen Frankreichs gewütet hatte. Vermutlich meinten die Champenois gar, ihre bestens unterhaltenen und sauber herausgeputzten Reben seien geimpft gegen das Ungeziefer, gegen das es letztendlich kein anderes Mittel gab, als europäische Edelreiser auf Wurzeln von amerikanischen Reben zu pfropfen, denn nur letztere waren immun gegen das Getier.

Um zu verstehen, welche Folgen diese Naturkatastrophe besonders in der Champagne hatte, genügt es, das besondere soziale Gefüge der Region zu kennen. Rebbesitzer waren in der Champagne seit jeher Kleinbauern, ehemalige Leibeigene und Pächter, die sich im Laufe der Geschichte freigekauft hatten. Sie besaßen meist nur ein paar Ar, bestenfalls ein paar Hektar Reben. Großgrundbesitz war seit der Französischen Revolution eher selten: Moët & Chandon mit seinen 380 Hektar Rebbesitz stellte da eine Ausnahme dar. 25 000 Rebbesitzer zählte die Champagne im Jahre 1896. Mehr als fünf Hektar besaßen gerade mal 80 von ihnen, und mehr als 20 Hektar noch höchstens fünf. Angesichts dieser Struktur ist es verständlich, dass die Bauern ihren Wein nicht selber pressten und kelterten, sondern an den Handel lieferten, der, um hier einmal die marxistische Terminologie zu verwenden, also allein über die Produktionswerkzeuge verfügte.

Gegen all die Übel anzukämpfen, mit denen sie sich plötzlich konfrontiert sahen, fiel den Bauern alles andere als leicht. Sie besaßen ganz einfach nicht die Mittel dazu: weder finanziell noch intellektuell. Winzer wurde man vom Vater auf den Sohn, und nicht, indem man die Bank einer Landwirtschaftsschule drückte. Und sie wurden erst noch bitter im Stich gelassen: Der Handel interessierte sich wenig für den Alltag der Bauern. Mit der Reblaus fertig zu werden war deren Problem. Wenn sie keinen

Wein liefern konnten, holte man sich diesen ganz einfach anderswo, zur Not in Algerien oder Südfrankreich, oder fabrizierte welchen aus Korinthen und Zuckerwasser.

Es entsprach durchaus dem Geist der Zeit, wenn sich überall Selbsthilfeorganisationen bildeten, Komitees zum Bekämpfen der Krise, aus denen die späteren Winzersyndikate wurden. So konnte man gemeinsam gegen die Plagen angehen und wurde ihrer schließlich gar Herr. Einmal geeint, packte man gleich das nächste Übel an der Wurzel. Die Reblaus war besiegt, jetzt ging es dem Handel an den Kragen, unter dessen Diktat die Winzer jahrelang gelitten hatten und nun erst recht litten. Weil plötzlich wieder ein Überangebot an Trauben und Grundweinen herrschte, drückten viele Händler auf den Traubenpreis und ließen weiter aus Weingebieten außerhalb der eigentlichen Champagne Rebensäfte kommen, wenn sie diese dort billiger kriegen konnten. Nicht nur aus dem Departement Aube, das faktisch zur Champagne zählte, von den Traubenproduzenten der klassischen Zone aber als Gebiet angesehen wurde, das minderwertige Ware lieferte und auf die Preise drückte, sondern auch von der Loire oder aus Spanien.

Folgende Szene ist dem Büchlein „La Revolte de la Marne" entnommen, das den Winzerunruhen zwischen 1894 und 1911 gewidmet ist. Sie stellt das Gespräch dar zwischen einem engagierten Vorkämpfer, der die Weinbauern zum Handeln aufruft, und seinen ängstlichen Gegenspielern und illustriert treffend die damalige Situation:

„Der Winzer leidet nicht weniger unter Parasiten als die Rebe: Händler, Makler, Vertreter … Gegen diese Rebläuse müsst ihr kämpfen. Dazu sollt ihr Euch einem Syndikat anschließen!

– Wir, Winzer der Erde, wir können nicht gegen die Händler aus Stahl kämpfen. Seht ihre Paläste in Reims und der Milliardenstraße von Épernay (der heutigen Allée de Champagne). Sie sind reich, und sie halten zusammen. Wir, wir sind arm, und wir schlagen uns herum. Wir verstehen uns nicht einmal, um gemeinsam ein Glas zu leeren: wie wollt ihr, dass wir Syndikate gründen? Sie werden ihren Wein bei denen kaufen, die nicht Mitglied eines Syndikats sind, und wir, wir werden den unseren selber trinken!"

Schlussendlich gehorchten die meisten Weinbauern aber der Not und engagierten sich in einem Syndikat. Auf Druck der neu gegründeten Winzervereinigungen kam es 1905 zu einem ersten Gesetz, das festhielt, dass strafrechtlich verfolgt werden könne, wer Missbrauch betreibe, entweder, was die Zusammensetzung oder die Herkunft der Grundweine und des Champagners betreffe. Drei Jahre später setzten die

Winzer des Departements Marne durch, dass Anspruch auf die Appellation Champagne einzig Weine aus der Marne und einigen Kantonen der Aisne erheben konnten. Die Gebiete im Departement Aube wurden davon ausgeschlossen, was die Winzer dieser Region mit Bitterkeit erfüllte, sahen sie sich doch in ihrer Existenz bedroht. Doch die Durchsetzung dieses Beschlusses ließ auf sich warten. Die geldgierigsten unter den Händlern merkten, dass der Wind sich gegen sie kehrte und sie alles Interesse hatten, rasch von der Situation zu profitieren. Nicht nur die Winzer der Aube verkauften mit Mühe ihre Ernte (weil sie keine Möglichkeit hatten, selber Wein zu keltern, verdarb die Ernte, wenn sie nicht rasch an den Mann gebracht werden konnte), sondern auch die der Marne und der Aisne. Sie waren hoch verschuldet, ihre Kinder nagten am Hungertuch, doch in Reims und Épernay feierte man rauschende Feste. Zehntausende von Winzern gingen auf die Straße. Am 11. April 1911 kam es zum Eklat. In Damery, Dizzy und Aÿ wurden Champagnerhäuser gestürmt, Wohnungen aufgebrochen, Tafelsilber geplündert, Fässer voller Wein über den Boden ausgeleert, Flaschen zerschlagen, Feuer gelegt. 40 000 Soldaten marschierten in die Champagne ein (wieder einmal, wäre man versucht zu sagen, hätte es sich hier nicht um eigene Truppen gehandelt) und besetzten die Weinberge.

Endlich wurde das Statut der Champagne geregelt. Gegen die Missbräuche wurde härter vorgegangen. Die Winzer der Aube erhielten die Möglichkeit, ihre Weine wenigstens als „Champagner der zweiten Zone" zu bezeichnen, bis ihr Platz in einer Appellation Champagne 1927 endgültig anerkannt wurde. Dafür verpflichteten sie sich allerdings, künftig die gleichen Qualitätsrichtlinien einzuhalten, wie sie auch in den traditionellen Gebieten herrschten. Bis heute ist die Aube ein wichtiger Trauben- und Grundweinlieferant geblieben, wo sich manches Haus mit Rohstoff für seine Cuvées eindeckt.

Die Krisenjahre zwischen 1890 und 1911 mündeten schließlich in der Organisationsform, wie sie heute noch gültig ist in der Champagne und wie wir sie im Teil III dieses Buches eingehend erläutern werden: in einem geführten Zusammenspiel der Traubenproduzenten, die immer noch fast 90 Prozent der Rebberge besitzen, und der Häuser, die sich um die Produktion und die weltweite Vermarktung kümmern. Sie mündeten aber auch in zwei neuen Akteuren im Champagnertheater: den Genossenschaftskellereien und den so genannten *récoltants-manipulants*. Beide sind aus der Idee heraus entstanden, die Stellung der Winzer zu verbessern und die Abhängigkeit vom

Händler zu verringern. Wer sich einer Genossenschaftskellerei anschloss, hatte die Garantie, dass sein Traubengut nicht irgendwo verfaulte, sondern auf jeden Fall zu Grundwein verarbeitet wurde, denn die Genossenschaft war ja gerade dazu gegründet worden, gemeinsam das Material anzuschaffen, das vorher nur der Handel besessen hatte, also Pressen und Standen zum Keltern, Fässer für die Lagerung und alle die anderen Mitteln zur Champagnerproduktion. Die meisten Kooperativen besitzen heute ihre eigenen Champagnermarken, decken aber vor allen den Handel mit Grundwein und fertigem Champagner ein. Der echte Récoltant-Manipulant (selbst kelternder Winzer ist wohl die treffendste Übersetzung, wobei mit Keltern der ganze Prozess des „Manipulierens", also der Champagnerherstellung, gemeint ist) produziert Champagner einzig aus eigenen Reben und vertreibt ihn auch gleich noch selber. Die selbst kelternden Betriebe, in den zwanziger und dreißiger Jahren aus den gleichen Gründen entstanden wie die Genossenschaften, gewinnen heute mehr und mehr an Bedeutung, vor allem dank Produkten höchster Qualität, auch wenn sie mengenmäßig nie mit dem Handel und seinen Millionenumsätzen mithalten können.

Vom Wandel der Zeit betroffen wurde nach und nach aber auch der traditionelle Handel. Zwar rappelte er sich nach dem Ersten Weltkrieg noch einmal auf und lieferte genügend Wein für die verrückten 20er Jahre. Doch in Russland wütete der Bolschewismus, in Amerika die Prohibition und in Europa die Wirtschaftskrise. 1934 verkaufte die Champagne immer noch 25 Millionen Flaschen, saß aber auf einem Vorrat von 150 Millionen Flaschen. Konkurse gehörten zur Tagesordnung und die Winzer kannten einmal mehr die Misere. Und dann brach der Zweite Weltkrieg aus. Der Wiederaufbau zog sich über lange Jahre hin, geschah diesmal aber von Grund auf. Die Rebberge wurden neu bepflanzt, die Kellereien modernisiert, neue Absatzkanäle geschaffen. 1970 setzte die Champagne erstmals wieder über 100 Millionen Flaschen ab, 1980 waren es 200 Millionen und 300 Millionen im Jahr 1999. Die letzte Krise, die der 90er Jahre nach dem Golfkrieg, als buchstäblich über Nacht der Konsum zurückging, bekam man in Reims und Épernay überraschend schnell unter Kontrolle. Die Preise wurden gesenkt, das Produkt aufgewertet, das Vertrauen des Konsumenten so gestärkt. Dass dies überhaupt möglich war, hat die Champagne letztlich der Tendenz hin zur Konzentration zu verdanken. Die Köpfe, die über den Kurs der Region entscheiden, haben in einem geräumigen Konferenzzimmer Platz. Denn längst haben die Multinationalen Einzug gehalten in die Champagne. Alteingesessene Häuser wie Pommery, Krug, Veuve

Clicquot, Perrier-Jouët oder Ruinart gehören Luxusgruppen wie LVMH (Louis Vuitton-Moët-Hennessy) oder Getränkegruppen wie Rémy-Cointreau oder Seagram an, auch wenn sich Letzterer langsam aus dem Geschäft mit dem Champagner zurückzuziehen scheint. Die Konzentrationsbewegung macht aber auch vor den großen Häusern in Familienbesitz nicht Halt. Roederer hat vor einiger Zeit das kleine, aber feine Haus Deutz absorbiert; zu Laurent-Perrier gehören de Castellane, Delamotte und Salon; und Vranken, der Neuankömmling der siebziger Jahre, hat sich ein ganzes Imperium aufgebaut, zu dem Charles-Lafitte, Demoiselle, Heidsieck Monopole und Barancourt gehören. Wie lange obige Liste aktuell bleibt, weiß kein Mensch, denn inzwischen wechseln die Markenkonstellationen in der Champagne fast monatlich. Dennoch scheint die Wirtschaft der Champagne zumindest momentan gesund und niemand muss in Reims oder Épernay Hunger leiden. Eine ganze Anzahl Jahrtausend-Feiern stehen ins Haus; sie sichern den Absatz für die nächsten zwei, drei Jahre. Alles gut, Ende gut, wäre man versucht zu schreiben, wüsste man nicht, was alte Champagnerfüchse sich längst hinter die Ohren geschrieben haben: Die nächste Krise kommt so bestimmt wie der nächste Winter – aber nur, um von einem neuen Frühling des Booms überwunden zu werden! Dreihundert Jahre Geschichte haben es zur Genüge bewiesen: Der Champagner ist und bleibt das französische Nationalgetränk Nummer eins, der beste Botschafter der französischen Nation und der raffinierten, kultivierten Lebensart.

Von geldgierigen Römern und trinkfesten Galliern: die Ursprünge des Champagners

Die Champagne war eine der reichsten römischen Provinzen, seine Bewohner fleißige Konsumenten von Wein. Zur Zeitenwende wurde dieser allerdings noch aus Italien importiert, in Galeeren und Zisternenbooten, die bereits 30 Hektoliter fassen konnten. Dokumentarisch belegt ist der Weinbau in der Champagne etwa ab dem 6. Jahrhundert.

Schuld waren natürlich einmal mehr die alten Römer. Ohne ihr Organisationstalent, ihre Wissenschaft und ihr Handelsgeschick gäbe es heute wohl weder Bordeaux noch Burgunder und auch keinen prickelnden, schäumenden Champagner. Denn – so erstaunlich das auch anmuten mag angesichts der Wichtigkeit der französischen Weine in der heutigen Zeit – das Gallien der Antike war rebenfreie Zone, von ein paar Ecken rund um die griechischen Kolonien Agde und Massilia (dem heutigen Marseille) mal abgesehen. Bei Ausgrabungen in der Nähe des alten Hafens kamen Amphoren zu Tage, die nachweislich aus dem VI. Jahrhundert vor Christus stammten. Diese enthielten Traubentrester, also ein Abfallprodukt der Kelterung, was bei Archäologen und Historikern als Beweis für lokalen Weinbau gilt.

Doch der wichtigste römische Berichterstatter über das Gallien vorchristlicher Zeit, Julius Cäsar, schweigt sich völlig aus über das Thema Reben. Dabei berichtet er doch in seinem Werk „De bello gallico" (Vom gallischen Krieg) sonst so akribisch und getreu über alle Sitten und Gebräuche der Völker, die er bei seinen Eroberungszügen unterwarf! Wer meint, der kühne Krieger habe die Rebe schlicht übersehen bei seinen Eroberungszügen, wird rasch eines Besseren belehrt: Denn der in Rom lebende griechische Gelehrte Strabon (63 v. Chr. bis 20 n. Chr.), dessen 17-bändige

„Geographie" die Hauptquelle bildet für unsere geographischen Kenntnisse der Antike, hält klipp und klar fest, dass es eine der Eigenheiten des nördlichen Galliens sei, dass hier weder Rebe noch Olivenbaum wachse. Beide Kulturen waren einzig dem Mittelmeerraum vorbehalten. Andererseits wissen wir, dass die tapferen Gallier bereits große Esser und Trinker waren vor dem Herrn. Aus Honig brauten sie sich ein würziges Bier, den so genannten Hydromel, das für heutige Gaumen wohl einen ganz und gar unmöglichen Geschmack gehabt haben muss, und aus Getreide die Cervoise, mit der (und nicht mit schäumender Ziegenmilch, wie der Comic-Zeichner Goscinny uns weismachen will!) sich die Zeitgenossen von Asterix und Obelix besonders gern volllaufen ließen. Am liebsten aber tranken sie Wein – importiert aus dem römischen Italien, besonders aber aus dem heutigen Kampanien.

Über die Trinkfestigkeit der alten Gallier und ihre Vorliebe für römischen Wein berichten zahlreiche Quellen aus römischer Zeit. So erzählt man sich, dass die Gallier zu Beginn des vierten vorchristlichen Jahrhunderts bis nach Rom vorgestoßen waren, angezogen einzig durch ihre Gier nach Wein. Plutarch überliefert, dass der Feldherr Marius bei der Eroberung des heutigen Aix-en-Provence kein leichtes Spiel hatte, denn die Teutonen „hatten den Körper schwer vom Übermaß der guten Nahrung, aber der Wein, den sie getrunken hatten, machte sie fröhlich und um so mutiger". Mitte des ersten Jahrhunderts vor Christus schrieb der Gelehrte Diodorius von Sizilien: „Das gierige Naturell vieler italienischer Händler nützt die Leidenschaft aus, die der Gallier für den Wein besitzt; auf Booten, die dem Lauf der schiffbaren Flüsse folgen, oder auf Wagen, die in der Ebene rollen, transportieren sie ihren Wein und machen unglaubliche Gewinne. Sie gehen gar so weit, eine Amphore gegen einen Sklaven einzutauschen, so dass der Käufer also auf seinen Diener verzichtet, um das Getränk bezahlen zu können."

20 Liter Wein gegen einen Sklaven – Wein war damals wirklich Goldes wert – buchstäblich. Denn nicht nur gegen Sklaven wurde Wein eingetauscht, sondern auch gegen Goldstaub, Kupfer oder Silber aus den einheimischen Minen. Der Vertrieb der italienischen Weine war perfekt durchorganisiert und bediente sich der schiffbaren Flüsse, mit denen das damalige Gallien reich gesegnet war. Verschickt wurde der Rebensaft in Amphoren – aus Ton gebrannt in Werkstätten, die heutigen Fabriken glichen! Hunderttausende(!) von Amphoren wurden etwa beim heutigen Chalon-sur-Saône gefunden und Tausende rund um die anderen wichtigen Ballungszentren der damaligen Zeit. Buchstäblich Millionen aber im Süden des Landes …

Ein Historiker hat auszurechnen versucht, wie viel Wein vor der Zeitenwende jährlich nach Gallien importiert wurde. Er kommt auf die stolze Zahl von 120 000 Hektoliter oder 600 000 Amphoren pro Jahr, was etwa 80 Millionen unserer modernen Flaschen entspricht, eine ganz schöne Menge angesichts der spärlichen Bevölkerungsdichte der damaligen Zeit, wo das ganze riesige Römerreich keine 50 Millionen Einwohner zählte! Bald bediente man sich spezieller Zisternenboote zum Transport, die jedes rund 30 Hektoliter Wein laden konnten. Natürlich wollte jeder mitverdienen an diesem florierenden Handel, und so wurde Wein bald mit Steuern und Taxen belegt, die aufs Haar denen gleichen, die wir heute für Zigaretten, Alkohol oder Benzin hinblättern müssen. Das schien jedoch die Trinker der damaligen Zeit nicht davon abgehalten zu haben, tief in die Amphore zu blicken und weiter fröhlich zu bechern und zu prassen.

Angesichts der Nachfrage, angesichts der Gewinne, die man mit Wein machen konnte, angesichts jedoch der schwierigen und manchmal gefährlichen, jedenfalls aber immer kostspieliger werdenden Transportwege, angesichts nicht zuletzt der Tatsache, dass Wein den langen Transport nicht immer unbeschadet überstand, ist wohl nicht weiter erstaunlich, dass die Einheimischen (und mit ihnen die zahlreichen Römer, die sich im Lande niedergelassen hatten) sich bald selber im Weinbau versuchen wollten. Natürlich taten sie dies vorerst da, wo die Rebe die besten Bedingungen vorfand, das heißt, im Süden des Landes, der Provincia Narbonensis, also dem heutigen Languedoc-Roussillon. Dieser Landstrich sollte gar bald einmal den römischen Rebanlagen Konkurrenz machen. Damit die Rebe weiter im Norden Fuß fassen konnte, rund um Lutetia (Paris) oder Durocortorum (Reims), brauchte es zuerst Sorten und Kreuzungen, die in diesen Gebieten überhaupt reifen konnten.

Die Champagne der Römerzeit wird uns als eine glückliche, reiche Provinz beschrieben, in der Korn und Leinen angebaut werden – und vielleicht zum ersten Mal auch Wein. Das „Tor des Mars" des damaligen Wirtschaftszentrums Durocortorum, des heutigen Reims, enthält ein Relief, auf dem eine Kelter zu sehen ist, von der junger Wein fließt. Noch heute streiten sich die Gelehrten darüber, wann genau der Weinbau auf die nördlichen Provinzen übergegriffen hat. Noch mehr Uneinigkeit herrscht über die Frage, woher denn überhaupt die Rebsorten kamen, die im nördlichen Klima gedeihen konnten. Weil jede Region aber gerne die wäre, der das Verdienst zukommt, die französische Urrebe geliefert zu haben, welcher der heutige Erfolg der Gallier im Weinbau zu verdanken ist, folglich in allen Untersuchungen diesbezüglich immer auch eine gehörige Portion typisch gallischen Chauvinismus' mitschwingt und verlässliche Quellen ohnehin spärlich sind, wird diese Frage wohl nie eine schlüssige Antwort finden. Durchaus vertretbar scheint die Theorie, dass man durch sorgfältige und langjährige Selektion einheimische Wildreben dazu brachte, Trauben hervorzubringen, die auch im nördlichen Klima reiften. Vielleicht kreuzte man sie dazu mit Sorten, die einst aus Italien eingeführt wurden.

Wie dem auch sei: Im Lauf der ersten Jahrhunderte nach der Zeitwende griff der Weinbau nach und nach auf ganz Europa über und breitete sich sogar weit über die heutigen nördlichen Grenzen aus. Die Anbauschlacht nahm solche Ausmaße an, dass Neuanlagen eine Zeitlang verboten wurden. Mag sein, dass das vielzitierte Verbot des Kaisers Domitian aus dem Jahr 92 nach Christus, das verlangte, dass in Italien keine neuen Weinberge angelegt und in den Provinzen die Hälfte der Rebberge gerodet werden, die Weltpremiere einer protektionistischen Maßnahme zum Schutze der einheimischen Produktion und des Weinpreises ist, der – angesichts der stetig steigenden Erntemengen – immer niedriger wurde. Denn schließlich ist das Gesetz von Angebot und Nachfrage keine marxistische Erfindung, sondern war auch den alten Römern schon bekannt. Vielleicht wollte Domitian mit seinem Edikt aber auch nur verhindern, dass die Rebe in die fruchtbare Ebene abwanderte, die doch eigentlich dem Korn vorbehalten war. Vielleicht wollte er einfach der Massenproduktion einen Riegel vorschieben und die Gefahr einer Hungersnot im Reich abwenden, bei der man dem Volk plötzlich nur mehr Wein und Spiele hätte bieten können und nicht mehr länger Brot. Vielleicht war sein Edikt nur ein Mittel zum Schutze der Qualität der Weine, das durchsetzen wollte, dass die Rebe da angebaut wurde, wo sie die besten Resultate zeitigte, aber nur beschränkte Erträge erlaubte, nämlich entlang der steinigen, kargen Höhenzüge, wo sonst nichts anderes wuchs. Fest steht jedenfalls, dass das Edikt dem Weinbau in den nördlicheren Gebieten kaum geschadet hat oder jedenfalls weniger als die zahlreichen Einfälle der Barbaren von jenseits der Grenze, welche die Keller leerten und die Rebenfelder verwüsteten, ohne sich weiter darum zu kümmern, dass ein Bauer jeweils Jahre für eine Neuanlage brauchte. Einer der Nachfolger von Domitian, Kaiser Probus, hob das Verbot jedenfalls klammheimlich wieder auf und erwarb sich so den Respekt und die Achtung der französischen Winzer bis in die heutige Zeit. „Probus füllte ganz Gallien mit Reben", notierte der Historiker Aurelius Victor und gab damit zu Papier, was die wenigen Dokumente der damaligen Zeit bestätigen: Bald besaß jede größere Stadt eigene Rebberge, und spätestens ab dem 4. Jahrhundert nach Christus waren die Weine der Rebgärten rund um Paris, der Gegend von Auxerre, der Gegend um Beaune im Burgund und der heutigen Champagne offenbar bereits von beachtlicher Qualität.

Wer Wein anbauen will, braucht nicht nur ein gerüttelt Maß an Erfahrung und Wissen, er muss auch sesshaft werden und sich ganz der Pflege seiner Reben widmen und dies über Jahre und Jahrzehnte, denn ein frisch gepflanzter Rebstock muss erst Wurzeln treiben und gemächlich wachsen und gedeihen, bevor er überhaupt Trauben trägt. Ein frisch angelegter Weinberg produziert ordentlichen Wein erst etwa im vierten, fünften Jahr nach der Pflanzung und hervorragenden erst nach 12 bis 15 Jahren. Wäre Weinbau in Frankreich und insbesondere in den nördlichen Gebieten des Landes ausschließlich aus der Hoffnung betrieben worden, damit ein

Vermögen zu verdienen, er hätte kaum den Ansturm der Barbaren, den Zusammenbruch des Weströmischen Reiches und die Wirren der Völkerwanderungszeit überstanden. Wie andere Erzeugnisse, die man der Gruppe der Luxusprodukte zurechnen könnte, etwa die Feintöpferei, wäre er für die nächsten paar hundert Jahre in Vergessenheit geraten.

Doch bereits die Römer zollten der Rebe einen geradezu religiösen Respekt und stellten die Kunst des Rebbaus noch über das Vergnügen der Jagd. Die ersten Christen übernahmen diesen Kult und gaben ihm mit der Zelebration des Abendmahls gar eine zusätzliche Dimension. Der Wein war so etwas wie die letzte Flamme der Zivilisation, die man durch die schwierigen Zeiten des frühen Mittelalters rettete. Der Bischof wurde zum Hüter dieser bedrohten Zivilisation bestimmt. Zu seinen wichtigsten Aufgaben gehörte es, genügend Wein für die Messe bereitzuhalten – ob er ihn aus der Ferne herbeischaffen ließ oder selber anbaute, war dabei einerlei, nicht jedoch die Güte der Rebensäfte: Weil dieser Wein das Opfer des Christ verdeutlichte, durfte er nicht von schlechter Qualität sein und dem Essig gleichen. Die Bischöfe, die einflussreichsten Notabeln ihrer Zeit, ließen folglich nichts unversucht, den Qualitätsweinbau zu fördern. Sie taten dies möglichst in der Nähe ihres Wohnsitzes und schufen so rund um die geistig-kulturellen Zentren der damaligen Zeit unter anderem die drei Weinregionen, die wir heute als die berühmtesten Frankreichs kennen: Bordeaux, das Burgund und die Champagne. Förderer des mittelalterlichen Weinbaus waren nicht zuletzt die Klöster, die zahlreich überall entstanden, gleichzeitig Kulturzentren, Bildungsstätten und Bibliotheken der damaligen Zeit, aber auch landwirtschaftliche Forschungsanstalten.

Die Champagne erhielt einen ganz besonderen dokumentarischen Stellenwert durch ein Ereignis von großer Bedeutung: Am Weihnachtsabend des Jahres 496 (oder 497, wie andere Quellen berichten, jedenfalls aber kurz vor Beginn des fünften nachchristlichen Jahrhunderts) wurde der mächtige Frankenkönig Clovis, der in blutigen Schlachten nicht nur die römische Miliz besiegt hatte, sondern auch die (nicht gerade für ihr Drückebergertum bekannten) Alemannen und Westgoten, in der Kirche von Reims zum Christentum bekehrt – und zwar durch den heiligen Remi, den Bischof der Stadt Reims. Ein Wandteppich aus dem Jahr 1531 illustriert eine Szene des Zeremoniells. Der heilige Remi überreicht dem bärtigen Clovis, einem in einen dicken Mantel gehüllten, hübschen, etwas verschlafen dreinblickenden

Krieger mit blondem, lockigen Haar – ein Fässchen geweihten Weins. Gut möglich, dass dieser aus dem persönlichen Keller des Bischofs stammte. Denn aus dessen Testament wissen wir, dass der geistliche Würdenträger, der uns als besonders kultiviert und raffiniert beschrieben wird, gleich mehrere Rebberge besaß, teils rund um die Stadt Reims gelegen, aber auch in der Nähe einer Villa, die Sparnacum genannt wurde: der Vorläufer des heutigen Champagner-Zentrums Epernay.

Die Bedeutung des Zeremoniells darf nicht unterschätzt werden. Nicht nur wurden aus den räuberischen, ungläubigen Barbaren plötzlich gläubige, zivilisierte Christen: Die Champagne wurde gleichzeitig zur Wiege des Frankenreichs und der späteren französischen Nation, und Reims zu einem seiner wichtigsten Zentren. Die Champagne, so behaupten besonders geschichtskundige Kommentatoren des jüngsten Weltgeschehens, sei für die Franzosen, was die Region Kosovo für die Serben ist: die Wiege ihrer Kultur. Noch tausend Jahre später wurden hier französische Könige gekrönt. Liegt darin einer der Gründe für den geradezu religiösen Eifer, mit der französische Anwälte heute den Namen Champagne verteidigen und durch Gerichtsurteile erreichen, dass weder Haarwaschmittel noch Parfums noch Weine aus Schweizer Dörfern (der Weiße aus dem Waadtländerdorf Champagne etwa darf seit Anfang 1999 nicht mehr „Champagne" heißen) diesen prestigeträchtigen Namen tragen dürfen, sondern einzig und allein Schäumer aus dem exakt abgezirkelten Viereck zwischen Bar-sur-Aube, Châlons-en-Champagne (oder Ch.-sur-Marne), Château-Thierry und Reims?

Inmitten dieses Vierecks, genauer auf dem Mont Ebbon unweit des heutigen Épernay, wurde im Jahre 662 die Abtei von Hautvillers gegründet, in der rund 1000 Jahre später der Mönch und Kellermeister Dom Pérignon die Kunst der Champagnerherstellung weiterentwickeln sollte. Als der fleißige Mönch zum Kellermeister der Abtei ernannt wurde, besaß diese bereits eine jahrhundertealte Weintradition: Denn schon kurz nach der Gründung des Klosters erwähnen Dokumente die besondere Qualität der Weine von den Hängen von Hautvillers und zählten sie mit zu den besten des Frankenreichs.

Der Beginn des 5. nachchristlichen Jahrhunderts darf daher ruhig als die Geburtsstunde des Champagners angeschaut werden, auch wenn die Rebensäfte noch nicht diesen Namen trugen, sondern noch ein paar Jahrhunderte lang unter der Bezeichnung *vin françois*, Frankenwein, gehandelt wurden, zusammen mit den Weinen aus der Umgebung von Paris.

Der neu aufkommende Adel übernahm und förderte den Weinbau, wie ihn der geistliche Stand vermittelte. Wein war ein bevorzugtes Mitbringsel bei Staatsbesuchen und ein beliebtes Bestechungsgeschenk und überhaupt das einzige Getränk, das ein Mann von Stand zu sich zu nehmen gewillt war. In seiner berühmt gewordenen Abhandlung „De villis" regelte Kaiser Karl der Große zu Beginn des 9. Jahrhunderts unter anderem auch alle Fragen des Weinbaus, indem er schrieb: „Dass unsere Statthalter sich auch um die Reben kümmern, die zu ihrem Einflussbereich gehören, sie gut bestellen lassen, dass sie den Wein in einen guten Behälter geben und alle Vorsorgen treffen, dass seine Güte auf keine Art und Weise beeinträchtigt werde …" Damit standen die Vorzeichen gut für einen neuen Boom des Rebensafts, der dem der Römerzeit in nichts nachstehen sollte.

Subtil, leicht und angenehm im Geschmack: die Frankenweine erobern die Welt

Das hohe Mittelalter ist die Blütezeit des Weinbaus im Norden. „Les vins françois", die Weine der Franken, zu denen auch die Weine der Champagne gehören, sind für ihre Leichtigkeit und Bekömmlichkeit bekannt und erzielen bereits stolze Preise. In seinem Sinngedicht „La bataille du vin", stellt Henri d'Andeli, ein Troubadour und Bänkelsänger, den französischen Herrscher dar, wie dieser, unterstützt von einem englischen Geistlichen, eine Bestandsaufnahme der Weine der damaligen Zeit macht.

Darin sind sich die sonst so zerstrittenen Historiker einmal einig: Ab dem 10., 11. Jahrhundert erreichte der Weinbau im damaligen Frankreich einen Stellenwert, der nur noch mit dem verglichen werden kann, den er zur Römerzeit hatte. Diese Blüteperiode sollte drei Jahrhunderte dauern und die Basis legen für die Entwicklung der heutigen Qualitätsweingebiete. Diese auch kulturell höchst fruchtbare Periode, die gerade in der Champagne eine ganze Menge Zeugnisse hinterlassen hat, die Epoche der Bänkelsänger, Troubadoure, Kreuzritter und Tempelritter, wurde jäh beendet durch den Ausbruch des Hundertjährigen Krieges zwischen England und Frankreich (1354 bis 1454) und das Auftauchen einer schrecklichen Zivilisationskrankheit: der Pest. Ein grundlegender Unterschied zur Römerzeit lag jedoch darin, dass es damals die Weine aus dem Mittelmeerraum waren, mit denen die Bevölkerung sich verlustierte; im späten Mittelalter sind es dann die Weine aus den nördlicheren Gebieten, die als die besten und gesuchtesten gelten: *les vins françois*, die Frankenweine, aus dem Herzstück des heutigen Frankreich, aus der Gegend zwischen Reims und Paris.

Mehrere Gründe gab es für deren Aufstieg. Vorab eine relativ friedliche Periode der Weltgeschichte (was immer das auch heißen mag in einer Zeit, wo man sich für den Besitz von ein paar steinigen Äckern oder wildreichen Wäldern die Köpfe blutig schlug und Raubrittertum und rüde Grenzstreitigkeiten zur Tagesordnung gehörten), das Aufkommen der Städte, die wie schon zur Römerzeit als Handelsumschlagsplatz dienen konnten, und der wirtschaftliche Aufschwung im hohen Norden, in Flandern, England, Skandinavien – potentielle Abnehmer für Wein, weil sie selber keinen anbauen konnten.

Doch hatte man auch das Wissen um den Weinbau weiterentwickelt und wusste genau, auf welchen Böden und in welcher Lage besonders im Norden und Osten des Frankenreiches gute Weine geerntet werden konnten: nämlich an den in

südlicher bis östlicher Ausrichtung gelegenen, möglichst steilen, möglichst kargen, möglichst steinigen Rebbergen über Kalkgrund entlang der Flüsse und Seen.

Kalk und Gestein besitzen die Eigenschaft, den Wasserhaushalt der Rebe zu regeln (diese erträgt weder Überschuss noch Mangel an Nass), und sind gute Wärmespeicher (die Sonnenhitze des Tages wird in der Nacht abgestrahlt). Für den Anbau von Korn sind Böden von Kalk und Gestein völlig ungeeignet, sie tragen tatsächlich kaum eine andere Kultur als die Rebe. Gewässer sind ein zusätzlicher Temperaturschild, helfen besonders die Auswirkungen der Frühlingsfröste zu mildern und dienen zusätzlich als billiger Transportweg.

Diesbezüglich ist die Champagne nun allerdings bestens bedient. Überzeugen Sie sich selber davon! Sollten Sie ein paar Tage für einen Streifzug durch die Champagne übrig haben, vergessen Sie dabei nicht, einen Abstecher nach Mareuil-sur-Aÿ zu machen. Lassen Sie Ihr Auto in der Nähe der Brücke stehen und gehen Sie ein paar Dutzend Meter zu Fuß am dem Dorfe gegenüberliegenden Ufer des Marnekanals. Ein weithin sichtbares Schild macht Sie auf den kahlen, steilen Rebberg des Clos des Goisses aufmerksam, der sich bei gutem Wetter im klaren Wasser des Marnekanals spiegelt. Hier wächst einer der wenigen Lagenchampagner (der Begriff steht für einen Champagner, der ausschließlich aus einem Rebberg, einer Lage also, gewonnen wird. Im Gegensatz dazu sind die meisten Champagner aus Grundweinen unterschiedlichster Herkunft komponiert). Schauen Sie sich diesen Rebberg an und die darüber liegende, kalkweiße Zone und Sie haben die perfekte Illustration dessen, was ein idealer Weinberg des Nordens ist: optimale Ausrichtung, Kargheit, Steilheit und die Nähe zum Wasser – alle Faktoren sind hier aufs Schönste vereinigt. Solche Lagen kennt die Champagne besonders rings um Aÿ und Épernay in Hülle und Fülle…

Wo überall man in Frankreich Wein anbaute, wissen wir aus einem 204 Strophen langen Gedicht des Poeten und geistlichen Würdenträgers Henri d'Andeli, das auf burleske Art und Weise eine komplette Aufstellung der damals bekannten Weine gibt. Der auf das Jahr 1224 datierte Text geht vermutlich auf eine wahre Begebenheit zurück, nämlich den Besuch des englischen Königs Johann ohne Land in Paris. Dieser wurde von Frankenkönig Philipp August mit großem Pomp empfangen. Natürlich ließ sich letzterer die Gelegenheit nicht entgehen, mit seinem gut bestückten Weinkeller zu prahlen und dem Staatsbesuch einen Querschnitt daraus zu kredenzen. Etwas Reklame für die französische Weinproduktion konnte nicht schaden – schließlich war England, das selber kaum Wein produzierte, aber Unmengen davon konsumierte, schon immer einer der wichtigsten Abnehmer französischer Kreszenzen. Die *vins françois*, also die Weine der Gegend rund um Paris und der Champagne, wurden teils teurer gehandelt als die vielgerühmten Weine aus dem Anjou (Loire) und aus Aquitanien (Bordeaux).

In d'Andelis Gedicht beschließt der Frankenkönig, der gemäß dem Sänger „volontiers mouillait sa pipe de bon vin qui était du blanc", was zu Deutsch etwa heißt: besonders gerne seinen Gaumen anfeuchtete mit weißem Wein, eine vergleichende Degustation durchzuführen von all dem, was in seinem Königreich an Rebensaft produziert wird, aber auch von den ihm bekannten Weinen aus dem Ausland. Bei seiner Verkostung lässt er sich assistieren von einem Experten der Materie, einem spleenigen englischen Kirchenmann, einem Weinkenner mit Goldkehle und Schnüffelnase, der bei Gott, der Welt und was weiß ich was schwört, alle schlechten Rebensäfte kurzerhand zu exkommunizieren.

Die Weine treten nun einer um den anderen an und jeder rühmt seine Qualität und macht seinen Nachbarn schlecht. Die Weine aus dem eigentlichen Frankenreich, darunter die Crus aus der Champagne, genauer aus Épernay, Hautvillers und Reims, rühmen sich ihrer Leichtigkeit und Bekömmlichkeit und werfen den Gewächsen des Burgund vor, „den Trinker auf die Matte zu werfen", also zu alkoholisch zu sein. Nach getaner Arbeit geht der König drei Tage schlafen (offenbar hat er nicht ausgespuckt, wie die heutigen Degustatoren) und gibt schließlich sein Urteil ab: An erster Stelle kommt der Wein aus Zypern, der flugs zum Papst ernannt wird. Er wird flankiert von einem Kardinal, drei Königen, drei Herzögen und zwölf weiteren Würdenträgern. Welche Weinregionen diese Ränge bekleiden, darüber schweigt des Sängers Höflichkeit. Jeder sollte sich offenbar selber ein Urteil darüber bilden, welcher Wein am besten schmeckt. Positiv erwähnt werden jedoch einige Dutzend Weinregionen, viele aus dem Norden, etwa die Mosel, das Elsass, eine Menge Dörfer rund um Paris und die bereits genannten drei Crus aus der Champagne, aber auch Beaune, Montpellier, Bordeaux, Saint-Emilion und Anjou. Exkommuniziert werden acht Crus, darunter Rennes und Le Mans, deren Gewächse als zu sauer beschrieben werden (was uns nicht erstaunt, produzieren doch diese Regionen heute keinen Wein mehr), und Châlons-en-Champagne, ein ungewöhnlich strenges Urteil für eine Region, die doch heute ausgezeichnete Champagnergrundweine produziert. Möglicherweise, so erklärt sich der französische Historiker Marcel Lachiver diese Deklassierung, weil Châlons damals dafür bekannt war, zu sehr Nutzen aus seiner Nähe zum Fluss Marne zu ziehen, also seine Weine mit Flusswasser „aufzubessern".

Natürlich darf man diesen Text nicht wörtlich nehmen. Er enthält dennoch eine Fülle wertvoller Informationen. Erstens zeigt er den Stellenwert auf, den der Wein damals besaß. Zweitens weist er auf die Übermacht der Weine aus den nördlichen Gebieten des heutigen Frankreichs hin, besonders der Region von Paris und der Champagne. Drittens illustriert er die Vorliebe für weiße Weine und die Machart der Weine des Nordens, die als bekömmlich und leicht beschrieben werden, ganz im Gegensatz zu Weinen aus südlicher gelegenen Gebieten. Diese Leichtigkeit, auf die auch in anderen Quellen immer wieder hingewiesen wird, gilt aber noch heute als eines der Geheimnisse – und als eine der wichtigsten, weil unnachahmlichen Eigenschaften des Champagners.

Vieles spricht dafür, dass diese Leichtigkeit eine Tugend darstellt, die aus der Not entstanden ist, denn anderes als leichte, säurebetonte Weißweine kann der Norden gar nicht produzieren. Ich stelle mir den Stil der damaligen Weine von Hautvillers oder Épernay etwa vor wie den eines portugiesischen Vino verde aus unseren Tagen: wenig Alkohol, viel Säure, manchmal mit etwas Restsüße und etwas Kohlensäure. Diese einmalige Tugend also erhob man zum Schulstil, genauso wie man dies heute für die Kaffeearomen von mild gerösteten Eichenfässern tut, nach denen ein moderner Rotwein duften muss, will er auf der internationalen Weinszene ernst genommen werden; oder die satte Purpurfarbe, die er besitzen soll, will er Gnade finden vor den Augen der vereinigten Weinkennerschaft der Welt. Sucht man heute Muskeln und Saft im großen Wein, tendierte damals das Ideal hin zu allergrößter Bekömmlichkeit. Schließlich war Wein nicht nur Getränk und Seelentröster, sondern auch ein beliebtes Medikament und auch dem Kranken nicht vorenthalten.

Auch wenn sich die Geschicke des Champagners immer noch mit denen der Frankenweine aus dem Pariser Becken vermischen – der Begriff *vin de Champagne* taucht erstmals 1493 in einem Dokument auf –, gibt es doch auch noch weitere Zeugen für die Beliebtheit der Weine von Reims und Épernay. Im Jahr 1378 besuchte der Böhmenkönig Wenceslas VI. Reims, um sich hier mit dem Frankenkönig Charles I. über die Kirchenspaltung zu unterhalten, und trank sich am einheimischen Wein zu Tode. Kaum dreißig Jahre später nahm Sigismund von Luxemburg einen größeren Umweg in Kauf, um auf dem Heimweg von Paris den Wein von Aÿ zu probieren, der offenbar bis nach Ungarn hin gerühmt wurde. All diese Zeugen beweisen eins: Bereits Jahrhunderte, bevor der Champagner zu schäumen begann, war er für seine Qualität berühmt. Oder anders herum gesagt: Eines der edelsten Getränke unserer Zivilisation konnte nur darum entstehen, weil die Natur ihr – der Zivilisation – das Geschenk eines ganz besonderen Bodens und ganz besonderer klimatischer Bedingungen machte, die man trotz aller diesbezüglicher Versuche bis heute nicht hat kopieren können. Der Champagner entstand da, wo sich die geeignete Grundmaterie keltern ließ: leichte, säurebetonte, frische Weine von ganz besonderer Konstitution.

Von edlen und minderen Reben: Weinbau und Trinkkultur im Mittelalter

Im späten Mittelalter war der Wein längst das wichtigste Getränk in Europa. Dank eines aktiven, aus der Leibeigenschaft entlassenen Bauernstands war auch dessen Qualität erstaunlich. Der Grundstein für die Entwicklung des modernen Champagners wurde in dieser Epoche gelegt. Man selektionierte die besten Anbauzonen und die besten Traubensorten, entwickelte die Keltertechnik weiter und man baute die Handelsbeziehungen aus, die erst den Absatz der Weine garantierten.

Von 1000 bis 1300 nach Christus stieg die Bevölkerung Frankreichs (gemessen an den aktuellen Grenzen, nicht denen der damaligen Zeit) von schätzungsweise fünf auf etwa 15 Millionen Menschen an. In der gleichen Zeit verdreifachte sich auch die Bevölkerung Englands – von 1,1 auf drei Millionen Einwohner. Ein Engländer, Franzose oder Flame trank in dieser Epoche nicht weniger als heute – zwischen 40 und 100 Liter Wein pro Jahr. Wein, meist mit Wasser verdünnt wie zur Zeit der Römer, war das einzige gesundheitlich vertretbare Getränk und diente zusätzlich dazu, das Trinkwasser zu desinfizieren, das von zweifelhafter Qualität war. Kein Wunder übrigens, angesichts der völlig ungenügenden Hygienemaßnahmen der damaligen Zeit und dem Fehlen vernünftiger sanitärer Einrichtungen. Wer genügend Mittel besaß, verlustierte sich mit Wein aus der Ferne und traf eine Auswahl der besten für seinen Keller – ganz so, wie das König Philipp August im Sinngedicht „La bataille du vin" tat, das wir im vorhergehenden Kapitel erwähnt haben –, setzte seinen Gästen Provenienzen aus eigenen und fremden Rebengärten vor und demonstrierte so Kennerschaft und Reichtum, nicht anders als ein Neureicher unserer Tage. Wer knapper bei

Kasse war oder zu einer sozialen Klasse gehörte, die ihre Rechnungen auch tatsächlich bezahlen musste (was für einen Adligen der damaligen Zeit eher die Ausnahme war), begnügte sich mit der lokalen Produktion und nahm im schlimmsten Fall in Kauf, dass der Wein etwas „sauer und grasig" schmeckte, wie ein heutiger Verkoster sagen würde. Wer sich keinen Wein leisten konnte, braute sich selber ein weinähnliches Getränk aus wilden Beeren oder aus Pressrückständen und Wasser – oder trank Essig, mit Wasser verdünnt und mit Honig gesüßt. Bier war ein auf die Wintersaison beschränktes Produkt und besaß nur in den nördlichsten Ländern Europas einen gewissen Stellenwert. Andere Getränke, etwa der Apfelwein, aber auch Tee und Kaffee, waren noch so gut wie unbekannt.

Um der Bevölkerungsexplosion gerecht zu werden, um all die hungrigen und durstigen Kehlen hinreichend mit Brot und Wein zu versorgen, um genügend zu produzieren, damit man zusätzlich Wein exportieren konnte, musste aller verfügbare Boden urbar gemacht werden. Künstliche Düngemittel waren noch keine bekannt, Hochleistungssorten fehlten: Die Erträge waren folglich bescheiden. Die fruchtbare

Ebene war – wie heute – dem Korn vorbehalten, die kargen Hügel in südlicher bis östlicher Ausrichtung waren das Reich der Rebe und Wälder gab es nur noch in unzugänglichen Zonen oder da, wo weder das eine noch das andere gedieh. Die Champagne jener Zeit dürfte daher zumindest landschaftlich aufs Haar derjenigen geglichen haben, wie wir sie heute kennen: weite Felder, waldige Kuppen und mit Reben bepflanzte Hänge in südlicher Ausrichtung.

Der Bauernstand, zu dem auch die Winzer zählten, kam zu einem gewissen Reichtum und Ansehen. Die Landarbeiter erhielten von ihren adeligen Herren allerlei Privilegien zugesprochen, was zur Abschaffung der Leibeigenschaft führte. Weinberge, in der ersten Zeit des Mittelalters fast ausschließlich vom geistlichen Stand, speziell den Klöstern, unterhalten, ließ nach und nach auch der Adel anlegen. Dieser bestellte sie freilich nicht selber (ein anderes als das Kriegshandwerk war nicht nur unter seiner Würde, sondern ihm buchstäblich untersagt), sondern ließ sie bestellen – im Austausch gegen Freiheit und Anteil an der Ernte, unter Umständen gar gegen die Hälfte der Pflanzung. Ein fleißiger Bauer konnte so innerhalb einer Generation zu einigem Vermögen und Ansehen kommen. Allerdings musste er dafür die mühsame Arbeit im Rebberg auf sich nehmen, die mit der Pflanzung begann. Die künftige Rebparzelle (erinnern wir uns, die besten Terroirs bestanden aus steinigen Böden in steiler Lage!) wurde von Hand und mit einer Hacke bestellt, die man in Frankreich *herse* nennt. Dabei arbeitete man Kuhmist ein – oder was eben gerade als Düngemittel zur Verfügung stand, eine umstrittene Technik übrigens, denn bis ins 18. Jahrhundert behaupteten Agronomen, der Wein nehme den Geschmack des Mistes an, und noch heute düngt man Qualitätsrebberge zurückhaltend und möglichst ausschließlich vor der Pflanzung. Man zog Ränge und pflanzte Stecklinge, die man selber erzeugt hatte – etwa, indem man beim Nachbarn Reiser besorgte und diese Wurzeln treiben ließ. Reben wurde nie gesät, sondern immer aus Steckreisern gezogen. Nur so konnte gewährleistet werden, dass Trauben der gleichen Qualität geerntet werden konnten. Rebschnitt, Jäten (in mühsamer Handarbeit) und die so genannte *provignage* gehörten zu den weiteren Arbeiten des langen Winzerjahres.

Die *provignage* ist eine ganz besondere Technik, die in der Champagne, aber auch in anderen französischen Weinregionen bis ins 19. Jahrhundert angewendet wurde. Sie besteht darin, einen etwa fünfzig Zentimeter tiefen Graben auszuheben, eine bereits einige Jahre alte Rebe im Frühjahr in diesen Graben zu beugen und sie mit Erde zuzudecken. Die Rebe wird austreiben, aber auch neue Wurzeln bilden. Zwei, drei dieser Triebe lässt der Weinbauer stehen: Sie verwurzeln sich zusehends, ergeben ihrerseits neue Rebstöcke und werden eines Tages selber das gleiche Schicksal erleben. So lebt eine Rebe praktisch ewig und die Pflanzdichte im Rebberg wird immer größer. Sie beträgt am Ende bis zu 20 000 Stöcke pro Hektar und mehr… Einmaliger Vorteil dieser Methode: Ein Winzer hat die Garantie, über Jahrzehnte, vielleicht gar Jahrhunderte die gleichen Reben (heute würden wir sagen: Klone) in seinem Wingert stehen zu haben, ein Garant nicht nur für die Qualität, sondern auch für den Stil, das heißt, die Aromatik und den Geschmack eines Weines. Ein Miniaturrebberg, der immer noch einen der besten, aber auch der rarsten, teuersten Champagner der Welt ergibt, Bollingers Vieilles Vignes Françaises, bepflanzt mit alten, wurzelechten Reben – eine Technik, die mit der Reblauskrise des letzten Jahrhunderts verschwunden ist – illustriert aufs Schönste, wie die Rebgärten der Champagne einst ausgesehen haben. Wer (wie ich) das Glück hatte, die Grundweine aus solchen Reben zu verkosten, weiß, von welch unvergleichlicher Fruchtigkeit und Delikatesse Weine aus so gezogenen Trauben sind – aber auch, welch bescheidene Erträge davon zu erwarten sind.

Halten wir ein weiteres Mal fest, von welchem Stil die Weine des damaligen Frankreich, *les vins françois*, waren, zu denen auch die aus der heutigen Champagne gehörten. Es handelte sich um junge, von der letzten Ernte stammende, wenig alkoholstarke, also kaum 7 bis 8 Volumenprozent Alkohol aufweisende, frische Weißweine von blasser Farbe. Die Farblosigkeit (Indikator für die Leichtigkeit, denn künstliche Farbkorrekturmittel gab es damals keine) war gar eines ihrer Qualitätsmerkmale. So ist überliefert, dass der Herzog von Guines auf seinem Sitz in der Nähe von Calais an einem schönen Sommertag des Jahres 1178 den Bischof von Reims bewirtete und diesem, weil er ein Glas Wasser verlangte, einen besonders klaren und leichten Wein servierte. Wollte er damit dem Geistlichen etwa beweisen, dass nicht nur die Weinberge von Reims und Épernay solch leichte Weine hervorbringen konnten, sondern auch die von Auxerre im Niederburgund (also dem heutigen Chablis), die ja sonst eher im Ruf standen, unverdaulich und schwer zu sein, und woher gemäß der Chronik der nämliche Tropfen stammte?

Der Wein hatte den Stellenwert eines Nahrungsmittels und fehlte auf keiner Tafel. In den Verkauf kam er kurz nach der Ernte. Wurde ein Fass frisch angezapft, trank man es möglichst rasch leer, denn je größer der Leerraum wurde im Fass, desto mehr oxidierte der Wein und glich rasch gutem Essig … Flasche und Korken waren noch nicht erfunden.

Waren die Weine des frühen Mittelalters wohl vornehmlich von roter Farbe (schließlich symbolisierten sie unter anderem das Blut des Christ), sind sich alle Zeugen aus dem späten Mittelalter einig, dass besonders im Frankenreich der Weißwein sich der größten Beliebtheit erfreute. Selbst die roten Trauben blieben nur kurz an der Maische und ergaben den so genannten *vin vermeil* von hellroter Farbe oder den *claret* (den Klaren), wie die Engländer noch in unseren Tagen den Wein von Bordeaux nennen, der doch längst von dunkelroter Farbe ist – die Rotweine des Mittelalters waren unseren Rosés verblüffend ähnlich. Nicht selten produzierte man auch aus roten Trauben (das heißt, aus roten Trauben mit weißem Saft wie etwa dem Pinot noir) Wein von weißer, oder besser, blass-grauer Farbe, so genannten *vin gris*: Die Beeren kamen so intakt als möglich auf die Kelter und wurden sofort abgepresst – ohne dass der Saft im Kontakt mit der Maische blieb. Die Farbpigmente der Traubenhäute hatten so keine Chance, in den Most zu gelangen. Wir werden sehen, dass diese Technik noch heute eines der Geheimnisse des Champagners ist.

Der Wein vergärte in offenen Holzstanden, damit die bei der Gärung entstehende Kohlensäure entweichen konnte. Nach mehr oder weniger abgeschlossener Gärung wurde der Wein in kleinere Holzfässer abgezogen. Hier gärte er fertig – unter Umständen erst im Frühjahr, wenn die Temperatur wieder anstieg. Dazu kam die so genannte zweite Gärung, bei der die Apfelsäure, wie sie natürlich in der Traube vorkommt, in die mildere Milchsäure umgewandelt wird. Auch dabei wurde Kohlensäure frei. Wein gärte überhaupt in mehreren Etappen, je nach Temperatur und Lust und Laune der Hefen und seiner Konstitution, für die damalige Zeit noch ein Buch mit sieben Siegeln. Dabei fiel immer Kohlensäure an, und die blieb garantiert im Wein, denn das Umziehen von einem Fass ins andere, was den Wein von Kohlensäure und Depotstoffen befreit hätte, wurde erst seit dem 17., teils gar erst seit dem 18. Jahrhundert regelmäßig betrieben. Der Wein aus der Champagne blieb also prickelnd und perlend, ein Eindruck, der noch verstärkt wurde durch die verhältnismäßig hohe Säure im Wein, den eher tiefen Alkoholgehalt und eine Spur Restsüße. So amüsant die Diskussion auch sein mag, wer denn nun eigentlich den prickelnden Wein erfunden habe, der wir in einem früheren Kapitel ja etliche Zeilen gewidmet haben, so müßig scheint sie auch. Darum noch einmal: Der Champagner hat sich ganz einfach selber erfunden, ist das Resultat einer Anzahl Faktoren, die unter sich kombiniert und vom Menschen ins rechte Licht gerückt, ein Meisterwerk der Ess- und Trinkkunst ergeben haben.

Natürlich interessiert die Weinforscher am meisten, welche Traubensorten damals angebaut wurden. Aus den Beschreibungen der damaligen Zeit geht hervor, dass jede Großregion ihre Sortenfamilie gefunden hatte. Im Süden Frankreichs pflanzte man weiter die ganze Sortenpalette an, wie man sie aus der Römerzeit herübergerettet hatte; Sorten, die ihren Ursprung im Mittelmeerraum haben. Im oberen Rhônetal war der Vorläufer der heutigen Sorte Syrah König. Bordeaux und die untere Loire schworen auf die Trauben der Familie der Carmenère, zu der die heutigen Merlot, Cabernet Sauvignon und Sauvignon Blanc gehören. Im Burgund und in der Champagne aber machte sich die Familie des Pinot breit. Der Begriff Pinot wird urkundlich erwähnt in Dokumenten seit dem Jahr 1375. Im Jahr 1395 publizierte Philipp der Kühne, Herzog des Burgund, eine berühmt gewordene Charta zum Schutze der Qualität der Weine seines Reichs, empfahl den Pinot Noir als rote Traubensorte und verfügte, dass mit der „überaus unloyalen und schlechten Pflanze namens Gamay" bestockte Rebberge gerodet werden sollen.

Was die Champagne angeht, so wissen wir, dass sie zu der Zeit hauptsächlich mit zwei Sorten bepflanzt war: dem weißen Fromenteau, der vor allem im Tal der Marne gedieh (es handelt sich zweifellos um die Sorte, die wir heute Pinot Gris oder Grauburgunder nennen und die noch bis Anfang des 20. Jahrhunderts in der Champagne angebaut wurde), und der roten Sorte Gouet (auch etwa Goet, Gouais oder Gros Noir genannt – sie ist heute praktisch aus dem Rebkataster verschwunden), die vor allem in der Montagne de Reims angebaut wurde, weil sie den Spätfrösten gut widerstand, allerdings nur einen „blassen, schwächlichen Rotwein" von minderer Qualität ergab. Rasch aber gesellten sich zu diesen Sorten der Morillon Noir (Pinot Noir) und der Morillon Meunier, der heutige Pinot Meunier, die beide den minderwertigen Gouais ersetzen sollten und nicht selten als Grundlage zum Keltern von Weißweinen dienten. Zu Beginn des 16. Jahrhunderts besaß die Champagne also bereits drei Qualitätssorten – zwei rote, Pinot Noir und Meunier, wie heute, und eine weiße, den Pinot Gris, der später durch den Chardonnay verdrängt werden sollte. Der Grundstein für den Erfolg des Champagners im 17. Jahrhundert wurde folglich bereits zweihundert Jahre früher gelegt.

Wein für Könige und Prinzen: die Entstehung des „vin de Champagne"

Der Begriff „vin de Champagne" taucht erst im 16. Jahrhundert auf, rund tausend Jahre nach den Anfängen des Weinbaus in der Region. Veränderte Trinkgewohnheiten und die Konkurrenz anderer Getränke führten zu einer Weiterentwicklung der als besonders raffiniert und edel geltenden Weine aus der Champagne und zur Entdeckung des schäumenden Champagners.

Rekapitulieren wir kurz die Lage der Champagne zu Beginn des 16. Jahrhunderts: Drei Qualitätssorten besetzten die besten Hanglagen der Region, vor allem entlang des Flusses Marne (die bekanntesten sind Hautvillers und Aÿ) und an den Flanken der Montagne de Reims. Sie ergaben teils hellrote, manchmal nur leicht getönte (*gris*, grau, nannte man diesen Hauch von Farbe), möglichst aber glasklare weiße Weine – so klar und glitzernd wie Tränen, meint ein Sänger der damaligen Zeit, Weine, die am Gaumen leicht, fruchtig und bekömmlich waren. Sie wiesen hie und da eine Spur Restsüße auf und waren immer leicht prickelnd und perlend. Die Weine aus der Champagne besaßen also bereits den Stellenwert eines eleganten, raffinierten Erfrischungsgetränks, von dem man, dank seiner luftigen, bekömmlichen Art, seinem mäßigen Alkoholgehalt, becher- und karaffenweise schlürfen konnte, ohne um sein seelisches und körperliches Gleichgewicht fürchten zu müssen.

Oder, wie ein Pariser Mediziner namens Le Paulmier im Jahr 1588 schrieb: „Der weiße Frankenwein (*le vin blanc françois*), der klar und sauber ist wie das Wasser, von subtilem Geschmack (*de subtile essence*), weder süß noch säuerlich (*verdelet*), wird als der Beste bezeichnet."

1497 wurde der Begriff *vin de Champagne* erstmals urkundlich – allerdings im negativen Sinne, denn eine Ordonnanz des Hôtel-Dieu von Paris empfahl den Kauf von Wein aus der Umgebung von Paris und riet vom Kauf des „vin … de Champagne" ab. Ein Zeugnis für den Chauvinismus des Spitalverwalters und ein erstes Zeichen, dass die Region der Champagne, zumindest was den Wein anbelangte, künftig eigene Wege gehen sollte. In den nächsten fünfzig Jahren setzte sich der Begriff *vin de Champagne* durch und ließ die alten Bezeichnungen wie *vins d'Aÿ*, *vins de la rivière*, *vins de la montagne* in Vergessenheit geraten.

Innerhalb der Kategorie dieser *vins de Champagne* waren es die Weine von Aÿ, die den höchsten Stellenwert genossen. Als „subtiles, délicats et d'un goût fort agréable au palais, pour ces causes souhaités pour la bouche des rois, princes et grands seigneurs" werden sie uns von den Autoren der Schrift „La nouvelle maison rustique"

beschrieben, erschienen im Jahre 1565, wörtlich also als subtil, delikat und von besonders angenehmem Geschmack auf dem Gaumen und daher von den Mündern von Königen, Prinzen und großen Herren erwünscht.

Und die „Könige, Prinzen und großen Herren" ließen sich nicht zweimal bitten. Zahlreiche Legenden spinnen sich um die Fürsten der damaligen Zeit, die in der Champagne wohl auch Reben besaßen. Auch wenn sich die meisten dieser Anekdötchen historisch nur schwer belegen lassen, weil sie erst viel später urkundlich wurden (man kann sie aber auch nicht wirklich widerlegen): Schon die Tatsache, dass sie überhaupt entstehen konnten, steht für den Stellenwert der aufstrebenden Weinregion. Zu den Persönlichkeiten, die im 16. Jahrhundert Rebbesitzer in der Champagne waren, wird etwa Papst Léon X. gerechnet, ein Abkömmling des berühmten Florentiner Geschlechts der Medici. Er besaß Reben in Aÿ, ebenso wie der Lordkanzler von England, Thomas Wosley. Und selbst Karl V., der im Burgund geborene Habsburger auf spanischem und römischem Thron, Kaiser des Heiligen Römischen Reichs Deutscher Nation, der letzte große Weltenherrscher, ewiger Widersacher von Frankreichs Renaissancefürst François I., fand – anlässlich einer seiner unzähligen Reisen zur Stabilisierung seines Riesenreiches in einer von der Inquisition, von Verrat und Ränkespielen, von Bestechung und Gewalt heimgesuchten Epoche – noch die Zeit, in der Nähe von Épernay eine Kelter errichten zu lassen. Im Sommer 1544 schlug er hier für einige Zeit seine Zelte auf und gründete dabei die Kirche von Charles Fontaine. Sein Gegenspieler François I. wollte sich natürlich nicht lumpen lassen und tat es ihm gleich: Da, wo einst seine Kelter stand, im Ort Aÿ bei Épernay, liegen heute die Keller des bekannten Champagnerhauses Gosset, das seine Geschichte zurück bis ins Jahr 1584 verfolgen kann. Ein Pierre Gosset, Sohn des Jean Gosset, Bürgermeister von Aÿ, besaß bereits Reben und verkaufte Weine bis nach Paris und Brüssel. Wo alles liebte, wollte einer ganz sicher nicht hassen: Frankreichs beliebtester König der damaligen Zeit, Heinrich IV. (wir haben ihn bereits früher erwähnt, den großen Zecher und berüchtigten Frauenheld, dem Heinrich Mann einen zweibändigen Roman gewidmet hat) besaß ebenfalls eine Kelter in Aÿ und Reben ebenda, und ließ sich besonders gerne „Herr von Aÿ" nennen.

Damit der Wein aus der Champagne aber seinen Siegeszug um die Welt antreten konnte, musste er zuerst die wichtigsten Trinker der damaligen Zeit von seiner Güte überzeugen: die Kinder Albions. Diese Aufgabe übernahm – nicht ganz aus freien Zügen, denn nach England kam er als Exilierter – ein besonders inspirierter Adliger der damaligen Zeit, der zu einem eigentlichen Apostel des Champagners wurde: Charles de Marguetel de Saint-Denis, Marquis de Saint-Evremond, dem wir bereits gebührend Reverenz erwiesen haben. Er machte den Wein der Champagne, den er für den subtilsten und delikatesten der Welt hielt, in England bekannt, als er noch ein stilles Wässerchen war und förderte direkt die „Erfindung" des schäumenden Champagners. Dafür war es auch höchste Zeit, denn andere, neue, modischere Getränke, von denen gleich noch die Rede sein wird, drohten den traditionellen französischen Rebensäften den Rang abzulaufen.

Alle großen Weinregionen Frankreichs (und wohl auch des übrigen Europa) nehmen ihren Anfang im frühen Mittelalter. Der Begriff *grand vin* oder *grand cru*, Hochgewächs, entstand im späten 17. und frühen 18. Jahrhundert. Er bezeichnete die oberste Klasse der Rebensäfte, die kostbaren, gesuchten Weine, die zur raffinierten Lebensart gehörten, mit denen der Adel und die Halbwelt sich vom dritten Stand unterscheiden wollten, der mehr und mehr an Einfluss, Reichtum und Bedeutung gewann. Wenn englische Händler ein Verfahren entwickelten, den Wein aus der Champagne zum Schäumen zu bringen, und ein blinder Mönch Methoden zum Verfeinern und Verbessern der Weine seiner Abtei suchte, taten sie dies ganz und gar im Einklang mit dem Zeitgeist, denn etwa zur gleichen Zeit entstand der „New French Claret", wie die Engländer die neuen, subtileren und delikateren Weine aus Bordeaux nennen. Dies geschah dank des Einsatzes eines rebbegeisterten Adeligen namens Arnaud de Pontac, der mit seinem Haut-Brion (oder Haut Bryan, wie er damals hieß) den ersten Château-Wein Frankreichs kreierte, indem er Terroirs und Traubensorten selektionierte – und dank holländischen Händlern aus dem Bordelaiser Handelsquartier der Chartrons, welche die Kellertechniken beträchtlich verbesserten. Ähnliches ließe sich aber auch aus traditionellen Weingebieten außerhalb Frankreichs berichten, etwa Porto oder Jerez. Erleichtert wurde diese Entwicklung durch neue technische Errungenschaften (Verfeinerung der Technik des Glases, Gebrauch des Korkens) und überhaupt die Verfeinerung der Lebensart. Geradezu nötig aber wurde sie durch die Ausdehnung des Seehandels und eben auch durch die Konkurrenz anderer Getränke.

Die Holländer erfanden den Branntwein und das „Aufbessern" der Rebensäfte, die sie mit allen möglichen und unmöglichen Zutaten versetzten, um sie ihren Landsleuten schmackhaft zu machen – eine erschreckende Konkurrenz für die zurückhaltenden und säuerlichen Weine aus der Champagne, die neben den lärmigen Mischgetränken etwa so blass wirkten wie ein Glas Selterswasser neben einer eisgekühlten Coca-Cola. Porto und Jerez, aber auch andere Weingebiete des Mittelmeerraums (denken wir an den Wein aus Zypern, der im bereits mehrmals zitierten Gedicht des Sängers d'Andeli als Papst der Weine gekrönt wurde) produzierten vollmundige, nicht selten süße Weine, die häufig zusätzlich mit Weinalkohol versetzt waren und besonders in England viele Anhänger fanden. In der ersten Hälfte des 17. Jahrhunderts wurde in Wien das erste Kaffeehaus errichtet: Tee, Kaffee und Schokolade, rar und teuer und daher wie geschaffen fürs Renommee, kamen in Mode und drohten den Wein zu verdrängen. Die Entdeckung des moussierenden, schäumenden Champagners kam also gerade noch zur rechten Zeit und verhinderte den Bankrott einer Region, deren Wirtschaft sich in den nächsten zweihundert Jahren mehr und mehr auf den Weinbau ausrichten sollte. Mag sein, dass die „Erfindung" des *Sparkling wine*, wie die Engländer sagen, einzig dem Zufall zu verdanken ist beziehungsweise der Tatsache, dass man die leichten, erfrischenden, säuerlichen Weine aus der Champagne aus pekuniären Gründen dem Populärgeschmack der Holländer und Engländer anpassen wollte oder den vollmundigeren, fülligeren Weinen aus der Loire oder dem Burgund und ihnen daher Melasse und alle möglichen Gewürze beigab. So brachte man den Wein wieder zum Gären, was in der Heimat des Champagners lange als *accident*, als Fehler, angesehen wurde. Da man den Wein vorher abfüllte und verkorkte, hielt man auf diese Weise die bei der Gärung entstehende, wild schäumende Kohlensäure in der Flasche gefangen. Kein Zufall ist es aber, dass aus diesem seltsamen Gemisch im Lauf der nächsten hundert Jahre das Hochgetränk wurde, das wir heute als Champagner bezeichnen.

Größtes Verdienst der ersten Champagner-Macher, zu denen die beiden Geistlichen Dom Pierre Pérignon und Jean Godinot zählen, ist es sicher, aus dem wohl eher zweifelhaften Gebräu, wie es die englischen Händler fabrizierten, ein Produkt höchster Qualität entwickelt zu haben, ein neues Kultgetränk, das überraschend, einmalig und unnachahmlich war – ein waschechtes Produkt seines Bodens, seiner Schöpfer, seiner Herkunftsregion. Wenn die meisten anderen, im Mittelalter so gerühmten Weinregionen Frankreichs in ähnlich nördlichen Lagen heute von der Bildfläche verschwunden sind, dann hat das wohl nicht zuletzt damit zu tun, dass sie genau dies nicht vermochten. Wie schrieb doch so schön Jean Godinot in seinem Werk zur Erzeugung des Champagners: „Nichts ist erstaunlicher als die Tatsache, wie wenig man sich in den ferneren Provinzen, wo der Wein doch so reichlich wächst, um die Rebkultur, die Auswahl geeigneter Reben, um das Machen und Pflegen des Weins kümmert." Godinots Analyse ist von geradezu hellseherischer Richtigkeit und hat sowohl den Aufstieg der Qualitätsregion vorweggenommen wie den Untergang der Regionen vorausgesagt, die einseitig und in Hülle und Fülle nur einfache und – im wahrsten Sinn des Wortes – geschmacklose Tafelweine produzierten.

Von werkigen Winzern und tüchtigen Händlern: die Organisation der Champagne

In der Champagne besitzen die kleinen und mittleren Weinbaubetriebe rund 90 Prozent der Rebfläche, produzieren aber meistens gar keinen Wein. Sie liefern ihre Ernte an die großen Handelshäuser, die rund 70 Prozent der Absätze bestreiten. Exakte Verträge regeln die Zusammenarbeit, die überwacht wird von einer Dachorganisation, in der Winzer wie Händler ihre Vertreter haben: eine beneidenswert effiziente Organisation.

Sie ist ein kompliziertes wirtschaftliches Gebilde, die Champagne. Kein anderes Weingebiet besitzt eine solch komplexe Struktur. Denn die Dynamik der Region basiert auf der Symbiose von Handel und „Weinberg", wie sich die Winzer selber bezeichnen, und wäre Marx im 20. Jahrhundert geboren, er hätte die Champagne prompt zur Fallstudie gemacht für das Zusammenspiel von Kapital und Produktion, von Absatz und Verteilung. Damit diese einmalige Symbiose auch in Krisenzeiten funktioniert, haben die Champenois ein ganzes Arsenal an Abläufen, Gremien, Dachorganisationen und Verträgen geschaffen, die für den Uneingeweihten nicht immer auf Anhieb nachvollziehbar sind. Denn nicht immer sind sich die Partner einig, ganz im Gegenteil. Sie verhalten sich häufig wie Hund und Katze. Jeder glaubt, der andere wolle ihn übervorteilen, jeder wirft dem anderen vor, am längeren Hebel zu sitzen. Doch die Sache ist noch viel vertrackter. Manchmal werden Fronten quer durch die Lager gebildet. Tauchen Schwierigkeiten auf, denunziert schon mal ein Händler seinen Kollegen und stellt ein Winzer den anderen an den Pranger. In jeder Gruppe werden Sündenböcke ausgemacht. Da verbrüdern sich plötzlich langjährige Gegner aus feindlichen Lagern, dafür werden gute Nachbarn, die eben noch friedlich

koexistierten, über Nacht zu erbitterten Feinden. Doch schließlich geht es um die wirtschaftliche Blüte einer Region, die heute steht und fällt mit der Champagnerproduktion, vor allem, wenn man alle Zulieferbetriebe mit einrechnet, die vom Geschäft mit dem Champagner profitieren: vom Glaslieferanten über den Palettenschreiner bis hin zum Dorfbäcker, der seine Stangenbrote garantiert besser absetzt als sein Kollege in den ehemaligen Zentren der dahinsiechenden französischen Schwerindustrie, die fast schon zu Geisterstädten geworden sind. Der Lebensstandard in der Champagne ist beachtlich. Auch wenn nicht alle gleichwertig vom Manna der Schäumerei profitieren: Den meisten Winzern geht es beneidenswert gut, wie die stolzen Luxusschlitten vor den vielen durchaus ansehnlichen Eigenheimen beweisen, und nicht nur ein hoch spezialisierter Kellermeister, sondern sogar ein einfacher Rebarbeiter verdient in der Champagne mehr als in den meisten anderen Weingebieten.

Fast 31 000 Hektar Reben liefern Ende des zweiten Jahrtausends Trauben für den Champagner, maximal 34 000 Hektar zu bepflanzende Fläche stehen insgesamt zur Verfügung und kein Hektar mehr. Die Rebfläche der Champagne ist folglich hart ans Limit dessen gestoßen, was 1927 als Appellation d'origine contrôlé Champagne von der neu geschaffenen staatlichen Behörde zum Schutze der Gebiete kontrollierter Herkunft eingeteilt wurde. Weil die Gesamtproduktion heute bei etwa 300 Millionen Flaschen liegt, ist rasch ausgerechnet, wie viel in der Champagne geerntet wird: etwa

eine Flasche pro Quadratmeter oder rund 1,5 Kilo Trauben pro Stock bei einer vor-
geschriebenen Pflanzdichte von 7 000 bis 10 000 Stöcken pro Hektar. Das sind stolze
und doch nicht übertriebene Erträge angesichts der Tatsache, dass aus den Trauben
weißer Grundwein für die Champagnerproduktion gepresst wird. Bei einem Preis
von 5 bis 8 Mark pro Kilo Traube lässt es sich jedenfalls gemütlich leben. Allerdings
sind die Betriebe, die Trauben produzieren, nicht besonders groß in der Champagne.
Die Handelshäuser – und daran hat sich seit rund hundert Jahren kaum etwas geändert – besitzen selber nur etwa 10 Prozent der Rebfläche, und die französische Gesetzgebung sorgt dafür, dass das auch so bleibt: Wechselt in Frankreich Land in der Agrar-
zone den Eigner, hat die staatliche Organisation SAVER ein Vorkaufsrecht. Sie wacht
aufmerksam darüber, dass an erster Stelle Jungbauern und Landwirtschaftsbetriebe
von Verkäufen profitieren.

90 Prozent der Rebfläche der Champagne stehen folglich im Besitz der Weinbauern, dies übrigens schon seit fast zweihundert Jahren. Doch Winzer gibt es im
Jahr 1999 genau 14 622. Diese müssen sich den in seiner Größe beschränkten Kuchen
teilen, auf jeden kommt nur ein kleines Stück, etwa 1,5 Hektar im Schnitt. Tatsächlich aber bebauen knapp 10 Prozent der Weinbauern fast 50 Prozent der Rebfläche,
besitzen also 5 Hektar und mehr, während mehr als die Hälfte der Winzer weniger
als einen Hektar bestellen. Nur rund die Hälfte aller Winzer lebt ausschließlich vom
Wein.

Ein Großteil der Kleinwinzer ist heute Mitglied einer Genossenschaftskellerei, von denen es in der Champagne insgesamt 145 gibt. Sie pressen einen Großteil
der Trauben und keltern die Grundweine, mit denen der Handel seine Cuvées komponiert, stellen aber auch fertigen Champagner her. Dieser wird entweder selber –
unter einer eigenen Handelsmarke – vertrieben, durch die Mitglieder der Genossenschaftskellerei unter deren eigener Marke oder ebenfalls über den Handel, unter
einem von diesem deponierten Label. Eine eigentliche Markenpolitik verfolgen nur
wenige Genossenschaften: Jacquart etwa oder Nicolas Feuillatte.

Wer wissen will, woher der Champagner stammt, den er gerade trinkt, stu-
diere besonders aufmerksam das Etikett. Zwei winzig kleine Buchstaben, fast
unsichtbar und immer gefolgt von einer mehrstelligen Zahl, erzählen viel mehr über
den Flascheninhalt als die Tausende von wohlklingenden Namen von Witwen und
Prinzen und die verschnörkelten Familienwappen, die einen Großteil der Flaschen

schmücken. Vier verschiedene Codes sind erlaubt und vorgeschrieben: NM, CM, RM und MA.

– NM steht für Négociant-Manipulant und bezeichnet eines der insgesamt 265 Handelshäuser der Champagne, die Wein zukaufen, assemblieren, aber auch pressen und zu fertigem Champagner verarbeiten können. Sofern es einen Champagner selber degorgiert (Fachbegriffe zur Herstellung siehe übernächstes Kapitel), dosiert und etikettiert, darf es sich dabei Rohstoffen bedienen, die er bei einem Winzer oder in einer Genossenschaft eingekauft hat, ob in Form von Trauben, Grundwein oder Champagne *sur lattes*, womit Champagner gemeint ist, der noch auf seinem Hefedepot liegt.

– CM steht für Coopérative-Manipulante und bedeutet, dass der betreffende Wein ganz in einer Genossenschaftskellerei hergestellt wurde. Er enthält ausschließlich Weine aus Trauben, die von Winzern geerntet wurden, welche der Kooperative angeschlossen sind. Die Kooperative ist zudem für alle Stadien der Produktion bis hin zur Etikettierung und den Vertrieb verantwortlich.

– Ein RM ist ein Récoltant-Manipulant, ein selbst kelternder Winzer. Ein echter RM besitzt Reben, presst, vinifiziert seine Grundweine, assembliert, champagnisiert, rüttelt und degorgiert, etikettiert und vertreibt seine Weine selber: Er darf kein Traubengut zukaufen. Solche Champagner sind also eigentliche Crus, aus ganz bestimmten Herkunftszonen. Leider sind nur knapp die Hälfte der rund 5000 RMs echte selbst kelternde Winzer. Denn die Gesetzgebung lässt leider auch zu, dass ein Teil der Arbeit, nämlich das Pressen und Keltern der Grundweine, durch die Genossenschaftskellerei erledigt werden kann. Das heißt nichts anderes, als dass der Flascheninhalt nicht mehr dem Rebberg des Winzers entspricht, sondern einem Querschnitt der Weine aus der Kooperative.

– MA schließlich bedeutet Marque d'Acheteur, Handelsmarke. Wenn Onkel Fritz plötzlich beschließt, einen Champagner unter eigenem Namen herauszugeben, deponiert er seinen Namen und kauft bei einem Produzenten fertigen Champagner, auf den er sein Etikett klebt. Auch wenn dies keine absolute Regel ist: Die Erfahrung zeigt, dass nicht eben die besten Champagner unter Phantasiemarken vertrieben werden.

Rund 70 Prozent aller Champagner werden durch den Handel abgesetzt. Er ist das eigentliche Sprungbrett für den wirtschaftlichen Erfolg der Champagne. 50 Prozent des Absatzes gehen dabei auf das Konto der zehn größten Häuser, eigentliche Multis des Weins, die alle mehr als 6 Millionen Flaschen pro Jahr produzieren: Moët & Chandon, der Riese, bringt es allein auf 36 Millionen Flaschen. Viele der großen Handelshäuser gehören heute zu einem internationalen Trust. Der Luxusgigant LVMH (Louis Vuitton-Moët-Hennessy) vereinigt – neben bekannten Parfums, Bordeaux-Châteaux, Modehäusern und Cognacs – sieben der bekanntesten Häuser unter seinem Dach: Moët & Chandon, Mercier, Ruinart, Veuve Clicquot, Canard-Duchêne, Pommery und Krug, und bestreitet etwa ein Sechstel der gesamten Champagnerproduktion. Andere internationale Gruppen scheinen sich dafür langsam aus dem Geschäft zurückziehen zu wollen: Seagram beispielsweise oder Rémy-Cointreau, in den achtziger Jahren noch wichtige Akteure der Champagne. Dafür entstehen neue Pools: Vranken etwa, zu dem neben Demoiselle seit längerem auch Charles Lafitte, Barancourt und Heidsieck Monopole gehören. Dass aus dem Abstoßen und Zukaufen von Marken mitunter ein Ballett wird, in dem die Akteure wild durcheinander wirbeln, so dass der Betrachter mitunter die Orientierung verliert, ist die unangenehme Seite der Geschichte. Paradebeispiel ist der Verkauf der Marke Lanson: Aus dem Besitz der Gründerfamilie kam sie unter die Fittiche der Gruppe Pernod-Ricard, wurde an die Familie Garnier weitergereicht und später an den Nahrungsmittelkonzern BSN, der sie an LVMH veräußerte. Kaum drei Monate nach dem Zukauf verscherbelte LVMH die Marke an Marne & Champagne, behielt aber die 200 Hektar kostbarer Rebberge zurück und wurde so nicht nur um eine Erfahrung reicher. Marne & Champagne, dem anderen Riesen der Champagne, ist immerhin zugute zu halten, dass er den traditionsreichen Namen seit kurzem für seine Spitzencuvées benutzt. Trotzdem ist damit aus einem Haus mit hundertjähriger Tradition, eigenen Rebbergen und eigenem Stil ein einfacher Markenname geworden, einer von vielen, wie sie die Etiketten der Schäumer aus den Kellern von Marne & Champagne schmücken, der seine Weine unter Markennamen wie Alfred Rothschild, Eugène Clicquot, Pol Gessner oder Besserat de Bellefon vertreibt.

Auch die größten Händler sind auf die kleinen Winzer angewiesen – und umgekehrt. Liefert der eine den Rohstoff, sorgt der andere für die Verteilung. Eigentliche Reibfläche ist der Traubenpreis. Wird dieser zu tief angesetzt, kommen die Winzer in Versuchung, ihre Lieferungen an den Handel einzustellen, sich aufs „Manipulieren" zu verlegen und ihren Wein selber zu vertreiben. Ist er zu hoch, sinkt der

Absatz wegen steigender Preise – oder die Marge des Händlers, der, um seine Märkte zu halten, mit Verlust wirtschaftet. Seit 1949 regelt daher ein komplizierter und jeweils auf mehrere Jahre hinaus abgeschlossener Vertrag zwischen dem Handel, vertreten durch seine Dachorganisation, die Union des Maisons de Champagne, und den Winzern beziehungsweise deren Dachorganisation, dem Syndicat des vignerons, den Traubenpreis – eine anarchistische Periode Ende der achtziger/Anfang der neunziger Jahre ausgenommen, die prompt in eine Krise mündete.

Das Seilziehen zwischen Handel und Winzern passiert aber noch auf anderer Ebene. Den Händlern bereitet das Aufkommen der neuen Kaste der Récoltants-Manipulants, die ihre Weine nicht mehr nur über die Gasse an den erstbesten Passanten verkaufen, sondern eine gezielte Marketing- und Imagepolitik betreiben und sich auch auf die Exportmärkte wagen, nicht nur eitel Freude. Dabei geht es sowohl um die direkte Konkurrenz als auch um die Tatsache, dass der Markt durch Dutzende und Aberdutzende neuer Marken mit ähnlich klingenden Namen rasch unübersichtlich und schwer kontrollierbar wird. Weil die meisten Récoltants-Manipulants nebenbei immer noch etwas Trauben oder Grundwein verkaufen und natürlich nicht die besten, besteht zusätzlich die Gefahr, dass der Handel bald nur noch als Absatzkanal für zweifelhafte Qualitäten dient. So gesehen fragt man sich gar, ob nicht plötzlich der Winzer am längeren Hebel sitzt. Die Händler bemühen sich daher um langjährige Einzelverträge mit ihren Traubenlieferanten, und wo immer sich ihnen die Gelegenheit bietet, die eigenen Weinberge aufzustocken, schlagen sie ohne zu zögern zu, allen Schwierigkeiten mit den Behörden zum Trotz.

Immerhin: Noch funktioniert die Symbiose, und der Champagne geht es bestens, trotz aller Strukturbereinigungen. Dies ist nicht zuletzt dem Comité Interprofessionnel du Vin de Champagne, kurz CIVC, zu verdanken, dem Winzerrat der Champagne, der Dachorganisation also, in der sowohl Winzer als auch Händler vertreten sind. Er dient dem gemeinsamen Interesse aller Mitspieler im Champagner-Theater, ist für den Schutz der Appellation und des Begriffs Champagne ebenso zuständig wie für Öffentlichkeitsarbeit, Dokumentation, Wirtschaftsstudien, Verwaltung der Marken, Verbesserung der Techniken rund um Anbau und Weinbereitung und vieles andere mehr. Die Champagne wird heute allgemein um ihre Organisationsstruktur beneidet, und zwar im In- wie im Ausland. Und dies ist vielleicht das wichtigste Zeichen für den Erfolg der Methode.

Wie am äußersten Klimazipfel der Weinbauzone der größte Wein der Welt hervorgebracht wird

Für das komplexe Zusammenspiel von Klima, Mikroklima, Boden und Untergrund haben die Franzosen einen ganz besonderen Begriff geprägt: „le terroir". Das Terroir der Champagne ist nun wirklich einzigartig. Über klimatische und geographische Eigenheiten und eine Gretchenfrage: Warum ist es kein Verdienst, wenn der dümmste Bauer die größten Kartoffeln erntet?

Ein großer Wein – auch wenn das wie eine Binsenwahrheit tönt – entsteht nie durch den Willen des Menschen allein. Da spielen noch ganz andere Faktoren mit, Faktoren, welche die Franzosen gerne mit dem Begriff *terroir* umschreiben. Terroir – für den rationalen Geist unseres aufgeklärten Zeitalters bedeutet das einfach Boden und ist geologisch messbar, chemisch analysierbar und – logischerweise – nachvollziehbar. Das hat dazu geführt, dass man Terroir im Reagenzglas erzeugen wollte. In einer deutschen Forschungsanstalt hat man Böden verschiedener Weinbauzonen naturgetreu nachgebaut – unter den sterilen Bedingungen eines Labors. Dass die in diese Vivarien gepflanzten Trauben keine Château Margaux noch Romanée-Conti noch Clos du Mesnil ergaben, leuchtet jedem vernünftigen Menschen ein. Denn Terroir bedeutet weit mehr als nur Boden. Terroir ist die Zusammenfassung aller Faktoren, die ein Produkt beeinflussen: rationale wie Klima, Mikroklima, Bodenstrukturen und geographische Lage, aber auch so irrationale wie Geschichte, Kultur, Menschen, Launen der Natur – oder von mir aus Mondphasen und Sternzyklen.

Pflanzen Sie die gleiche Kartoffelsorte an drei verschiedenen Orten (oder lassen Sie drei verschiedene Personen die gleiche Sorte in den gleichen Boden setzen, natürlich ohne dass diese sich dabei absprechen können), Sie werden drei unter-

schiedliche Resultate erhalten und rasch merken, dass die größte Knolle nicht unbedingt am besten schmeckt. Wenn der dümmste Bauer die größten Kartoffeln erntet, ist dies folglich kein Verdienst, wie das der Volksmund behauptet: Das Sprichwort ist einzig Zeichen für einseitig quantitative Denkweise. Uns aber interessieren nicht die größten, sondern die besten, schmackhaftesten Kartoffeln und die verführerischsten, schönsten Weine, um auf unser Thema zurückzukommen. Den besten Wein wird man demnach nicht da ernten, wo die Rebe wuchert wie eine wild gewordene Liane, wo sie Kilo um Kilo Beeren produziert vom Kaliber einer Pflaume, sondern im Gegensatz da, wo sie sich plagen muss und all ihre Kraft daran setzt, nur wenig Trauben, dafür aber solche von höchster Qualität zu geben, um das Überleben der Rasse zu gewährleisten. Denn vergessen wir nicht: In der Schöpfung hat nie der Stärkere überlebt (sonst wären wir Dinosaurier und besäßen mehr Muskeln als Hirn), sondern der Bessere, der Schlauere.

Große Weine entstehen in Terroirs, welche die Rebe leiden lassen, in klimatischen und geologischen Randzonen und häufig gar da, wo nichts anderes mehr gedeiht. Mit dieser Regel als Axiom kann die Champagne nun allerdings gar nicht anders, als den größten Wein der Welt ergeben. Denn alle Einflüsse, ob klimatischer, geologischer, geschichtlicher oder kultureller Art, scheinen hier immer nur darauf abgezielt zu haben, die Rebe (und ihre Betreuer) harten Prüfungen zu unterziehen. Klimatisch: Die jährliche Durchschnittstemperatur der Champagne (10 Grad Celsius in Reims, 10,4 Grad in Épernay) liegt nur gerade ein halbes Grad über dem Grenzwert von 9,5 Grad, den die Klimaforscher als unterstes Limit für den Rebbau angeben. Geologisch: Die basischen Kreideböden aus reinem Kalk würden kaum eine andere Kultur tragen als die Rebe, und welche Arbeit es bedeutete, diese Pflanze, als ursprüngliche Waldpflanze ja eher an sauren Untergrund gewöhnt, an diese besonderen Bedingungen zu gewöhnen, wird verstehen, wer versucht hat, einen Rosenstock in seinem Garten auf Kalkgrund zu akklimatisieren. Geschichtlich und kulturell: Kaum eine andere französische Provinz war so häufig Kulisse für Eroberungen, Raubzüge und Besetzungen wie die Champagne. Dies aber hat seine Einwohner abgehärtet, die auf Brachialgewalt mit einem weit subtileren Mittel reagierten. Dank ihrer einmaligen Weine triumphierten sie über alle Besetzermächte und wurden schließlich auf ihre Art zu den Beherrschern dieser Welt.

Die größte Kunst des Menschen ist es doch wohl, aus scheinbaren Nachteilen unimitierbare Vorteile zu machen. Weil Eric Satie ein mittelmäßiger Musikschüler war und kein Klaviermaschinist wie Rachmaninov, wurde er zum Genie der musikalischen Stille, des Kleinkunstwerks. Weil Gottfried Keller als bildender Künstler keine Zukunft hatte, begann er mit Worten zu malen und wurde so zum wichtigsten Autor des poetischen Realismus. Weil Beethoven nicht mehr hören konnte in den letzten Jahren seines Lebens (was nur hieß, dass er mehr, aber anders hörte), wurde er zum

Meister des für seine Zeitgenossen Unhörbaren, Unnachvollziehbaren, Unterschwelligen – und so zum Vater der modernen Musik. Und weil man in der Zone der Champagne keine kapitalen Mundfüller und vollmundigen Bomber von Wein ernten konnte, wurde der Champagner zur Apotheose der Raffinesse.

Doch das Gelingen eines großen Champagners gleicht dem Tanz auf dem hohen Seil. Würde die Rebe im Frühling nur ein paar Tage früher austreiben, sie würde unweigerlich zum Opfer der Spätfröste, die dem Winzer alljährlich nächtelang den Angstschweiß in den Nacken treiben. In manchen Jahren kämpft man mit allen möglichen und unmöglichen Mitteln gegen das Fallen der Temperatur und dennoch kommt es zu beträchtlichen Ernteausfällen in Jahren mit zu mildem Winter und zu kühlem Frühling. Wäre nicht eine der Eigenschaften des Klimaverlaufs der milde, lange und relativ niederschlagsarme Spätherbst, die Trauben erreichten nie das optimale Gleichgewicht von Aromastoffen, Zucker und Säure.

Würden die Bauern ihre basischen Böden nicht fleißig mit Kompost anreichern – Rinde ist heute das natürlichste und beliebteste Mittel – auch die hochgezüchtetste Rebe würde sich am Kalk den Magen verderben, zeigte eine ungesunde, blassgelbe Farbe als Anzeichen der Chlorose. Doch die Kreideböden besitzen – neben ihrer Kargheit, was die Reben nur gerade mit dem Nötigsten versorgt – eine zusätzliche, unschätzbare Eigenschaft: Sie regulieren aufs Schönste den Wasserhaushalt der Reben. Sie wirken sowohl drainierend im Falle reichlicher Niederschläge als auch als Wasserspeicher im Falle großer Trockenheit. Die mäßige, aber regelmäßige Versorgung mit Wasser aber ist der Faktor, der gemäß jüngsten Studien entscheidend ist für optimale Traubenqualität.

Die 34 000 Hektar der Rebbauzone der Champagne verteilen sich auf die Departements Marne (74 Prozent der gesamten Rebfläche), Aube und Haute-Marne (19 Prozent der Rebfläche) sowie Aisne und Seine et Marne (7 Prozent der Rebfläche). Ein Katasterplan umreißt die Weinbauzone und hält fest, wo genau, das heißt auf welchen Parzellen Wein angebaut werden darf. Die Struktur der für den Weinbau geeigneten Böden ist überall ähnlich: Über einem Untergrund aus reiner Kreide, Sediment urzeitlicher Meere (beziehungsweise all der Krustentiere, die sich einst darin tummelten) und an einigen Stellen bis zu 300 Meter dick, liegt eine etwa 50 Zentimeter dünne Schicht aus Humus, gebildet aus Silizium und Tonerde. Die Wurzeln der Rebe fußen in dieser Schicht, dringen aber gleichzeitig metertief in den Kalkuntergrund ein. Allerdings sind nicht alle Terroirs der Champagne von gleicher Klasse. Die feinen klimatischen und geologischen oder geographischen Unterschiede, wie sie bereits seit Jahrhunderten bekannt sind, hat man mit einer besonderen Hierarchie zu honorieren versucht, der die rund 320 Weinbaudörfer der Champagne unterliegen: der Klassierung der *crus*, der Herkunftszonen. Diese Hierarchie hat einen direkten Einfluss auf den Traubenpreis. Wer in einer der 17 Gemeinden mit den nachweislich besten, größten Terroirs beheimatet ist, Terroirs, die sich Grand cru nennen dürfen, erhält 100 Prozent des durch die Dachorganisation der Champagne festgesetzten Traubenpreises. Wer in einer der 44 Gemeinden winzert, die sich Premier cru nennen dürfen, erhält zwischen 90 und 99 Prozent des festgesetzten Traubenpreises; die Weinbauern der übrigen, nicht klassierten Dörfer erhalten zwischen 80 und 89 Prozent. Die Lage und damit die Qualität der Ernte wirkt sich folglich direkt auf den Geldbeutel aus.

Traubensorten ordnen sich in Frankreich seit jeher den Terroirs unter, eine Tatsache, die Vertreter anderer Weinnationen nicht immer ganz verstehen wollen. Weltweit grassiert ein Virus namens Sortitis, die Krankheit der Sortenweine: Man meint, mit einer spezifischen Rebsorte – etwa dem Cabernet Sauvignon aus Bordeaux, dem Pinot Noir aus dem Burgund – das Original kopieren und womöglich noch übertreffen zu können. Dabei reagieren Sorten (und ich will hier nicht noch einmal das eingangs erwähnte Beispiel mit der Kartoffel strapazieren) ganz anders, je nachdem, in welchem Boden sie fußen und unter welchem Klima sie wachsen – vom Einfluss der Klone und Unterlagsreben, auf die man die Reiser pfropft, gar nicht zu sprechen. Die Rebsorte gehört daher ganz einfach nicht aufs Etikett eines großen Weins oder allenfalls im Zusammenhang mit dem Terroir, in der sie fußt.

In der Champagne sind heute drei Rebsorten beheimatet, zwei rote und eine weiße: Pinot Noir, Pinot Meunier und Chardonnay. Alle drei besitzen einen kurzen so genannten vegetativen Zyklus: Sie treiben relativ spät aus und kommen relativ früh zur Reife, was sie für die Region mit kurzer Saison prädestiniert. Die zwei roten Sorten werden seit Jahrhunderten in der Champagne angebaut, die weiße erst seit etwas mehr als hundert Jahren. Beginnen wir mit dieser, dem **Chardonnay,** denn er ist heute als Weißweinsorte weltweit in Mode. Er ergibt die vollmundigen, fast süß wirkenden australischen und die reichhaltigen kalifornischen Weißweine, dient als Reisläufer in Spanien und Italien und ist die große weiße Sorte des Burgund. In der

Champagne nimmt er allerdings einen ganz anderen Ausdruck an. Bestenfalls erinnert seine Aromatik von ferne an seine Burgunder Verwandte. Chardonnay-Grundweine aus der Champagne duften nach weißen Blüten oder – etwas würziger – nach Angelika (auf deutsch heißt diese herrlich duftende Pflanze, deren Stengel man in alten französischen Konditoreien kandiert kaufen kann, auch Engelwurz), nach grünen oder gelben Äpfeln. Lässt man ihn einige Jahre reifen – Champagner mit hohem Chardonnay-Anteil reifen ausgezeichnet – verströmt er Aromen von Haselnuss, Butter und, manchmal, Vanille. Im Mund aber besitzt er große Feinheit und Delikatesse bei frischer, nie aggressiver Säure. Vergessen wir nicht, dass ein Champagnergrundwein bei etwa 10 Grad potentiellen Alkoholgehalts geerntet wird – ein Corton Charlemagne aus dem Burgund hingegen bringt es problemlos auf 13 Grad.

Die besten Lagen für Chardonnay haben einen ganz eindeutigen Namen: Côte des Blancs, wörtlich Flanke der Weißen, heißt die Gegend zwischen Cramant und Vertus südlich von Épernay. Ich war – bei einschlägigen Proben – immer selber erstaunt, wie klar sich ein Chardonnay aus der Côte des Blancs von Chardonnays aus der übrigen Champagne absetzte. Er besitzt einfach mehr Frische als Weine anderer Herkunft, besitzt besonders klar gezeichnete Aromen und zeigt eine beispiellose Rasse in seiner Jugend, die sich mit der Reife hin zu großer Finesse entwickelt. Doch keine Regel ohne Ausnahme. Es gibt auch im Marnetal interessante Chardonnays, die fröhlich und saftig daherkommen, oder in der Montagne de Reims. Der Chardonnay der Gemeinde Trépail gerät besonders würzig und in der Nachbargemeinde Villers-Marmery wird ein besonders delikater, luftiger Grundwein aus der gleichen Sorte erzeugt. Zwar ist der Chardonnay en vogue, besonders seit ein Trend hin zu leichteren, bekömmlichen Champagnern besteht, sein Anteil im Rebsortenspiegel der gesamten Champagne beträgt aber nur 27 Prozent.

Mit **Pinot Noir** sind 38 Prozent der Gesamtfläche der Champagne bestockt. Weil es sich um eine verhältnismäßig pflegeleichte und ertragssichere Sorte handelt, nimmt die Anbaufläche dieser Sorte eher zu. Seinen schönsten Ausdruck findet er in den Grand-cru-Gemeinden der Montagne de Reims, in Bouzy, Ambonnay, Mailly-Champagne oder Verzenay, um nur einige zu nennen. Dort gerät er besonders fruchtig, ergibt Grundweine, die verführerisch nach Erdbeere duften und dies im besten Fall auch im fertigen Champagner tun – was Konsumenten, die dies nicht gewohnt sind, nicht selten mit Erstaunen quittieren. Das Aroma der Erdbeere kann eine „animalische" Richtung nehmen, besonders in Weinen sehr reifer Jahre, und hin zu einer Note tendieren, die an Moschus, Steinpilz oder Trüffel erinnert. Vor Jahren habe ich einem Freund, der ganz offensichtlich an neutralere Schäumer gewohnt war, einen der schönsten Pinot-Noir-betonten Champagner mitgebracht, den ich kenne – und damit zuerst nur Kopfschütteln ausgelöst: zu heftig, zu kräftig, zu fruchtig war ihm dieser Wein. Dass man den Umgang mit großen Champagnern lernen kann wie jede andere Kunst, beweist die Tatsache, dass derselbe Freund heute den nämlichen Wein jeweils gleich kistenweise ordert. Ausgezeichnete Pinot Noir kommen jedoch auch aus den vielen Gemeinden des Marnetals: Aÿ, Hautvillers oder Mareuil-sur-Aÿ, und – was nicht vergessen werden sollte – aus der Côte des Bars, den Weinbergen der Aube und der Haute Seine zwischen Bar-sur-Seine und Bar-sur-Aube. Es handelt sich hier um besonders würzige, vollmundige Weine, die jeder Assemblage gut anstehen, auch wenn es unter Möchtegernkennern und allzu chauvinistischen Marne-Bewohnern nachgerade Mode ist, über die armen Verwandten im Süden die Nase zu rümpfen.

Die Nase rümpft man nicht selten auch über eine Sorte, die doch in Wirklichkeit die Champagne verkörpert wie keine andere: den Meunier, meist **Pinot Meunier** genannt (er ist tatsächlich eine Mutation des Pinot Noir, in Deutschland Müllerpinot geheißen wegen seiner Blätter, die wirken, als seien sie mit Mehl bestäubt), lange die wichtigste Traube der Champagne und noch heute auf 35 Prozent der Rebfläche anzutreffen. Dabei wird der Meunier mit dem besonderen Klima der Champagne fertig wie keine andere Traubensorte. Er treibt noch später aus als die beiden anderen Sorten und widersteht gut den strengen Winterfrösten. Er ist sehr ertragssicher und produziert je nach Lage sogar mehr als Pinot Noir und Chardonnay, ist allerdings relativ anfällig für Pilzkrankheiten. In diesen Eigenschaften liegt vielleicht gerade das Problem des Meunier. In der Champagne wird er mehr und mehr in die zweitklassigen Lagen gepflanzt, in nördlicher Ausrichtung, in der Talsohle oder auf zu fetten Böden. Hier produziert er fröhlich und gibt jede Menge Wein – von mäßiger Qualität. Daher der Vorwurf der Rustikalität, des Mangels an Ausdruck und des Mangels an Reifefähigkeit.

Ein weiteres Problem des Meunier ist die mangelnde Klonselektion. Von Pinot und Chardonnay gibt es vermutlich je fast hundert, sicher aber mehrere Dutzend brauchbare Klone. Vom Meunier gerade zwei. Ein Meunier aus einer guten Lage – etwa im Marnetal, wo er ausgezeichnete Bedingungen vorfindet – zu mäßigem Ertrag erzogen, gibt aber vorzügliche Weine, die viel Charme und Liebenswürdigkeit besitzen.

Sie riechen in ihrer Jugend dezent nach Holunder und anderen Blüten und entwickeln mit der Reife ein überraschend reichhaltiges Bukett. Denn die wenigen Winzer, die sich des Meuniers wirklich angenommen haben, wissen, dass Weine aus dieser Sorte weit besser reifen, als man uns weismachen will. Ich besitze immer noch eine (allerletzte) Flasche eines 1955ers, aus 100 Prozent Meunier gekeltert, und habe es gar nicht eilig, sie zu leeren! Denn die letzte Flasche des gleichen Weins war von so erstaunlicher Frische, dass meine Gäste, die sich daran gütlich taten, auf einen 1985er tippten, und sich damit nur gerade um dreißig Jahre vertan haben. Wenn ich an seine aromatische Vielfältigkeit denke – Minze, Orangenblüte, Jasmin und weiße Schokolade sind nur einige der Aromakomponenten, an die ich mich erinnere – komme ich fast automatisch ins Schwärmen. Nein, der Meunier ist eine große Traubensorte, vorausgesetzt, man geht richtig mit ihm um. Man kann nur hoffen, dass man sich seiner wieder etwas besser annimmt, damit er in den nächsten Jahren wieder größere Bedeutung gewinnen kann. Vorläufig aber dient er in seiner einfachen, angenehmen, fruchtigen, frischen, lebhaften Art in erster Linie als Basis für die *bruts sans année*, die einfachen Cuvées der großen Häuser.

Die besondere Lage der Champagne bedingt auch eine besondere Rebkultur. Die Rebberge sind eng bestockt – 7 000 bis 10 000 Stöcke pro Hektar, wir haben dies bereits früher erwähnt. Die Stöcke werden bewusst tief gehalten, die Fruchtreiser treiben nur etwa 50 bis 60 Zentimeter über dem Boden aus. Die Erziehungsform der Rebe, also die Art, wie die Rebe geschnitten und gezogen wird, was einen großen Einfluss auf die Qualität hat, ist so streng geregelt, dass der Paragraph des Weinbaugesetzes, in dem sie festgehalten ist, mehrere Seiten füllt. Die Arbeit in den Rebbergen der Champagne gleicht hingegen aufs Haar der anderer Regionen. Man stutzt die Rebe möglichst spät zurück – am besten im März, damit sie nicht zu früh austreibt – und geht den traditionellen Laubarbeiten nach (aufbinden, zurechtstutzen, ausbrechen etc.). Bis in die siebziger Jahre häufte man im Winter rund um den Rebstock Erde an, machte diese Arbeit im Frühjahr wieder rückgängig und pflügte mehrmals im Jahr das Unkraut zwischen den Rängen unter. Dann wurde – im Zeichen des allgemeinen Fortschritts – die Unkultur eingeführt (*non-culture* heißt das tatsächlich auf Französisch überaus treffend), die Rebberge massiv mit Unkrautvertilger zu bombardieren und gleichzeitig massenhaft Pariser Stadtmüll als Düngekompost zu verwenden. Wie die Rebberge der Champagne bald aussahen (und rochen), darf sich jeder selber ausmalen.

Inzwischen haben die Zeiten sich glücklicherweise geändert. Es grünt in der Champagne – buchstäblich und im übertragenen Sinne. Mehr und mehr werden die Ränge zwischen den Rebzeilen gezielt begrünt und bezüglich Pflanzenschutz orientiert man sich mehr und mehr an den Regeln der so genannten integrierten, umweltschonenden Produktion, dies nicht zuletzt unter dem Druck der Konsumenten aus den wichtigsten Absatzländern. Für den grünen Wind über der Champagne sorgt auch der technische Dienst der Dachorganisation CIVC, der manch anderer Region Vorbild sein dürfte. Mit einer ganzen Anzahl von Studien, Projekten, Arbeitsgruppen und Modellen versucht man sanft, aber hartnäckig, eine vernünftigere Anbaupolitik durchzusetzen – mit einigem Erfolg. Nicht nur große Häuser satteln nach und nach und immer bereitwilliger auf einen umweltverträglicheren Anbau um, sondern auch Kleinwinzer und Genossenschaften. Eines der wichtigsten Anliegen der Behörden ist die gezielte, für jedermann nachvollziehbare Information. Interessierte Rebbauern können ein Bulletin abonnieren, das sie über alle Gefahren, die der Rebe gerade drohen, auf dem Laufenden hält und angibt, wie diese am effizientesten zu bekämpfen sind. Unnötige Spritzdurchgänge werden so vermieden, alternative Behandlungsmethoden aufgezeigt. So weit, Rezepte für Brennnesselpräparate oder Siliziumsprühungen in bio-dynamischen Dosen auszugeben, geht der technische Dienst nun zwar nicht gerade. Schließlich sind echte Bio-Betriebe immer noch selten in der Champagne. Diese finden aber immer mehr die Anerkennung ihrer Umgebung.

Immerhin ist die Champagne heute führend, was andere umweltschonende Techniken anbelangt. Etwa mit der Neutralisierung schädlicher Milben durch deren Feinde, die Raubmilben: Gegen erstere braucht man in der Champagne praktisch nie mehr chemisch vorzugehen. Dafür haben die Winzer gelernt, genau auf die mit bloßem Auge kaum erkennbaren Dinger zu achten und die guten von den bösen zu unterscheiden. Nehmen Letztere überhand, holt man sich Erstere aus dem Bio-Labor … Eine andere Methode, die sich auch anderswo bewährt hat, besteht in der Verwendung von Hormonkapseln zur sexuellen Verwirrung der *tordeuse de la grappe* und ihres Nachwuchses, des Sauerwurms. Und anstelle des ominösen Stadtkompostes wird heute Rindenmulch ausgebracht, um die Erosion zu bekämpfen. Ich gestehe es gerne ein: Seit die Champagne in punkto Pflanzenschutz vom Saulus zum Paulus geworden ist, schmecken mir deren Weine gerade noch einmal so gut.

Die Grand-cru-Lagen der Champagne

(rund 5 000 Hektar oder 15 % der gesamten Anbaufläche)

100 Prozent des Traubenpreises

Gemeinde	
Ambonnay	Le-Mesnil-sur-Oger
Avize	Oger
Aÿ	Oiry
Beaumont-sur-Vesle	Puisieulx
Bouzy	Sillery
Chouilly	Tours-sur-Marne
Cramant	Verzenay
Louvois	Verzy
Mailly-Champagne	

Die Premier-cru-Lagen

(rund 6 000 Hektar Rebfläche total oder 20% der gesamten Anbaufläche)

Gemeinde	Prozent Traubenpreis	Gemeinde	Prozent Traubenpreis
Mareuil-sur-Aÿ	99%	Avenay	93%
Tauxières	99%	Champillon	93%
Bergères-lés-Vertus	95%	Cumières	93%
Billy-le-Grand	95%	Hautvillers	93%
Bisseuil	95%	Mutigny	93%
Chouilly	95%	Bergères-lès-Vertus	90%
Cuis	95%	Bézannes	90%
Dizy	95%	Chamery	90%
Grauves	95%	Coligny	90%
Trépail	95%	Cuis	90%
Vaudemanges	95%	Écueil	90%
Vertus	95%	Étrechy	90%
Villeneuve-Renneville	95%	Grauves	90%
Villers-Marmery	95%	Jouy-les-Reims	90%
Voipreux	95%	Les Mesneaux	90%
Chigny-les-Roses	94%	Pargny-lès-Reims	90%
Cormontreuil	94%	Pierry	90%
Ludes	94%	Sacy	90%
Montbré	94%	Tours-sur-Marne	90%
Rilly-la-Montagne	94%	Ville-Dommange	90%
Taissy	94%	Villers-Allerand	90%
Trois-Puits	94%	Villers-aux-Nœuds	90%

Das Geheimnis der Fabrikation oder wie ein Champagner entsteht

Die Produktion eines Champagners verlangt einigen Aufwand. Alles ist bis zur Perfektion geregelt: Pressen, Mostausbeute, die eigentliche Weinbereitung – die Basis für einen großen Champagner ist immer ein großer Wein. Technik und Ethik der Champagnerproduktion.

Als Reiseregion wirkt die Champagne ja nun eher verschlafen – besonders im Winter, wenn sich die letzten Touristen in wärmere Gefilde verflüchtigt haben und die Einheimischen vors Kaminfeuer verkrochen. Bevor sich die Region zur Winterruhe begibt, wird sie allerdings noch einmal von fiebriger Aktivität gepackt: Es ist Erntezeit, und die Bewohner der vielen kleinen Winzerdörfer gleichen plötzlich Eichhörnchen, die noch rasch einen Notvorrat einbringen wollen für einen langen und harten Winter. Das Zirkulieren in den engen Gassen wird zum gefährlichen Hindernisrennen, weil immer dann, wenn man dies am wenigsten erwartet, Traktoren samt mit Trauben voll bepackten Anhängern um die Ecke biegen. Die Straßen sind blauschwarz gefärbt vom Mus zerquetschter Trauben, die kleinen Dorfrestaurants erfüllt zur Mittagszeit das fröhliche Lachen und Schwatzen der Erntehelfer. Man wird unweigerlich angesteckt von der ausgelassenen Stimmung der sonst so zurückhaltenden Champenois, die nun sogar ihre wichtigste Aktivität vergessen: das Verkaufen ihrer Weine. So klopft man zu der Zeit oft vergeblich an die Tür der kleinen Betriebe. Alle Hände werden im Rebberg und im Keller benötigt und sogar die Hunde wachen nicht mehr vor der Tür, sondern streichen durch die Ränge, als wollten sie kontrollieren, dass auch wirklich nur die reifsten und gesündesten Trauben gelesen werden. Wenn nicht mehr geklaut wird in der Champagne zur Erntezeit, hat das einzig damit zu tun, dass selbst die Diebe sich als Lesehelfer verdingen.

Denn *main d'œuvre*, fleißige Handarbeit, ist Gold wert in dieser alles entscheidenden Phase. Die Ernte – das versteht sich fast von selber in einer Region, die

sich rühmt, das strengste Anbau- und Keltergesetz der Welt zu besitzen – geschieht in der Champagne obligatorisch von Hand. Schließlich sind zwei Drittel der geernteten Trauben solche von blauer Farbe. Die kleinste Verletzung der Beerenschale würde zu einer vorzeitigen Gärung führen und dazu, dass der weiße Saft der Traube mit der blauen Farbe der Schale in Berührung käme und *taché*, fleckig, würde, wie die Champenois sagen. Genau dies aber will man vermeiden. Das Gesetz schreibt daher ausdrücklich vor, dass nur ganze, intakte Trauben gepresst werden dürfen. Die Trauben werden deshalb vom Erntehelfer auch nicht einfach in eine Trage geschmissen, sondern sorgfältig in perforierte Kisten aus Kunststoff gelegt, die nicht mehr als 50 Kilo fassen dürfen, damit die Trauben auch auf dem Transport nicht leiden. Diese Kisten werden anschließend direkt auf die Kelter geleert. Früher verwendete man natürlich Weidenkörbe dafür, wie sie noch heute stimmungsvolle Fotos aus den Werbekatalogen der großen Häuser zieren.

Jede Presse oder Kelter in der Champagne ist staatlich geprüft. Eine Presse muss obligatorisch 4 000 Kilo ganze Trauben fassen oder ein Mehrfaches davon, jedoch höchstens 12 000 Kilo. Die Pressfläche im Verhältnis zur zu pressenden Menge muss möglichst groß gehalten sein, damit die Pressung äußerst schonend erfolgen kann. Ferner ist genau vorgeschrieben, wie viel (oder besser: wie wenig) Saft maximal aus den Trauben gepresst werden darf: 160 Kilo Trauben dürfen genau 102 Liter Most ergeben und keinen Centiliter mehr. Noch wichtiger: Der eigentliche Pressvorgang wird in mehrere Operationen aufgeteilt, der Most also „fraktioniert", wie man in der Champagne sagt. 4 000 Kilo Trauben dürfen beim ersten Pressdurchgang genau 2 050 Liter Most ergeben: die so genannte *cuvée*. (Das hat nichts mit der Cuvée, dem fertig assemblierten Wein eines Winzers, zu tun; der gleiche Ausdruck bezeichnet zwei verschiedene Dinge.) Die nächsten Pressdurchgänge ergeben insgesamt 500 Liter so genannte *taille*. Der Rest ist ein einfacher Dreisatz mit den oben angeführten ominösen 102 Litern Wein pro 160 kg Trauben als Resultat.

Weil die Qualität von Pressdurchgang zu Pressdurchgang abnimmt, liegt auf der Hand, dass die Cuvée besonders gesucht ist. Das hat dazu geführt, dass sich ein paar ganz schlaue Händler auf den Handel mit derselben spezialisiert haben: Sie tauschen einen Teil Cuvée gegen zwei Teile Taille ein und fabrizieren aus letzterer Champagner in rauhen Mengen, den wir dann als (nicht eben umwerfend mundende) Billigmarke im Supermarkt wiederfinden. Doch nicht immer ist die Taille von schlechter Qualität und wer richtig damit umgeht, kann auch daraus ordentliche Weine produzieren. Etwas Taille ist gar unerlässlich für eine gelungene Assemblage, die nicht nur aus der Cuvée bestehen soll. Noch mehr: Weil die ersten knapp hundert Liter der Presserei meist von schlechterer Qualität sind als der Rest, wird ein Teil der Cuvée zur Taille gezählt oder ganz ausgeschieden, das heißt in die Destille geschickt.

Nicht nur die Sorte und die Lage eines Rebbergs sind folglich bestimmend für die Qualität eines fertigen Champagners, sondern auch die Mostfraktion, die dafür verwendet wurde. Das ganze Gerangel um eine optimale Pressung aber zielt nur auf eines ab: einen möglichst reinen, möglichst feinen Grundwein zu erhalten.

Der frisch abgepresste Most wird augenblicklich mit einer schwachen Dosis schwefliger Säure vor einer raschen Oxidation geschützt (5 bis 10 Gramm pro 100 Liter), die automatisch dosiert in flüssiger Form gleichsam tröpfchenweise zugegeben wird. Meist lässt man den Most über Nacht im Tank ruhen: Sedimente und Trubteile setzen sich so ab und werden am nächsten Tag ausgeschieden. Der so vorgeklärte Most kommt nun in den Tank, der gewöhnlich 50 bis 100 Hektoliter fasst, und zwar nach Herkunft und Qualitäten getrennt. Hier wird er in den nächsten Tagen zu Wein, so gut wie immer unter Beigabe speziell ausgesuchter Reinzuchthefen, die rasch und konsequent die alkoholische Gärung auslösen, bei der Fruchtzucker in Alkohol umgewandelt wird. Liegt der Zuckergehalt des Mostes unter einem potentiellen Alkoholgehalt von 11 Volumenprozent, wird er chaptalisiert, also im gesetzlich klar umrissenen Rahmen mit Rohr- oder Rübenzucker aufgebessert, der anschließend vollständig vergärt, also in Alkohol umgewandelt wird. In extrem heißen Jahren wie 1989 und 1990 ist dies nur im Ausnahmefall nötig, in mittleren Jahren wie 1993 oder 1994 hingegen die Regel. Dazu muss gesagt werden, dass nicht chaptalisierte Weine qualitativ nicht unbedingt besser ausfallen als vernünftig chaptalisierte.

Nur wenige Häuser lassen den Most noch in kleinen Holzfässern von 205 Litern Inhalt vergären: Krug oder Bollinger sind solche Ausnahmen oder neuerdings Boizel. Der Umgang mit der *barrique* oder *pièce*, wie das kleine Holzfass mitunter auch genannt wird, ist recht aufwendig und nicht ganz einfach, kann es doch nicht das Ziel sein, Weine zu erhalten mit einem nach Eiche riechenden Bukett. Doch einige Betriebe experimentieren jetzt wieder an der Holzfassvinifikation herum, wie sie früher die Regel war und wie sie bei richtigem Umgang Wein mit ganz besonderer Struktur, Samtigkeit und Fülle ergeben kann.

Ob im Holzfass oder im Tank: Die Gärtemperatur wird immer eher tief, das heißt, bei 16 bis 20 Grad Celsius gehalten: eine weitere Operation, die darauf abzielt, Grundwein von großer Feinheit und Duftigkeit zu erhalten. Bei höherer Gärtemperatur geraten die Weine nur zu gerne etwas grobschlächtig und rustikal.

Über die nächste Operation scheiden sich noch heute die Geister in der Champagne. Die einen lösen sie aus, kaum ist die alkoholische Gärung abgeschlossen, die anderen möchten sie überhaupt verhindern: Die Rede ist von der malolaktischen Gärung, dem so genannten biologischen Säureabbau. Diese *malo*, wie der Vorgang kurz bezeichnet wird, ist ein natürlicher, mikrobiologischer Prozess, den man überhaupt erst seit den vierziger Jahren dieses Jahrhunderts kennt. Die Traube ist reich an herber Apfelsäure – diese findet sich auch im Jungwein wieder. Ein bestimmter, natürlich im Keller vorkommender Bakterienstamm wandelt sie nach und nach in die mildere Milchsäure um: Voraussetzung ist eine bestimmte Mosttemperatur. Wer diese

Gärung so rasch wie möglich durchführt, geht auf Nummer sicher: Die Grundweine sind stabiler, und das Risiko, dass der Prozess plötzlich in der Flasche ausgelöst wird, was zu geschmacklichen oder aromatischen Fehlern führen könnte, wird so ausgeschaltet. Weil die *malo* angesichts der hohen Gesamtsäure der Grundweine nicht immer von selber beginnt, „impft" man diese mit ausgewählten Bakterienstämmen und hält die Temperatur des Kellers bei 18 bis 20 Grad. Einige wenige Häuser und Winzer halten aber an Weinen *sans malo* fest, verzichten also auf diesen Prozess, Gosset etwa, zumindest was seine besten Cuvées anbelangt. Die Weine, so gibt man bei Gosset zu Protokoll, hätten dann einfach mehr Nerv, mehr Biss, mehr Persönlichkeit – ein Argument, dem wir uns nicht ganz verschließen können. Einigen wir uns einfach darauf, dass die Champagne dank dieser friedlichen Auseinandersetzung noch um einen Ausdruck, um eine Spielart reicher ist.

Die Entscheidung, ob ein Champagner dereinst als vollendetes Kunstwerk auf den Tisch kommen wird oder als abgeschmackter Dutzendwein, fällt frühestens im Winter, meist aber erst im Frühling nach der Ernte. Der Kellermeister oder Weinmacher schließt sich mit all den Grundweinen, aus denen er seine verschiedenen Cuvées bilden will, im stillen Kämmerchen ein und tüftelt und pröbelt herum, was das Zeug hält. Schließlich geht es darum, den Geschmack des Hauses, das Markenzeichen eines Weins, Jahr für Jahr möglichst genau zu reproduzieren. Eines der nachhaltigsten Bilder, das mir aus meinen verschiedenen Reisen in der Champagne in Erinnerung geblieben ist, ist denn auch das eines Blenders, wie er mit Dutzenden von Reagenzgläsern hantiert, die alle Weine unterschiedlicher Herkunft, Traubensorten und Pressdurchgänge enthalten. Und natürlich ist ein Blender (vom englischen *to blend*, vermischen) in der Champagne nicht ein Mensch, der mehr scheinen will, als er ist, sondern der Komponist, der Zusammensteller, der Assembleur einer Cuvée.

Im Falle eines *brut sans année* (Erklärung der einzelnen Weintypen siehe nächstes Kapitel), bedient er sich dabei auch so genannten *vins de réserve*, also Stillweinen früherer Jahre, die er als eiserne Reserve auf die Seite gebracht hat und im Holzfass, im Tank oder gar in Magnumflaschen lagert. Natürlich wird eine Assemblage nicht jedes Jahr von Grund neu aufgebaut, sondern nach bestimmten Gesetzmäßigkeiten und Erfahrungen. Eine Cuvée wird auch nicht an einem Tag gemacht, sondern über einen längeren Zeitraum verkostet und angepasst. Ein kleiner Produzent zieht dafür einen (oder mehrere) erfahrene Weinfachleute hinzu, und auch in den großen Häusern wird die Entscheidung nicht selten im größeren Gremium gefällt. Je neutraler der Stil eines Hauses, desto einfacher die Assemblage. Wer hingegen etwas hält von Persönlichkeit und Eigenart, wird nicht ruhig schlafen in dieser entscheidenden Periode.

Stehen die Cuvées fest, werden die Grundweine stabilisiert, geklärt und gefiltert, und zwar gemäß Techniken, wie sie auch für andere stille Weine Anwendung finden. Darum brauchen wir an dieser Stelle nicht näher darauf einzugehen.

Danach ist der Wein bereit für die Abfüllung auf die Flasche, die nicht vor dem ersten Januar nach der Ernte geschehen darf. Jeder Flasche wird eine wohl abgestimmte Dosis eines so genannten *liqueur de tirage* beigegeben, der aus in etwas Wein aufgelöstem Rohr- oder Rübenzucker und etwas spezieller Hefe besteht. Dann wird sie hermetisch verkapselt und in den rund 10 Grad kühlen Keller versenkt. Die Hefen (einige Milliarden pro Flasche) beginnen rasch ihre Arbeit und vermehren sich erst noch dabei: Zwei bis drei Generationen arbeiten am geheimnisvollen Werk mit, das erst endet, wenn aller beigefügte Zucker zu Alkohol geworden ist. Als Abfallprodukte entstehen dabei die ominöse Kohlensäure, die erst den Champagner schäumen macht, und das Depot, das so schwer aus der Flasche zu kriegen ist. Der Druck in der Flasche steigt dabei bis auf sechs Atmosphären an. Rund zwei Monate dauert diese *prise de mousse* genannte, alles entscheidende Phase. Je nach Hefe, je nach der Qualität der Grundweine fällt die Mousse unterschiedlich aus: je feiner und anhaltender die Mousse, desto besser in der Regel der Wein, auch wenn heute die meisten Champagner über qualitativ einwandfreien „Schaum" verfügen. Nach abgeschlossener *prise de mousse* bleibt die Flasche *sur lattes*, also in horizontaler Lage und auf Holzlatten zu eckigen Bergen gestapelt, noch einige Zeit im Keller: 15 Monate mindestens für einen einfachen Champagner und mindestens drei Jahre im Falle eines Champagners mit Jahrgang. Während dieser Zeit erfolgt die obligatorische Verkostung jeder Cuvée durch die Experten der staatlichen Weinbaubehörde, die erst jetzt entscheiden, ob der Wein das Label der AOC, der kontrollierten Herkunft, erhalten darf. Ist dies nicht der Fall, muss die ganze Cuvée deklassiert, also zu Essig verarbeitet oder destilliert werden – was glücklicherweise nur noch selten vorkommt, schließlich wachen bestens ausgebildete Fachleute über den ganzen Prozess und die würden die Alarmglocke schon früher läuten, drohte die Deklassierung am Ende eines immerhin sehr arbeits- und kostenintensiven Prozesses. Das Hefedepot, wie es bei der zweiten Gärung in der

Flasche entsteht, machte den Fabrikanten lange Probleme – bis man das Rüttelpult erfand. Ursprünglich ein flacher Tisch, bildet es heute eine Art Pyramide aus zwei schräg gegeneinander geneigten, stabilen und breiten Holzladen mit einer Reihe ausgeklügelter Bohrungen, in denen die Champagnerflaschen gemächlich von der waagrechten in eine schiefe Lage gebracht werden, den Flaschenhals nach unten. Jeden Tag stellt sich der Remueur, der Rüttler vor das Pult, verpasst jeder Flasche eine energische, aber wohldosierte leichte Drehung und richtet sie dabei ein kleines bisschen weiter auf – ein erfahrener Remueur rüttelt etwa 40 000 Flaschen pro Tag. Tag für Tag rutscht so das Hefedepot etwas weiter Richtung Flaschenhals, um schließlich, wenn die Operation beendet ist, die knapp sechs Wochen gedauert hat, ganz unter der Kapsel zu liegen.

Die fröhliche Rüttelei (man fragt sich immer wieder, wie es möglich ist, dass die altgedienten Kellerarbeiter keine Krampf bekommen bei ihrer monotonen Arbeit, die sich auch noch in der unterkühlten Atmosphäre und im schummrigen Licht der Kreidekeller abspielt) führt man dem Besucher in den großen Häusern wie in den Kleinbetrieben nur allzu gerne vor. Die Wahrheit hingegen lauert hinter verschlossenen Türen: Da kauern stählerne Kolosse, so genannte Giropaletten, die viel schneller und noch genauer schaffen, womit sich andere ihr ganzes Leben abmühen, und man weiß gar nicht so recht, soll man bedauern, dass mit den Rüttlern ein Stück Romantik mehr aus den Kellern der Champagne verschwindet, und dazu ein Handwerk, das immerhin einige Arbeitsplätze schafft, oder sich darüber freuen, dass nun computergesteuerte Roboter, die mit einer Bewegung gleich eine ganze Palette Flaschen millimeterweise drehen, an Stelle des Menschen geduldig leiden. Auf die Qualität des fertigen Weins hat die mechanische Rüttelei jedenfalls kaum einen Einfluss.

Natürlich sucht man in der Champagne seit Jahren intensiv nach anderen Lösungen, die es erlauben würden, auf die aufwendige Rüttelei zu verzichten. Eine solche könnte darin bestehen, die Hefe in Kügelchen aus einer ausgeklügelten Materie einzuschließen, die gerade so durchlässig ist, dass sie den Hefen die Arbeit erlaubt. Das Depot bleibt eingeschlossen und könnte so buchstäblich im Handumdrehen aus der Flasche entfernt werden. Der Prozess scheint zu funktionieren und wird wohl hie und da und nicht nur zu experimentellen Zwecken bereits angewendet. Spätestens wenn der Beweis erbracht ist, dass ein Champagner so nicht schlechter wird, dürfte er zumindest für die Basischampagner die Regel werden.

Doch vorläufig wird noch gerüttelt, ob von Hand oder maschinell. Danach wird eine Flasche sofort degorgiert und zum Aussand fertig gemacht oder sur pointe, also auf der Spitze, das heißt, mit dem Hals nach unten in Palettenkästen versorgt. Sur pointe gelagerte Weine halten, wenn es sein muss, einige Jahrzehnte. Meist aber werden sie vorher ausgeliefert. Dazu holt man sie aus ihrem Lagerbehälter und taucht vorsichtig, um das Hefedepot unter der Kapsel nicht aufzuwirbeln, ihren Hals in eine Kühlflüssigkeit. Die obersten vier Zentimeter Wein und mit ihnen das Hefedepot erstarren fast augenblicklich zu Eis, die Flasche wird entkapselt, der Pfropfen fliegt mit lautem Knall heraus und der Champagner ist nun schon fast trinkbereit, jedenfalls aber von seinem störenden Depot befreit. Bevor er endgültig verkorkt wird, füllt man die Flasche wieder ganz auf, und zwar mit dem so genannten *liqueur d'expedition*, bestehend aus etwas reifem Wein und flüssigem Zucker. Die ganze Operation des Degorgierens bis hin zur Dosage geschieht heute fast durchweg mechanisch: Nur Kleinbetriebe degorgieren noch von Hand.

Das „Dosieren" des Champagners, also das Süßen mit etwas Zucker (erinnern wir uns: Die erste Beigabe von kleinen Mengen Zucker dient dem Erhöhen des Alkoholgehaltes, die zweite zur Kohlensäureproduktion in der Flasche, diese Zucker werden vollständig in Alkohol umgewandelt), ist eine alte Praktik – wir haben ihr ein früheres Kapitel gewidmet. Tatsache ist, dass auf Grund der Konstitution des Champagners Dosagen unter zehn Gramm pro Liter kaum als süß empfunden werden, sondern im Gegenteil für einen Eindruck größerer Harmonie und Bekömmlichkeit sorgen. Doch es kommt stark auf die Konstitution eines Weines an. Die gleiche Dosierung kann in einem Wein störend wirken, im anderen aber genau richtig. Der Eindruck der Klebrigkeit kommt auf bei Weinen neutraler, einfacher Art, die verhältnismäßig hoch dosiert werden. Natürlich ist die Dosage auch ein gutes Mittel zum Überdecken kleiner Fehler. Sagen wir es einfach so: Ein als *brut*, das heißt trocken bezeichneter Champagner sollte nie süßlich schmecken, aber auch nicht säuerlich und spitz. Der Champagner ist nicht unbedingt ein Naturprodukt, sondern im Gegenteil ein durch und durch raffiniertes, und zwar in mehrerer Hinsicht. Die Dosage ist einfach so etwas wie die Rosine auf dem Kuchen oder die Prise Salz im Tortenteig. Man sollte sie nur dann bemerken, wenn sie fehlt. Weine ohne Dosage – oder, um genauer zu sein, mit einer Dosage von null bis sechs Gramm Zucker pro Liter – werden als *extra brut* bezeichnet, Weine, die weniger als drei Gramm Dosage aufweisen, dürfen sich auch mit den Attributen *brut nature, non dosé* oder *dosage zéro* schmücken. Solche Weine können ausgezeichnet schmecken, wenn man sie genügend lange reifen lässt. Den meisten Champagnerkonsumenten sind sie aber zu aggressiv.

Leider weigern sich immer noch die meisten Häuser, das Degorgierdatum auf das Etikett zu drucken. Damit hätte der Weinfreund einen klaren Hinweis darauf, wann genau eine Flasche die Kellerei verlassen und wie lange sie unter Umständen im Schaufenster des Warenhauses verbracht hat. Denn degorgiert wird eine Flasche immer erst kurz vor ihrer Auslieferung, und weil sie dann überhaupt erst verkorkt wird, beginnt auch dann erst der eigentliche Alterungsprozess. Das Degorgierdatum käme damit einer kleinen Frischegarantie gleich. Offenbar (und sicher nicht ganz zu Unrecht) fürchten die Häuser und der Fachhandel die Umtriebe, die entstehen könnten, wenn Konsumenten das Abfülldatum falsch interpretieren und „abgelaufene" Flaschen in rauhen Mengen retournieren würden. Einige Häuser unternehmen dennoch Schritte in diese Richtung, Bruno Paillard etwa, während Charles Heidsieck zu einem annehmbaren Kompromiss gefunden hat: Er gibt das Jahr der *mise en cave* an, was einem Fabrikationsdatum gleichkommt. Vielleicht braucht es daher von Seiten von uns Konsumenten nur noch etwas Geduld, bis solche Praktiken zur Tagesordnung werden. Eins steht fest: Sollte einer der ganz Großen der Champagne, und sei es auch nur aus PR-Gründen, sich plötzlich zu einem ähnlichen Schritt entschließen, alle anderen müssten wohl oder übel folgen.

Dosagen und Geschmacksrichtungen des Champagners

Bezeichnung	Dosage Zuckergehalt pro Liter	Bemerkungen
Brut nature **Dosage zéro** **Non dosé**	0 bis 3 Gramm	Sehr trocken, herb, doch auch etwa spitz und eckig, vor allem bei jungen Weinen
Extra brut	0 bis 6 Gramm	Im besten Fall und bei reifen Weinen sehr ausgewogen, viel Rasse und Eleganz, im schlechtesten Fall herb und eckig
Brut	weniger als 15 Gramm	Im besten Fall ausgewogen, dezent, frisch, ohne direkt wahrnehmbare Süße
Extra dry	12 bis 20 Gramm	Historische, kaum mehr verwendete Bezeichnung aus einer Zeit, als die Champagner viel süßer waren
Sec	17 bis 35 Gramm	Leicht süßer Champagner, heute nur noch wenig verwendet. Schönstes Beispiel: Rich Reserve von Veuve Clicquot
Demi-sec	33 bis 50 Gramm	Süßer Champagner

Varianten von Brut bis Rosé: von der Vielfalt des Champagners

Wer behauptet, Champagner nicht zu mögen, ist wahrscheinlich einem Schwindler aufgesessen: dem Dutzendchampagner aus dem Supermarktregal. Denn Champagner gibt es in zahlreichen Spielarten, da ist für jeden Geschmack etwas dabei. Vom Brut ohne Jahrgang, weißem Champagner aus weißen Trauben und anderen Spezialitäten ...

„Allons boire le Champagne" sagen die Franzosen und machen mich damit fuchsteufelswild. „Lasst uns d e n Champagner trinken", als ob es nur einen Schaumwein gäbe: 300 Millionen Flaschen, die sich gleichen wie eineiige Zwillinge, wie eine Cola der anderen – eine Horrorvision. „Ein Glas Champagner" muss es heißen und soll damit die Neugierde wecken auf das, was uns der Gastgeber kredenzen wird. Einen Winzerchampagner? Eine große, weltbekannte Marke? Ein Monocru? Einen Jahrgangschampagner oder einen Blanc de Blancs, einzig aus weißen Trauben gekeltert? Champagner gibt es in vielen Spielarten, für alle Gelegenheiten und für jeden Geschmack, und wenn ich einmal herausgefunden habe, welche Art Champagner mein Gegenüber liebt, weiß ich meist ein wenig mehr über seinen Charakter.

Ein erster, grundlegender Unterschied besteht in der Herkunft des Weins. Stammt er aus den Kellern eines der großen Handelshäuser oder vom selbst kelternden Kleinwinzer? Der Unterschied ist nicht etwa qualitativer Art – die Weinmacher der besten Kleinbetriebe arbeiten nicht weniger professionell als die Kellerchefs der großen Marken und deren schwarze Schafe keltern genauso üble Tropfen wie die schlimmsten unter den Kleinen –, er hat vielmehr mit unterschiedlicher Arbeitsweise zu tun. Die Häuser können für ihre Assemblagen Grundweine aus der ganzen Champagne verwenden, Grundweine, die sie zusammengekauft haben, genauso wie solche aus eigenem Rebbesitz oder solche aus zugekauften Trauben. Aus all diesen

Komponenten erstellen sie sich ihre Mixtur, ganz ähnlich einem Organisten, der die Klangmixtur austüftelt, mit der er seine Orgel programmiert. Den Häusern fällt es so nicht schwer, Jahr für Jahr den gleichen Stil zu treffen, der so zu einer Art von Markenzeichen wird, was dem Kunden eine gewisse Stabilität garantiert, was allerdings – denn man kann nie alles haben – auch etwas auf Kosten der Eigenständigkeit oder der Originalität gehen kann.

Der Kleinwinzer hingegen, oder besser, der Récoltant-Manipulant, denn in der Gruppe finden sich zwar viele eigentliche Kleinbetriebe, aber auch ein paar Unternehmen von ganz beachtlicher Größe, darf ausschließlich Trauben aus eigener Produktion verwenden. Und weil er in den meisten Fällen nur wenige Hektar Reben besitzt, die aus praktischen Gründen wohl kaum über die ganze Champagne verteilt sein werden, sondern sich in der Nähe seiner Presse befinden, handelt es sich bei seinem Wein meist um ein eigentliches *monocru*, das heißt, um ein Gewächs aus einem einzigen, klar definierten Rebberg. Tatsächlich setzt sich allerdings auch die Cuvée eines Winzers aus mehreren (und manchmal mehreren Dutzend) Grundweinen zusammen. Er wird nämlich Parzellen in unterschiedlicher Ausrichtung, auf unterschiedlicher Höhenlage, auf nicht ganz identischen Terroirs besitzen, vielleicht auf dem Terroir des Nachbardorfes, und immer auch alle drei Traubensorten der Champagne anbauen. Dennoch ist die Bandbreite seiner Grundweine eindeutig beschränkter als die eines Handelshauses. Ähnliches gilt verständlicherweise auch für die meisten Genossenschaftskellereien, die zum bevorzugten Lieferanten eines ganz bestimmten Weintyps werden: Die Kooperative Mailly Grand Cru beispielsweise von Grundweinen aus Pinot Noir, die von einer der besten Lagen der Montagne de Reims stammen. Aus dieser Not hat sie nun allerdings eine Tugend gemacht. Ein Bordeaux-Château oder ein Burgunder Climat besteht schließlich auch nicht aus Trauben unterschiedlichster Herkunft, ganz im Gegenteil. Der Récoltant-Manipulant der Champagne liefert also einen eigentlichen Terroir-Wein, den unverfälschten, getreuen Abdruck der Möglichkeiten seiner Reblage. Ein großer Winzerchampagner besitzt daher nicht selten mehr Persönlichkeit, mehr Eigengeschmack als die Champagner der großen Häuser, was dazu führt, dass man ihn nur heiß lieben oder abgrundtief hassen kann. Und das bedeutet, dass ein Konsument unter Umständen sein Leben lang sucht, bis er seinen Lieblingswinzer findet, und dabei große Enttäuschungen, aber – sofern er fündig wird – auch größte Befriedigung erfahren kann. Das sind Eindrücke, die ihm mit vielen Markenchampagnern erspart bleiben, leider sowohl was Höhen als auch was Tiefen anbelangt.

So genannte Monocrus, Weine aus genau bezeichneten Lagen, bieten auch einige Handelshäuser an. Für diese gilt die gleiche Regel: Entweder man liebt sie innig, oder man verzichtet nach einem ersten Schluck auf immer darauf. Philipponnats Clos des Goisses ist ein solcher – er stammt von einer herrlichen Pinot-Noir-Lage in Mareuil-sur-Aÿ und wird zu 100 Prozent aus dieser Traubensorte gekeltert: ein unerhört fruchtiger, knackiger Champagner und immer noch eine der Ausnahmecuvées der Champagne, auch wenn er seit einigen Jahren qualitativ eher stagniert, was weniger mit der Qualität der Lage zu tun hat als vielmehr mit Strukturproblemen des

Hauses und dem Handwechsel der Marke. Les Vieilles Vignes Françaises von Bollinger ist ein anderes Beispiel eines außerordentlichen Lagenweins, leider in einer solchen Kleinauflage produziert, dass nur wenige Genießer überhaupt in den Genuss einer Flasche kommen können. Bekanntester Monocru der Champagne ist aber wohl der herrliche Clos du Mesnil von Krug, ganz aus Chardonnay einer der hervorragendsten Lagen der Côte des Blancs gekeltert, ein großartiger Wein und so ziemlich die Krönung dessen, was man sich an Rasse, Länge, Frische, Finesse und Eleganz in einem Wein nur wünschen kann. Doch der Lagenwein ist und wird die Ausnahme bleiben in der Champagne und den Récoltants und einigen wenigen Marken vorbehalten.

Daneben keltern die meisten Produzenten – ob Händler, Genossenschaft oder Winzer – mehrere andere Typen von Wein.

Die gebräuchlichsten Bezeichnungen sind:

– **BSA** oder *brut sans année*: ein trocken, also mit weniger als 15 Gramm Zucker pro Liter dosierter Champagner ohne nähere Jahrgangsbezeichnung. Das bedeutet, dass er zu großen Teilen aus dem jüngsten verfügbaren Jahrgang besteht, ergänzt aus Grundweinen älterer Jahre, den *vins de réserve*. Weil ein BSA nach abgeschlossener zweiter Gärung mindestens 15 Monate im Keller reifen muss, wird er meist im Alter von zwei bis drei Jahren ausgeliefert.

– **Champagne millésimé** oder **Jahrgangschampagner**: Es handelt sich um einen Champagner, der ausschließlich aus Grundweinen des auf dem Etikett angegebenen Jahrgangs stammt und nach der zweiten Gärung mindestens drei Jahre im Keller reifen muss, dann erst darf er ausgeliefert werden.

– **Blanc de Blancs**: der „Weiße aus Weißen" wird ausschließlich aus den (weißen) Beeren der Sorte Chardonnay produziert. Einen Jahrgang darf er nur tragen, wenn die Trauben ausschließlich aus dem angegebenen Jahr stammen.

– **Blanc de Noirs**: ein Champagner, der ausschließlich aus blauen Trauben, also Pinot Noir oder Meunier oder einer Mischung der beiden gekeltert wurde. Er kann wie der Blanc de Blancs als BSA abgefüllt werden oder als Jahrgangschampagner.

– **Champagne rosé**: Rosé Champagner. Eine etwas umstrittene Spezialität, die aus weißen Grundweinen besteht, denen vor der Champagnisierung etwas Rotwein aus Pinot Noir zugegeben wird.

– **Cuvée spéciale** oder **Cuvée prestige**: eine Bezeichnung, die nicht eigentlich gesetzlich kontrolliert ist. Wird normalerweise für die beste Cuvée eines Hauses verwendet. Kann für jeden der vorher aufgeführten Weintypen dienen.

Der BSA ist meist (aber nicht immer) die einfachste Kategorie des Champagners, ein möglichst ausgewogener, eher neutraler, frischer und bekömmlicher Schäumer für alle Gelegenheiten. Viele Häuser (und einige Winzer) produzieren mehrere BSA's unterschiedlichen Stils. Einer der besten Weine der Champagne (und der Welt überhaupt) ist ein BSA: die Grande Cuvée von Krug, aus rund 50 Grundweinen verschiedener Herkunft komponiert, ein vollmundiger, rassiger und doch extrem liebenswerter, eleganter Tropfen, den ich der (viel umschwärmteren) Jahrgangscuvée des gleichen Hauses vorziehe.

Jahrgangscuvées werden theoretisch nur in guten Jahren abgefüllt – seit 1988 wurden aber praktisch jedes Jahr welche gekeltert, sogar 1992 und 1994. Das mag daher rühren, dass Weinkenner im Jahrgang auf dem Etikett mehr und mehr eine Art Abfüllgarantie sehen, eine Zahl, die ihnen eine Handhabe gibt, denn genau dies fehlt ja dem BSA, und ihn daher letzterem vorziehen. Jahrgänger sind meist teurer als die Basiscuvée und die meisten Spitzencuvées kommen mit Jahrgangsbezeichnung auf den Markt. Sie gelten als Weine für Kenner und verdienen effektiv besonderen Umgang. Denn ein guter Millésimé reflektiert exakt das Klima seines Jahrgangs, und das heißt nichts anderes, als dass sein Charakter von Jahr zu Jahr variiert: Mal ist er füllig und feurig wie 1990, mal herb und eckig wie 1988, mal rassig und elegant wie 1993. In seiner Jugend verkostet (die er obligatorisch im Keller des Produzenten verbringt), wirkt ein Jahrgangchampagner meist verschlossener, monolythischer, weniger vielschichtig als ein *brut sans année*, mit der Reife zeigt er sich jedoch weit komplexer. Ein Millésimé wird zwar meist zu Beginn seiner Trinkreife ausgeliefert, etwas zusätzliche Kellerreife (ein bis drei Jahre) schadet ihm aber nichts. Ganz im Gegenteil: Ein guter Jahrgangs-Champagner verträgt auch fünf, zehn – im besten Fall gar zwanzig – Jahre der Kellerruhe. Das Risiko von verdorbenen Flaschen ist allerdings beim Champagner höher als etwa bei Rot- oder Weißweinen. Weil nicht jedermann die besondere Aromatik eines ausgereiften Champagners liebt und die gleichsam geläuterte, weiche Textur im Mund, überzeuge man sich erst davon, dass man solche Weine überhaupt schätzt, bevor man davon ein paar Dutzend Flaschen im Keller verlocht.

Viele Häuser vertreiben Champagner früherer Jahre (etwa von 1979, 1982 oder 1985) in kleinen Mengen. Die Investition in eine solche Testflasche lohnt sich allemal.

Der Blanc de Blancs kommt immer mehr in Mode. Weine aus Chardonnay geraten betont elegant, besitzen Aromen, die allen gefallen (Blumen, Äpfel oder exotische Früchte), und sie reifen erst noch ausgezeichnet. Sie eignen sich vorzüglich zum Aperitif und schmecken auch zu Lachs oder Hummer wunderbar. Einige Spitzencuvées sind fast ganz aus Chardonnay gekeltert: Die Cuvée Dom Ruinart von Ruinart, der Blanc des Millénaires von Charles Heidsieck, Fleur de Champagne von Duval Leroy, Demoiselle von Vranken oder Comte de Champagne von Taittinger, um nur einige Beispiele zu nennen. Sie alle kommen mit Jahrgang auf den Markt. Einen hervorragenden Blanc de Blancs mit Jahrgang keltern ferner Deutz und Pol Roger. Solche Weine sind nun allerdings von besonderer Komplexität und Rasse. Viele Blanc de Blancs hingegen sind nicht mehr als frische, fröhliche Aperitifweine, eine schäumende Konzession an den gehobenen Dutzendgeschmack. Man lässt sich von ihnen betören wie von einem unbeschwerten Ferienflirt, einer fröhlichen Liebelei, die sich nach ein paar vergnüglichen Tagen als Strohfeuer erweist.

Die Blanc de Noirs sind so selten, dass man ihnen kaum viele Worte widmen muss. Immerhin: Der Blanc de Noirs von Mailly Grand Cru, ein idealer Picknickwein, oder die Cuvée Wintertime, die der Riese Pommery zur Jahrtausendwende auf den Markt gebracht hat, könnten das Interesse an solchen Spezialitäten stärker entfachen. Es handelt sich um betont beerige und saftige Tropfen, die so verführerisch nach roten Beeren schmecken wie Großmutters unnachahmliche Vierfruchtkonfitüre.

Die Champagne rosés sind ein Thema für sich. Einerseits erwecken sie den Verdacht, die Champenois wollten damit auf besonders vertrackte Art und Weise beweisen, dass ihre Schäumer doch etwas mit Wein zu tun haben. Dank der Beigabe von Rotwein haben solche Rosés mehr Biss – was sie, so Spezialisten, zum Begleiter einer Mahlzeit prädestiniert. Rosés aus Rotweinen, die nur kurz an der Maische liegen und anschließend champagnisiert werden (ein aus verschiedenen Gründen etwas komplizierteres Verfahren), gibt es nur wenige in der Champagne. Ausnahmen sind der Récoltant-Manipulant Alain Soutiran aus Ambonnay, ein eigentlicher Künstler des Pinot Noir und einer der besten Assembleure der Champagne, der seit längerem an einer Cuvée aus champagnisiertem Rosé herumexperimentiert – oder die oben erwähnte Genossenschaft Mailly Grand Cru. Wie dem auch sei: Ich gestehe, ich kenne eine ganze Menge besonders „weinige" Champagner, die keine Beigabe von Rotwein nötig haben – Bollinger oder Gosset produzieren solche und eine ganze Anzahl kleiner Winzer aus der Montagne de Reims. Unter den vielen Champagne rosés, die ich bisher verkostet habe, sind mir eigentlich nur gerade drei wirklich aufgefallen: 1. der Rosé von Krug, ein völlig verrückter, anarchistischer, einmaliger Tropfen, eine Art sprudelnder Hermaphrodit, die Quintessenz aller überhaupt möglichen Weintypen mit der Lebendigkeit eines Weißen, dem vollen Körper eines Roten und den verführerischen Aromen eines Sauternes, 2. der Rosé von Billecart-Salmon: elegant, raffiniert, vollmundig und 3. der Rosé des kleinen Produzenten Lassalle (Produzentin müsste es eigentlich heißen, hält hier doch eine Frau das Zepter fest in der Hand) in Chigny-les-Roses in der Montagne de Reims: betont fruchtig, kräftig und saftig.

Ein Wort noch zu den Spitzencuvées (Cuvée spéciale und Cuvée de prestige) der Champagne, wie sie fast alle Häuser anbieten und die meisten kleinen Produzenten auch. Dass bei 300 Millionen Flaschen Produktion nicht alles immer Gold ist, was Champagne heißt, versteht sich von selbst. Das durchschnittliche Qualitätsniveau ist jedoch sehr hoch und dem anderer Schaumweingebiete immer noch überlegen – der Vorsprung beträgt mindestens ein paar Nasenlängen. Wo sich die Champagne aber am klarsten von ihren Konkurrenten abhebt, ist im Bereich der Spitzencuvées. Hier zeigen die Champagnermacher ihr ganzes Können. Wenn ich darum jedem Weinfreund rate, der am Champagner einen Narren gefressen hat, lieber etwas weniger Champagner zu trinken, dafür aber Schäumer aus dieser Klasse, hat das nichts mit Snobismus zu tun. Denn das Preis-Freude Verhältnis stimmt auch bei den kostspieligsten Marken und da sogar ganz besonders. Ein Spitzenchampagner kostet vielleicht doppelt so viel wie ein Basiswein (also um die 60 bis 80 Mark – selten mehr und folglich etwa so viel wie ein Billet für die Oper), macht aber mindestens zehnmal mehr Vergnügen!

Einkaufen, lagern, servieren, genießen: der Umgang mit dem Champagner

Wer wird denn Angst haben vor dem Umgang mit Champagner? Es genügt, ein paar rasch formulierte Regeln zu beachten, und der Genuss ist garantiert. Über den Einkauf des Champagners, die richtige Lagerung und die Wahl des geeigneten Glases …

Die Kehle ist ausgedörrt, die Zunge liegt bleiern im Gaumen, die Zeichen stehen auf Durst – kein Wunder nach den Wortorgien der letzten Seiten. *Nunc est bibendum*, jetzt soll getrunken werden. Natürlich ein kühler, erfrischender, federleichter Champagner, im stilvollen Glas serviert. Doch woher nehmen wenn nicht stehlen, wie meine Großmutter zu sagen pflegte? Am nahe liegendsten für den Champagnereinkauf: der nächste Großverteiler oder der Tante-Emma-Laden gleich um die Ecke. Nichts gegen Supermarktketten noch Kleingewerbe. Doch den richtigen Umgang mit Champagner von der Auswahl bis hin zur Lagerung pflegen die wenigsten. Der Champagner hat einen bösen Feind: das Licht. Ob von der Sonne oder von der Neonröhre, spielt dabei gar keine Rolle. Er mag Licht ganz einfach nicht leiden, der Sprudler, der aus der Hölle kommt. Da helfen auch die getönten Flaschen nichts, die man ihm gewöhnlich verpasst, welche die allzu aggressiven Lichtwellen ausfiltern sollen. Schließlich erblickt er quasi in kilometerlangen Kreidefelskellern das Licht der Welt, und das leuchtet nur, wenn ein Mensch diesen unterirdischen Gebärsaal betritt und ist auch dann besonders mild und angenehm düster. Der Wechsel von da ins moderne Ladenlokal kommt einem Kulturschock gleich, nicht nur was das Licht, sondern auch was die Qualität der Atmosphäre anbelangt.

Nein, dann schon lieber im Fachhandel einkaufen, am besten bei einem Vertrauenshändler, der sich auskennt mit Champagner und die Weine möglichst direkt bezieht, ein Händler, der eine Garantie dafür abgibt, dass der Champagner ohne Umweg aus dem Ursprungskeller ins klimatisierte und abgedunkelte Lokal gelangt und nicht heiße Tage lang auf Abstellgleisen schmort oder in ungekühlten Lagerhallen schmachtet. Denn nichts ist toter als totgelagerter Champagner! Nicht einmal die Länge der Kellerhaltung ist dabei entscheidend, sondern deren Qualität. Darum noch einmal: Lassen Sie sich bei jeder Flasche Champagner, die Sie irgendwo erstehen, vom Verkäufer beim Andenken an seine Mutter schwören, dass der Wein unter Lichtabschluss in einem nicht zu trockenen Keller gelagert wurde und nie heftigen Temperaturschwankungen ausgesetzt war. Als Beweisstück kann der Korken gelten: einmal aus der Flasche geknallt, soll er rasch die Form einnehmen, die er ursprünglich hatte, also einen Knauf über einem Kegel bilden. Doch wir greifen vor.

Eine andere gute Möglichkeit, sich seinen Lieblingschampagner zu besorgen, ist der Direkteinkauf beim selbst kelternden Winzer. Wählen Sie sorgfältig aus, wen Sie besuchen – die einschlägigen Guides geben Ihnen Tips dafür, darunter auch dieses Buch. Rufen Sie vor dem Besuch an, probieren Sie, diskutieren Sie, kaufen Sie ein paar Flaschen und wenn Sie zufrieden sind, aber nicht jedes Jahr ihre ganzen Ferien damit zubringen wollen, in der Champagne herumzustrolchen, ordern Sie anschließend per Post.

Nehmen wir an, Sie haben ihn ausgemacht, Ihren Winzer oder, noch besser, Ihren Vertrauenshändler. Er führt eine breite Palette von Champagnern, er berät Sie optimal und versucht nie, Ihnen irgendwelche Restposten aufzuschwatzen, die er sich zum halben Preis unter den Nagel gerissen hat. Wie viel Champagner kaufen Sie nun ein aufs Mal? Das kommt allerdings auf ihre Konsumgewohnheiten an und nicht zuletzt auf Ihre Lagermöglichkeiten. Drei Flaschen genügen unter Umständen: Sie machen den Gang zum Händler jeden Monat neu, um die optimale Lagerung kümmert er sich und nicht Sie. Einmal zuhause, lassen Sie die Flasche mindestens 24 Stunden ruhen, bevor Sie sich am Inhalt gütlich tun. Wenn Sie regelmäßig Champagner trinken, werden Sie vermutlich eine 12er Kiste mit nach Hause tragen, unter Umständen zusammengestellt aus mehreren Sorten Wein.

Falls Sie einen speziellen Weinkeller besitzen, macht die Lagerung keine besonderen Schwierigkeiten. Die Flaschen kommen liegend ins Regal. Wenn Ihr Keller also die optimale Luftfeuchtigkeit (mindestens 70, besser noch 80 Prozent) aufweist, nicht unter einer viel befahrenen Straße liegt, welche die Flaschen zittern lässt wie Espenlaub, wenn er kein Licht einlässt und sich die Temperaturschwankungen im Rahmen halten, das heißt, im Rhythmus der Jahreszeiten und gemächlich geschehen, kann Champagner so unbeschadet einige Monate und länger lagern. Ich lasse große Jahrgangschampagner regelmäßig bis zu drei Jahre und länger im Keller. Natürlich habe ich hie und da einen Ausfall zu beklagen, doch das kommt schließlich auch bei stillen Weinen vor.

Ob sich Champagner durch das Lagern verbessert, ist umstritten. Sagen wir es einfach so: Normalerweise verlässt ein großer Champagner das Lager des Produzenten auf dem Weg zu seiner optimalen Trinkreife. Wenn er beim Weinfreund eintrifft, ist er daher voll trinkbereit. Lässt man ihn einige Zeit liegen, wird er etwas von seiner Verve, seiner Frische verlieren, etwas Kohlensäure auch, sich dafür abrunden und Reifearomen entwickeln, die man mit maderisiert umschreiben kann: Butter, Nüsse, Tierfell, Leder, Zeder etc. Die einen mögen das, andere nicht, daher die Diskussion über die Zweckmäßigkeit des Lagerns.

Wenn Sie Champagner nicht noch länger lagern können, hat dies übrigens in erster Linie mit der Qualität des Korkens zu tun. Dieser besteht heute seiner besonderen Form wegen aus Korkagglomerat. In Kontakt mit dem Wein sind zwei Ringe aus massivem Kork. Der Korken eines frisch verpfropften Champagners, wir haben es bereits weiter oben angesprochen, hat die Form einer Kugel über einem Kegel, er gleicht einem Zuchtchampignon. Je länger ein Kork in der Flasche ruht, desto stärker wird er mit Wein durchtränkt. Dringt dieser bis zum Agglo-Kork vor, wird die Sache kritisch: Der Verschluss ist nicht mehr optimal hermetisch. Ein alter Champagnerkorken gleicht einem Pilz mit geradem Fuß, der Druck des Korkens gegen die Flaschenwand nimmt ab, der Sauerstoff kann passieren. Würden mehr Leute ihren Champagner länger lagern, die Korken wären vielleicht von besserer Qualität und womöglich aus massivem Kork geschnitten, so wie sie das früher auch waren. Aus Kostengründen (und wegen der zunehmenden Rarheit des Rohstoffs, also des erstklassigen Flaschenkorks) produziert jedoch niemand mehr solche Zapfen. Und das ist unendlich schade.

Wer keinen geeigneten Keller besitzt und dennoch Vorrat halten will, lasse die Flaschen unbedingt liegend im Originalkarton und bewahre diesen in der kühlsten, dunkelsten Ecke seines Hauses auf. Unter der Bedingung, dass es sich wirklich um frisch an den Händler gelieferte Weine gehandelt hat, lagern diese maximal 6 Monate ohne spürbare Qualitätseinbuße.

Ein guter Keller ist im Winter 8 bis 12 Grad kühl, im Sommer steigt die Temperatur nicht über 18 Grad. Zumindest in der warmen Jahreszeit müssen Sie ihren Champagner kühlen, und zwar auf 6 bis 8 Grad, denn die optimale Trinktemperatur eines Champagners liegt bei etwa 8 bis maximal 10 Grad. Einfache Weine wird man leicht kühler trinken als große: Die Aromen eines gereiften Champagners kommen vermutlich etwa bei 12 Grad am besten zur Geltung, doch im Gaumen beginnt der Wein bereits etwas zu verblassen. Eiskalter Champagner schmeckt zwar nach gar nichts, dennoch ist es besser, einen Champagner zu sehr zu kühlen als zu wenig. Etwas Geduld, und er ist optimal, während der warm servierte Wein nur noch wärmer und schaler wird …

Einen Champagner kann man sehr stilvoll im Eiskübel servieren. Zwei Tassen voll Eiswürfel und zwei Handbreit kühles Wasser, so etwa lautet die Regel. In dieser Mischung sinkt eine Flasche Champagner aus dem Keller rasch auf die richtige Trinktemperatur, das Zwischenlager im Kühlschrank erübrigt sich. Eine weiße Serviette, kunstvoll gefaltet und über den Flaschenhals drapiert, verhindert, dass man den Gast mit Kondenswasser vollkleckert, denn der Umgang mit einem Eiskübel will gelernt sein. Ich gestehe, ich verwende ihn nur mehr bei besonderen Gelegenheiten, eigentlich nur dann, wenn ich bei Kerzenlicht und mit Champagner diniere. Dabei schwöre ich mir jedesmal, dass ich künftig einen Mundschenk einstelle, einen „boy", wie ihn Prinz Eduard VII. beschäftigte (siehe Kapitel über den Geschmack des Champagners im ersten Teil des Buches), dessen einzige Aufgabe es ist, meine Gäste mit genau richtig gekühltem Champagner, genau richtig eingeschenkt, zu verwöhnen.

Zum Umtrunk im Freien mit ein paar guten Freunden aber kommt die Flasche in einem speziellen, modernen Kühler auf den Tisch, der groß genug ist, auch der bauchigsten Flasche Platz zu bieten, und mit Elementen versehen, die in der Tiefkühltruhe Kälte tankten, oder in einem Mantel aus Rapid Ice. Dabei handelt es sich um eine tolle Erfindung: eine Hülle, mit einer Kühlflüssigkeit gefüllt und im Tiefkühler gelagert, die man einfach über die Flasche stülpt (diese muss vorher nicht einmal in den Kühlschrank), und in 20 bis 30 Minuten ist sie auf der genau richtigen Temperatur. Diese nicht sehr ästhetische, aber außerordentlich praktische Lösung hat nur einen Nachteil: Die bauchigen Flaschen einiger Spitzencuvées finden nicht Platz darin.

Eine Flasche Champagner, zum Aperitif gereicht, darf auch einfach so auf den Tisch kommen. Sie lagert ein paar Stunden im Kühlschrank, man schenkt eine Runde ein, und wenn Sie den Champagner gut ausgewählt haben, ist die Flasche leer, bevor Sie zweimal Papp sagen können, und Ihre Kühlprobleme sind dahingeschmolzen wie Frühlingsschnee.

Apropos Kühlschrank: Eine Flasche Champagner sollte nie länger als ein paar Stunden im Kühlschrank verbringen – außer sie haben einen, in dem nur Getränke lagern. Im Kühlschrank nimmt eine Flasche unweigerlich all die Gerüche der Nahrungsmittel auf, die darin lagern. Lassen Sie sich dabei nicht täuschen. Auch wenn Ihr Kühlschrank nicht wahrnehmbar riecht, ist er voller Geruchsmoleküle, die sich gleichsam an der Flasche festkrallen. Kaum ist diese wieder draußen, werden die

Moleküle freigesetzt und drehen uns eine lange Nase, und wir sitzen schaudernd vor einer Champagnerflasche, die nach Lauch, saurem Hering und ranziger Butter riecht. Also: keinen Notvorrat an Champagner im Kühlschrank. Sollte ein Überraschungsgast auftauchen, dem sie nun wirklich nichts anderes als Champagner kredenzen können, so nehmen Sie eine Flasche aus ihrer Verpackung und geben sie für 10 Minuten in die Tiefkühltruhe. Vergessen Sie diese nur nicht darin, denn mehr als 30 Minuten übersteht eine Flasche Champagner nicht lebend in der künstlichen, arktischen Kälte! Eine solche Behandlung ist zwar brutal und daher wirklich nur Notfällen vorbehalten, tut der Qualität des Weines aber (im Gegensatz zu dem, was allgemein behauptet wird) garantiert weniger Abbruch als tage- oder gar wochenlange Einzelhaft im gut gefüllten Kühlschrank.

Die Gäste sind da, der Champagner gekühlt, sie lassen die Korken knallen. Knallen darf er schon, der Korken, aber nicht fliegen. Wenn eine Unsitte an den Pranger gehört im Umgang mit Champagner, ist es diese. Ein Korken, der durch die Luft braust wie eine außer Kontrolle geratene Sojuskapsel, Champagner, der aus der Flasche zischt wie ein wild gewordener Geysir, entspricht einfach nicht der feinen Art. Champagner öffnet man weder mit dem Säbel noch mit dem Vorschlaghammer, sondern mit Fingerspitzengefühl. Zuerst entfernt man das Stanniolpapier, das den Korken verhüllt – ich tue dies bereits, wenn ich die Flasche zum Kühlen stelle, und nie vor den Gästen. Deren erwartungsvoller Blick macht mich nervös, die Lasche, vom Produzenten wohlwollend in die knisternde Haut gestanzt, hält dem Ansturm meiner Finger ohnehin nie stand, sie bricht ab, ich muss ein Messer zu Hilfe nehmen und das Bild, wie ich verzweifelt an einem Flaschenkopf herumsäble, mag ich nun weder meinen ärgsten Freunden bieten noch meinen besten Feinden – und umgekehrt. Aus dem Kühlschrank nimmt man den Wein sorgfältig, ohne ihn zu schütteln und erst Sekunden vor dem Öffnen, auch wenn man ihn anschließend in den Eiskübel gibt. Man rollt flink den Drahtverschluss auf, lockert ihn, gibt den Zeigefinger oder den Daumen über den Korken, dreht in ganz sanft und nur so lange, bis man einen leichten Druck verspürt. Der Korken flutscht heraus mit einem leisen, erstaunten „plopp", wird aber sogleich von der Hand unbarmherzig auf den Flaschenhals gedrückt. Man tupft mit dem Korken leicht auf den Hals, so zwei, drei Mal, um elegant die paar Tröpfchen Wein aufzusaugen, die trotz aller Vorsicht entweichen, und reinigt so bei gleicher Gelegenheit etwas den Glasrand. Man wartet einen kurzen

Moment, bis sich der Wein in seinem Gefängnis beruhigt hat, und schenkt erst jetzt ein. Warten Sie auch nur eine Minute zu lang mit dem Entkorken, bewegen Sie die Flasche nur etwas zu sehr, schäumt der Champagner unweigerlich über und auf den Teppich, und dafür ist er uns zu schade, der noble Wein! Die Gläser haben Sie dazu am besten auf einem Tablett versammelt (aber versteigen Sie sich nicht dazu, eine Pyramide zu bilden mit den Trinkgefäßen, das ist nun wirklich nur dem geschicktesten Maître d'hôtel vorbehalten). Das Tablett reichen Sie anschließend unter Ihren Gästen herum: Jeder nimmt sich selbst sein Glas.

Eine wichtige Frage haben Sie sich natürlich schon einige Zeit vor dem Service gestellt: welches Glas für den Champagner? Die Jahrhunderte der Champagnerkultur kannten diesbezüglich wechselnde Sitten, die Bandbreite reicht von der flachen Schale zum extrem spitz zulaufende Flötchen (französisch *flûte*) und artete in den unmöglichsten Formen aus, in allen möglichen Farben gehalten und mit den verrücktesten Verzierungen versehen. Erste und einzige Regel: Das Glas soll in der Form so schlicht wie irgend möglich sein und so klar geschliffen und sauber wie reinster Kristall. Der Rest ist eine Frage des Geschmacks, in mehrerer Hinsicht. Die flache Champagnerschale etwa ist aus der Mode gekommen. Zu Recht, hätte ich noch vor kurzem gesagt, denn die Aromen verflüchtigen sich darin so rasch wie die Perlage. Doch mittlerweile hat mir jemand einen herrlich raffinierten, abgeklärt und weise wirkenden Pol Roger „85 in besonderes eleganten, kostbaren, aus dem letzten Jahrhundert stammenden Schalen aus hauchdünnem Kristallglas gereicht und ich war überrascht, wie gut der Wein darin zur Geltung kam, auch wenn ich vorher das genaue Gegenteil behauptet hätte. Zwar waren die Aromen so flüchtig wie ein Jungmädchentraum und mehr zu erahnen denn zu erschnüffeln. Dafür setzten sich dank des relativ breit geschwungenen Glases die Duftmoleküle im Munde frei, und der geschmackliche Eindruck war der einer unglaublichen, gleichsam sahnigen Luftigkeit und einer sanften, weichen Würze, sehr lang anhaltend und ganz und gar betörend – was nur einmal mehr beweist, wie weit man mit vorgefassten Meinungen beim Champagner kommt.

Heute wird Champagner generell in der Flöte gereicht, im schmalen Kelch mit hohem Stiel. Das ist sicher das Glas, das die Farbe und die Perlage eines Champagners am besten zur Geltung bringt, das Glas, in dem sich der Champagner am langsamsten erwärmt. Dafür versucht der Weinfreund verzweifelt, seine Nase in den engen

Kelch zu zwängen, sogar dann, wenn sein Gesichtserker nicht die Größe von Cyrano de Bergeracs Riechkolben besitzt, Rostands legendärer Theaterfigur. Flöten stehen bei mir in mehreren Formen und Größen im Schrank. Für die ganz großen Champagner aber verwende ich ketzerisch ein ganz anderes Glas: die Tulpe, wie sie auch für große Bordeaux oder weiße Burgunder angezeigt ist. Zwar perlt der Champagner nicht so ordentlich wie im Kelch, auch erwärmt der Wein sich etwas schneller. Dafür kommt nur in diesem Glas die Aromatik des großen Champagners so richtig zur Geltung. Die gut ausbalancierte Öffnung bewirkt zudem, dass eine präzis ausbalancierte Mischung aus Mousse und Wein über die Lippen kommt. Zu verbannen sind allerdings Tulpengläser mit nach außen gewölbtem Rand: Dieser setzt viel zu viel Kohlensäure frei, mit dem Resultat, dass es im Mund nur noch schäumt und nicht mehr „weint".

Das Glas wird immer nur etwa zu einem Drittel gefüllt, wegen der Schaumbildung meist in zwei Schritten. Nie schenkt man Champagner nach, bevor das Glas des Gastes leer ist, man würde warmen und kühlen Wein vermischen. Stellt man fest, dass ein Gast längere Zeit sein Glas vernachlässigt hat, leert man dieses vielmehr diskret und füllt frischen Champagner nach. Champagnerquirle, mit denen verwöhnte Flittchen die Bläschen aus dem Glas vertreiben, verpönt der wahre Genießer. Solch unsinniger Jugendstilkitsch gehört von dieser Erde verbannt.

Alte Champagner kann man auch mal in der Karaffe reichen. Diese sollte nicht zu bauchig sein und genau eine Flasche fassen. Die Karaffe wird zusammen mit dem Champagner kühl gestellt, dieser erst im letzten Moment entkorkt, rasch verkostet und – außer, er sei verdorben – sehr vorsichtig, aber bestimmt umgeschüttet. Dazu lässt man den Wein dem Hals der Karaffe in einem nicht abbrechenden, zügigen Strom entlanggleiten: Der Schaum in der Karaffe fällt innerhalb drei, vier Sekunden zusammen, der Champagner ist nun zum Service bereit. So geht kaum Kohlensäure verloren und der Wein hat Gelegenheit, sich etwas zu öffnen. Versuchen Sie es: Sie werden verblüfft sein über den Unterschied zu einem aus der Flasche servierten Wein. Weil sich eine gefüllte Karaffe nur mehr schwer kühl stellen lässt, sollten Sie den Wein möglichst in einem Durchgang servieren. Darum noch einmal: Dieses Zeremoniell ist nur für große und gut erhaltene Weine zu empfehlen. Ich entschließe mich häufig erst im letzten Moment, also im Moment des Vorkostens, ob ich den Champagner wirklich karaffieren will. Apropos: Der erste Schluck Champagner einer Flasche gehört immer ins Glas des Hausherrn (oder der Gastgeberin). Zu Ihren Pflichten gehört es, jeden Wein rasch vorzukosten – und wenn es sein muss, durch einen anderen zu ersetzen –, bevor man ihn auf den Gast loslässt.

Was tun mit der angebrochenen Flasche? Die einen verschließen sie mit extra Verschlüssen, die anderen schnitzen wie wild am Korken herum, um ihn wieder in die Flasche zu murksen, und ärgern sich anschließend über die Korkkrümel im Wein, die dritten nehmen zum Volksglauben Zuflucht und hängen einen Kaffeelöffel in den Hals der Flasche. Wir haben sie getestet, die Methoden, und mit Verblüffung festgestellt, dass die eine fast so gut ist wie die andere. Sogar eine unverschlossene Flasche Champagner hält nämlich ein, zwei Tage im Kühlschrank (darum funktioniert der Trick mit dem Löffel sogar ohne den Löffel) – unter der Voraussetzung allerdings, dass man die Flasche nicht alle fünf Minuten durchschüttelt. Am besten verschließt man eine Flasche mit einem Pfropfen, wie er auch für Cognacflaschen Verwendung findet. So bereitet ein Schluck Champagner auch nach drei, vier Tagen noch Vergnügen. Diese Tatsache erlaubt uns folglich, auf allzu kleine Flaschenformate zu verzichten. So niedlich sie wirken mögen, ich rate dringend vom Kauf von halben (oder noch kleineren) Flaschen ab. Denn der Champagner ist nicht etwa in diesen entstanden, sondern in einer größerformatigen Flasche, deren Inhalt man in kleinere Flaschen umgeschüttet hat. Das Umfüllen aber ist ein heikler Prozess – zu heikel für große Weine. Dafür schmeckt Champagner aus der Magnum (1,5 Liter) noch einmal so gut. Eine Normalflasche genießt man zu zweit, sie reicht aber auch für vier bis sechs Personen. Eine Magnum entkorkt man für sechs Gäste und mehr, die jeder ein, zwei Gläser trinken – bleibt ein Rest, genehmigt man sich diesen am nächsten Tag. Noch größere Flaschen, die man meist extra bestellen muss, behält man sich hingegen für besondere Ereignisse vor.

Ein Wort noch zum eigentlichen Verkosten des Champagners, dem eigentlichen Trinkritual. Halten Sie das Glas am Fuß fest und nie am Kelch, aus ästhetischen wie aus praktischen Gründen. Heben Sie das Glas ans Licht und erfreuen Sie sich eine meditative Viertelminute lang an der Klarheit, dem Glanz des Weins, den Bläschen, die gen Himmel streben. Dann führen Sie das Glas vorsichtig Richtung Nase. Schnüffeln Sie zuerst sehr zurückhaltend – wenn Sie das Gas in der Nase kitzelt, entfernen Sie den Kelch wieder etwas und versuchen Sie es Sekunden später erneut. Achtung, die Duftmoleküle des Champagners sind sehr flüchtig! Der erste Eindruck ist (wie bei einem kräftigen Schluck Bier) fast immer der schönste. Diesen sollten Sie daher um nichts in der Welt verpassen. Erst jetzt wagen Sie einen ersten, nicht zu knappen Schluck. Kauen Sie ein wenig herum auf dem Wein, drücken Sie ihn mit der Zunge gegen den Gaumen. Dies lässt etwas das Gas entweichen, Sie schmecken nun erst richtig den Wein. Ist die Kohlensäure zu wendig und wild, schlucken Sie ruhig ein erstes Mal und feuchten Sie sich so etwas die Kehle an. Beim zweiten Schluck werden Sie etwas weiter gehen und dem Champagner auf seinem Weg in den Magen folgen, den Eindrücken nachsinnen, den er im leeren Gaumen hinterlässt. Wird der Champagner im Bordeaux-Glas serviert, kann man ihn darin kreisen lassen wie jeden anderen Wein. Dadurch werden zusätzlich Aromastoffe freigesetzt, aber auch Kohlensäure, die so schneller aus dem Glas verschwindet. Den schmalen Kelch wird man höchstens zaghaft schütteln zwischen zwei Schlucken und so etwas mehr vom Duftreichtum des Weins freiwirbeln. Eins sollten Sie allerdings ob all dem Verkostungstheater auf keinen Fall vergessen: Es sich so richtig schmecken zu lassen. Zum Wohl!

Von schäumenden Menüs und heiligen Allianzen: Champagner am Herd und auf der Tafel

Champagner passt nicht nur zum Aperitif. Rund um den eleganten Schäumer kann man problemlos ein ganzes Menü komponieren. Doch weil nicht alles, was schäumt, mit allen Speisen harmoniert, gilt es auch hier ein paar Grundsätze zu beachten. Über die besten Kombinationen von Champagner und Küche und von lasziven Sößchen, mit Champagner gekocht …

Der Klassiker sind drei: Sie heißen Lachs, Austern, Kaviar. Dazu reicht man Champagner am häufigsten – und erlebt damit die größten Enttäuschungen. Zwar sind diese drei Nahrungsmittel Luxusprodukte par excellence und werden wohl gerade darum gerne mit dem Champagner assoziiert. Es handelt sich aber auch um drei Produkte mit besonders ausgeprägtem Eigengeschmack. Ein Muscadet aus Nantes passt darum besser zur Auster als die meisten Champagner, mit Räucherlachs verträgt sich ein Sancerre oder trockener Savennières ebenso gut und die Aromengewalt, die ein erstklassiger Sevruga im Mund entfacht, kann eigentlich nur ein Schlückchen eiskalter Wodka bändigen. Aber ich übertreibe wieder einmal. Natürlich reiche auch ich Champagner zu geräuchertem Lachs. Dazu wähle ich allerdings nicht den besten, ältesten, würzigsten Wein, sondern im Gegenteil einen relativ neutralen, jugendlichen, einen *brut sans année* mit einem hohen Anteil an Chardonnay. Und gebe auch dann Acht, nicht etwa mit vollem Mund zu trinken (was ja ohnehin nicht die feine Art ist), sondern meinen Lachs hinunterzuschlucken, bevor ich mir ein Schlückchen Schäumer genehmige. Was den Kaviar anbelangt, halte ich es ganz ähnlich: Ich wähle einen eher neutralen, jugendlichen Champagner und serviere ihn womöglich noch ein, zwei Grad kühler, als dies sonst üblich und zu empfehlen ist. Auch zu Austern

trinke ich ihn nur ausnahmsweise, den sprudelnden Champagner, und wenn ich ganz
ehrlich bin, einzig zu den *fines de claires* der Größe drei aus dem Atlantik und nur
von Ende Dezember bis Mitte März, wenn die Austern nicht das kleinste bisschen mil-
chig sind, sondern im Gegenteil schlank und rank und so würzig und frisch schmecken
wie grüne Nüsse im August. Dazu wähle ich dann einen betont zurückhaltenden
Champagner mit viel Nerv und Frische. Erinnern wir uns bei dieser Gelegenheit
noch einmal an Saint-Evremond, diesen unbestechlichsten aller Richter des guten
Geschmacks. Der trank zu der Molluske zwar tatsächlich Champagner – stillen
allerdings oder nur leicht prickelnden Wein, und solcher findet sich heute anderswo eher als in der Champagne.

Dafür passt Champagner zu allen möglichen anderen Gelegenheiten. Beginnen wir mit dem Nächstliegenden: dem Aperitif. Seit Brillat-Savarin, einem anderen Professor des guten Geschmacks, wissen wir es mit Bestimmtheit: Die Folge im Menü geht immer von leicht zu schwer. Zum Aperitif wähle man daher einen betont leichten Champagner, einen Jahrgänger aus einem guten, nicht zu opulenten Jahr, einen Blanc de Blancs. Dazu gebe man ein paar hübsche, nicht weniger leichte, appetitanregende Häppchen, aus Blätterteig etwa, mit allerhand leckeren Auflagen versehen – ein paar Crevetten, etwas gehackter Estragon, mit einem Ei verquirlt, hauchdünne Scheiben milder Schinken, papierdünn geschnittene Zucchini – und minutenschnell im sehr heißen Ofen gegart. Frische Mandeln, Walnüsse oder noch leicht grüne Haselnüsse gibt es nur eine kurze Zeit lang im Jahr. Findet man solche auf dem Markt, man zögere nicht: Nüsse sind gesund und schmecken perfekt zu Champagner, besonders zu Blanc de Blancs. Dafür verbanne man alles Industrielle aus dem Ritual des Aperitifs.

Will man den Aperitif zum richtigen Vorspeisenbuffet erweitern, so suche man in Richtung Gemüse. Zu Saisonspargel munden die meisten Champagner ganz ordentlich und jedenfalls so gut (oder so schlecht) wie zu Austern. Jene haben auch vor einer Holländer Sauce oder einer *sauce mousseline* keine Angst, besonders wenn man sie vor dem Auftragen blitzschnell in etwas geklärter, mit einem Teelöffel Kristallzucker aufgeschlagener Butter gewendet hat. Champagner vertragen sich auch mit der lasziven Artischocke: Allerdings sollte man diese in viel, viel Wasser kochen, dem man ein, zwei Esslöffel Kristallzucker beigegeben hat. Der Artischocke nimmt man auch die Bitterkeit, wenn man sie mit einer cremigen Sauce serviert. Ich hacke dazu schon mal etwas Schinken in millimeterkleine Würfel, vermische sie mit einem ebenfalls klein gehackten gekochten Ei, vermenge alles mit einer milden Mayonnaise, die ich zusätzlich mit Sahne aufgeschlagen habe, und schmecke mit wenig Salz, Pfeffer aus der Mühle, etwas Rosenpaprika und einem Spritzer – aber wirklich nur einem Spritzer – Champagner ab. Diese Mischung kommt in die knapp ausgekühlte, gut abgetropfte Artischocke und an Stelle des Herzens aus Heu, das ich vorher ausgestochen habe. Eine Zucchiniterrine ist ebenfalls eine interessante Leckerei zu leichtem, jugendlichem Champagner. Sie besteht aus pürierten Zucchini, mit wenig Eiern und viel saurer Sahne vermengt, umschlungen mit kurz pochierten, hauchdünnen Tranchen des gleichen Gemüses. In die Mitte aber, als zarte Seele des Ganzen, gibt man eine Hand voll geschälte, ausgebrochene Scampischwänze. Die Terrine wird im Wasserbad im Ofen gegart.

Damit sind wir bereits mitten im Champagnermenü. Natürlich darf und soll eine Flasche Champagner ein ganzes Menü begleiten. Das ist überhaupt die reizendste Form eines romantischen Tête-à-tête, am besten bei Kerzenlicht … Doch servieren Sie nie mehrere Champagner während des gleichen Diners, außer Sie seien der Präsident des Champagner-Fanclubs Ihrer Gemeinde und organisieren ein richtiges *diner de dégustation* rund um die Weine der Champagne. Erfreuen Sie sich lieber an einem einzigen, dafür dem besten Wein, und halten Sie ihn in genügender Menge bereit.

Als Champagner zu Mahlzeiten wählen Sie nur die größten, voll ausgereiften Weine, am besten Champagner mit einem hübschen Anteil an Pinot Noir, und komponieren ein gut abgestimmtes Mahl. Es könnte zum Beispiel mit einer erstklassigen Forelle au Champagne beginnen, die ihr Leben im kristallenen Wasser eines Bergbachs verbrachte und es edel im nicht weniger klaren Champagner beschließt – oder mit einem saftigen Hummersalat. Dann geht man zu einem zarten Täubchen über oder zu einem knusprigen Hähnchen und endet schließlich mit einem milden Weichkäse sowie einem Korb voller Saisonfrüchte. Wählen Sie immer nur erstklassige Produkte mit verhältnismäßig zurückhaltendem, aber edlem Eigengeschmack. Also keine Trüffel, die zwar erstklassig ist, sündhaft teuer und überaus edel, aber auch fast unerträglich penetrant im Goût; auch keine roten Innereien, so gut diese auch schmecken mögen; keine Makrele und auch nicht Aal, sondern vielmehr Heilbutt, Seezunge und Langustinen, alle mit erstklassigem, bissfestem Fleisch und herrlichem, aber mildem Geschmack. Geflügel nehme man nur von der zarten, gezüchteten Art, also Wachtel, junge Taube, Perlhuhn (schon an der Grenze) und im äußersten Fall einen jungen Fasan, nicht aber Ente, Rebhuhn oder Schnepfe, dazu gibt es bessere Begleiter als ein Champagner. Milchlamm oder Zicklein mag man durchgehen lassen – ich aber würde die verpasste Gelegenheit bedauern, all die reifen Bordeaux und Burgunder aus dem Keller zu holen, die garantiert besser harmonierten. Schon besser ist da ein zartes Filet vom erstklassigen Freilandschwein. Mit den meisten Stücken von Kalb und Rind habe ich ebenfalls meine liebe Mühe. Eine Ausnahme nur fällt mir ein: das Bries, das *à la financière*, also an weißer Sauce, mit wenig Champagner verfeinert und in einer knusprigen Pastete serviert, nun allerdings geradezu ideal zu einem großen, gereiften Champagner mundet.

Damit sind wir bei Käse und Dessert. Weder das eine noch das andere eignet sich besonders zum Kombinieren mit Champagner. Immerhin: Große Champagner haben auch vor einem Stück reifem Hartkäse keine Angst, auch wenn die Kombination niemanden vom Hocker haut, sondern sich vielmehr so verhält wie zwei Ehepartner, die sich seit langen Jahren nichts mehr zu sagen haben, aber dennoch friedlich gemeinsam weiter hausen. Am besten wählt man einen cremigen und doch nicht zu reifen Brie oder Chaource zum Champagner, einmal mehr also ein Nahrungsmittel mit mildem, zurückhaltendem Aroma und cremigem Geschmack. Zum Dessert trinke man nichts, leere sein letztes Glas danach, aber noch vor dem Kaffee.

Mesalliancen mit Champagner gehen alle scharfen oder stark gewürzten Speisen ein, Currys, asiatische und mediterrane Küche, Süß-Saures, Saures (für den oben zitierten Hummersalat wähle man daher nur äußersr zurückhaltend den mildesten Weißweinessig und ja keine Zitrone) und Süßes, besonders Schokolade.

Ein Wort noch zu den Saucen – womit wir beim Champagner als Küchenzutat wären. Champagner liebt Saucen, besonders wenn sie mit Champagner zubereitet sind. Champagner eignet sich ausgezeichnet zum Kochen, auch das ist unbestritten. Ebenso unbestritten ist allerdings, dass er sich in dieser Hinsicht nicht von einer ganzen Anzahl anderer, säurebetonter Weine unterscheidet – außer im Preis. Dass ein Schinken, im Champagner gegart, ausgezeichnet schmeckt, will ich gar nicht bestreiten – er tut dies aber auch, wenn man anstelle des Champagners einen trockenen Riesling verwendet oder einen Chenin von der Loire. Kochen mit Champagner hat immer etwas mit Snobismus zu tun und ist ein Artefakt – von ein, zwei Ausnahmen abgesehen, darunter der *sauce à la minute*, der minutenschnell bereiteten Champagnersauce.

Dazu brauchen Sie etwas Kalbsfond oder solchen vom Fisch, je nach Verwendung: Ich bereite solche Fonds auf Vorrat, fülle sie in Eiswürfelschalen und friere sie zum späteren Gebrauch ein. Zwei solche Saucenwürfel reichen für das Rezept. Ferner braucht es 2 Esslöffel fein gehackte Schalotten und gleich viel Butter, saure Sahne zum Verfeinern sowie ein Glas Champagner. Man lässt die Schalotten in der Butter anschwitzen, löscht mit dem Champagner ab, lässt ihn rasch um die Hälfte reduzieren und rührt den Fond und die Sahne unter – fertig ist ein Gedicht von Sauce, die so ziemlich zu allen Speisen mundet, die wir bis dahin hier angeführt haben. Vor dem Servieren verfeinert man sie noch schnell mit einem Spritzer Champagner, das macht sie nicht nur angenehm säuerlich und bekömmlich, sondern auch überaus luftig – für ein paar Sekunden zumindest.

Wer Champagner als Auftakt zu einem mehrgängigen Menü reichen will, sei es als Aperitif oder zum kalten Buffet, sieht sich anschließend vor ein fast unlösbares Problem gestellt: Welchen Wein als nächstes reichen? Champagner mit seiner präsenten Säure, noch durch die Kohlensäure verstärkt, der leichten Süße der Dosage, macht den meisten nachfolgenden Weinen das Leben schwer. Schon allein deshalb empfiehlt sich ein *diner au Champagne*. Wer sich dennoch an eine längere Menüabfolge wagen will, reiche einen Weißwein nach dem Champagner, der sowohl Struktur als auch Fülle besitzt, einen Burgunder beispielsweise. Ein guter Kompromiss ist es, den als Auftakt gereichten Champagner bis zum ersten Gang dauern zu lassen und danach gleich zum Rotwein zu wechseln, den man herb, rassig und elegant wählt – Pauillac und Saint-Estèphe, zwei Bordeaux-Appellationen, liefern solche Weine.

Champagner ist auch der ideale Wein zum fröhlichen Picknick, das Kindern von 10 bis 90 Jahren Freude bereitet. Gutmütige Pasteten, knuspriges Huhn, saftige Wurst, junge Karotten, knackige Radieschen, frisches Brot – je kunterbunter der Inhalt des Picknickkorbs, desto vergnüglicher die Freiluftpartie. Natürlich will der Ort gut gewählt sein und alles bestens vorbereitet. Allzu sonnige Flecken, Ameisenhaufen und Wespennester sind tunlichst zu meiden … Vielleicht lässt man sich an den Ufern eines lustig hüpfenden Bächleins nieder. Die Flasche Champagner kommt an die Schnur wie ein Hund an die Leine und glitzert im Wasser wie die flinke Forelle und wird so auf natürlichste Weise gekühlt. Rosé-Champagner ist einer der häufig zitierten Picknickweine. Ich tendiere eher zu einem Blanc de Noirs, also einem fruchtigen, saftigen Champagner ganz aus Pinot Noir.

Erwähnen wir der Vollständigkeit halber, dass Champagner nicht selten als Basis für Mischgetränke dient. Rezepte enthalten einschlägige Werke. Natürlich schmecken die meisten dieser Cocktails ganz ordentlich und einige wohl gar ausgezeichnet. Doch ich gestehe, ich mag lieber den Champagner in Reinkultur, ja habe so sehr den Narren am Schäumer aus Reims und Épernay gefressen, dass ich um jede Gelegenheit froh bin, die mir erlaubt, solchen unvermischt zu trinken. Ein Mischgetränk nur braue ich mir von Zeit zu Zeit, eines, das wir in unserer Trinkerjugend Jaffa plus nannten. Es handelt sich um ein Glas halb mit Blutorangensaft, halb mit Champagner gefüllt. Heute hat dieses Getränk für mich eher den Stellenwert eines Medikaments gegen Muskelkater und geistige Erschöpfung. Womit wir dieses Mal einen eleganten Übergang zum nächsten Kapitel geschaffen hätten …

Gesundes Vergnügen: Heilen mit Champagner

Champagner als Heilmittel, von der Krankenkasse rückvergütet? Das ist so abwegig nicht. Mit Champagner heilten Ärzte, seit es ihn gibt – offenbar zu Recht, wie jüngste Forschungen bestätigen. Über die therapeutischen Eigenschaften des Champagners. …

Natürlich ist er gesund, der Champagner, wird sich der geneigte Leser sagen. Schließlich wird er ja kaum vom Autor erwarten, dass dieser das ganze schöne Gebäude, das er so mühsam und seitenbausteinweise errichtet hat, hier wieder einstürzen lässt, indem er den Champagner zum gefährlichen Gift erklärt. Zudem hat die Botschaft vom gesunden Wein sich in den letzten Jahren des zweiten Jahrtausends wie ein Lauffeuer über den ganzen Planeten ausgebreitet, entfacht durch zahlreiche ernsthafte (und weniger ernsthafte) Publikationen und Studien zum Thema und emsig geschürt von den Weinproduzenten, die im *vin médecal* einen Zaubertrank für gesicherten Absatz sehen. Da wird der Champagner ja kaum eine Ausnahme machen. Tut er auch nicht und er ist tatsächlich einer der gesündesten Weine überhaupt – unter der Bedingung allerdings, dass er mäßig genossen wird. Denn er ist immer gleich beides, der Wein: Engel und Teufel, Heilmittel und Droge, Medikament und Gift. Er hat tatsächlich einen therapeutischen Stellenwert, doch nicht wie ein klassisches Medikament der Schulmedizin, das man rasch mal schluckt gegen Kopfweh oder steigendes Fieber, als simple Symptombekämpfung und ohne dabei auch nur im Geringsten nach der wirklichen Ursache des Übels zu suchen. Wer Wein als Heilmittel benützen will – darüber wenigstens sind sich alle Autoren einig, die sich mit diesem Thema beschäftigt haben –, muss dies im Rahmen der Gesamtorganisation seiner Lebensweise tun. Wein ist nur einer der Bestandteile guter Lebenshygiene. Eine solche besteht nachweislich in viel Bewegung, wenig Stress, mäßigen, aber regelmäßigen

Mahlzeiten mit viel Gemüse, Früchten, Hülsenfrüchten, Teigwaren, Vollkornbrot, ungesättigten Fettsäuren, wenig tierischen Fetten, also mäßigem Genuss von Fleisch und Milchprodukten – kurz dem, was man gemeinhin als „mediterrane Lebensart" bezeichnet.

Erste und wichtigste aller Regeln im Umgang mit Champagner – und nicht nur mit ihm – ist das Maß. Wie jeder Wein besteht Champagner zwar mehrheitlich aus Wasser. Der wichtigste Bestandteil danach ist der Alkohol. Er macht in der Regel acht bis vierzehn Volumenprozent aus, mäßige zwölf sind es im Schnitt im Champagner. Richtig dosiert hat Alkohol jede Menge positiver Eigenschaften. Bei Missbrauch wird er jedoch zum gefährlichen Gift. Was die richtige Dosis anbelangt, reagiert jeder Mensch unterschiedlich. Eine halbe Flasche Wein pro Person und Tag, auf zwei Mahlzeiten verteilt, ist in den meisten Fällen nicht nur unbedenklich, sondern ein Zeichen kluger, gesunder Lebensweise. Eine Flasche (750 ml), wiederum pro Person und Tag und auf die Mahlzeiten verteilt, ist dabei das oberste Limit. Wichtig ist, Wein nie rasch wie Wasser runterzustürzen, sondern gemächlich und nach und nach zu genießen – so kommt es nie zu einer gefährlichen Alkoholkonzentration im Blut.

Was den Alkohol anbelangt (oder den Äthylalkohol, um ganz genau zu sein), unterscheidet sich Champagner nicht von anderen Weinen, weder was dessen Gehalt, noch was dessen Wirkung anbelangt. Wie Zucker, Protein und Fett ist Alkohol ein

Energielieferant. Der Nährwert von reinem Alkohol ist etwa so hoch wie der von Schokolade. In kleinen Mengen wirkt Alkohol euphorisierend. Unter seinem Einfluss sekretieren die Nervenzellen im Gehirn stimulierende Hormone aus. Diese Sekretierung erfolgt aber völlig ungeordnet bei höherer Alkoholkonzentration im Hirn. Bei zu hoher Dosis wirkt Alkohol daher rasch narkotisierend und lähmend. Er bewirkt Müdigkeit und Depression, vom Katzenjammer am nächsten Tag ganz zu schweigen. Regelmäßiger Überkonsum schädigt zudem rasch die Leber. Ein gesunder Mensch kann pro Stunde etwa vier bis maximal vierzehn Gramm reinen Alkohol abbauen – also die Dosis etwa, die in 100 ml Wein enthalten ist oder in ein, zwei Gläsern Champagner. Absorbiert man nicht mehr auf einmal, hat Alkohol keine schädigende Wirkung, von Ausnahmen (Alkoholallergie, Wechselwirkungen mit Medikamenten, besondere körperliche Konstitution) einmal abgesehen.

     In punkto Alkohol verhält es sich mit dem Champagner also wie mit jedem Wein, in punkto übriger Inhaltsstoffe hingegen grundlegend anders. Das hat mit seiner Herkunft zu tun. Die Kreideböden der Champagne versorgen die Rebe mit einer stolzen Anzahl von Mineralien und Spurenelementen, die sich auch im fertigen Wein wiederfinden. Weiterhin schlägt die Tatsache zu Buche, dass der Champagner ein Weißwein ist, aber mehrheitlich aus roten Trauben gepresst wird, aber auch die besonders aufwendige, raffinierte Art der Fabrikation. Champagner vergärt gleich zweimal, das zweite Mal direkt in der Flasche, wie sie auf den Tisch des Konsumenten kommt: Er ist daher besonders reich an organischen Bestandteilen, an Enzymen, die nicht nur aus der Traube stammen, sondern durch den Stoffwechsel der Hefen entstanden sind, die den Mostzucker zu Alkohol umwandeln. Die Volksmedizin hat dem Champagner immer besondere therapeutische Eigenschaften zugeschrieben, Eigenschaften, welche die jüngsten Forschungen der Schulmedizin zu bestätigen scheinen. Die Wirkung des Champagners ist dabei von dreifacher Art: „Dank seiner Mineralsalze hat er seinen Platz in der Spurenelement-Therapie. Die Präsenz und das Zusammenspiel seiner vielfältigen organischen Verbindungen macht, dass er homöopathische Eigenschaften besitzt. Einige denken schließlich, dass er dank seiner pflanzlichen Extrakte medizinische Tugenden aufweise, die denen der Aromatherapie entsprechen" schreiben die beiden Mediziner François Drouard und Tran Ky in ihrem Werk „Les vertus thérapeutiques du Champagne" (Die therapeutischen Tugenden des Champagners), 1990 erschienen. Das zeigt nur einmal mehr, dass Champagner, der demzufolge Eigenschaften aufweist wie ein homöopathisches Medikament, auch in homöopathischen Dosen genossen sein will, will man von seiner Wirkung profitieren.

Ein Glas Champagner hilft laut der Mediziner, die sich intensiv mit seinen Eigenschaften auseinandergesetzt haben, darunter auch die beiden oben zitierten, gegen Blähungen, Verstopfung und andere Magenleiden, Nahrungsmittelallergien, Angst und Depression, Schlaflosigkeit, Migräne, Hang zur Fettleibigkeit, Appetitlosigkeit, Arterienverkalkung, Rheumatismus, Nierensteine und anderes mehr. Ferner wird er fast einstimmig zum idealen Getränk für Betagte erklärt – immer unter der Voraussetzung allerdings, dass die Dosierung von ein, zwei Gläsern zweimal am Tag nicht überschritten wird. Champagner ist außerordentlich reich an Mineralsalzen, Natrium, Kalzium, Magnesium, Phosphor und Kaliumbicarbonat und enthält Spuren von Vitaminen der Gruppe B. Nicht zuletzt darum wirkt er so belebend und hilft manchmal mit, den Mangel an solchen Stoffen zu überwinden – nicht unbedingt durch die Menge eines im Wein vorkommenden Moleküls übrigens, sondern vielmehr durch das Zusammenspiel mehrerer Elemente. Denn der Champagner besitzt nicht nur eine Fülle von Bestandteilen, sondern er ist in erster Linie ein komplexes und doch äußerst ausgewogenes Ganzes. Trotz eines relativ niedrigen pH-Wertes sind seine Säuren alles andere als aggressiv, sondern vielmehr höchst bekömmlich, und das Gleiche gilt auch für das auf natürliche Art und Weise entstandene Kohlensäuregas, das sich vom künstlich in Billigschäumer oder die meisten Mineralwasser gepressten doch sehr unterscheidet. Giftige Stoffe enthält der Champagner dafür nur in kleinsten Mengen: Die zweifache Gärung und ihre Akteure, die Hefen, sind ein fast unüberwindlicher Schutzschild gegen schädliche Stoffe.

Theorie ist immer gut, Praxis aber besser. Darum glaube ich auch immer nur, was ich selber getestet habe. Dazu gehört der positive Einfluss des Champagners auf die Verdauung. Ich bin felsenfest davon überzeugt, dass ich besser verdaue, besser schlafe, wenn ich vor, während oder nach einem zu lange dauernden Essen ein Glas Champagner trinke. Simpler Placebo-Effekt? Mag sein. Doch der Champagner enthält tatsächlich eine Menge Bestandteile, die direkt die Verdauung fördern. Mineralsalze und Restzucker etwa werden gleich an Ort und Stelle, das heißt, in unserem Verdauungszentrum, verwertet und helfen einem müden Magen wieder in den Sattel. Das Gas des Champagners sorgt dabei nicht etwa für Blähungen, wie dies gemeinhin angenommen wird, sondern stimuliert im Gegenteil direkt die Kontraktion des

Magens und hilft beim Regulieren und Kompensieren der bei der Verdauung anfallenden inneren Winde. Die organischen Säuren des Champagners wirken sich positiv auf die Magendrüsen aus, die unter dem Einfluss eines Glases Champagner bis zu 16-mal mehr Magensäfte sekretieren als im Ruhezustand. Der Champagner stimuliert die Sekretierung im Mund: Viele Weine trocknen den Gaumen aus, der Champagner aber macht im Gegenteil, dass einem buchstäblich das Wasser im Munde zusammenläuft. Dank seiner Enzyme hilft der Speichel zusätzlich mit bei der Vorbereitung der Verdauung von Nahrungsmitteln. Der Champagner hat einen positiven Einfluss auf die Darmflora, die aus Milliarden von Mikroorganismen besteht. Der Champagner enthält selber solche; seine Mineralsalze helfen zusätzlich mit, die Magen- und Darmmuskulatur anzuregen und deren Bewegungen zu koordinieren. Die natürlichen Säureverbindungen des Champagners bekämpfen erfolgreich bösartige Darmbakterien wie etwa den Colibazillus, der vor allem im säurearmen Milieu entsteht. Weil der Champagner wie alle Weißweine harntreibend wirkt, hilft er ferner mit bei der Eliminierung giftiger Abfallprodukte. Champagner hilft theoretisch gar gegen sich selber: Er kann ein gutes Mittel sein zum Bekämpfen der Folgen von übermäßigem Alkohol- oder Tabakkonsum. Er scheint nämlich die Enzyme zu stimulieren, die für den Abbau der Giftstoffe in unserem Körper verantwortlich sind. Diese Stimulation allerdings wird augenblicklich außer Kraft gesetzt durch erneuten übermäßigen Alkoholgenuss.

Die Tatsache, dass Champagner gegen Spleen und schlechte Laune hilft und gegen Depression und sich positiv auswirkt auf die Kreativität, nutzten eine ganze Anzahl bekannter Künstler, Goethe etwa, Picasso, Cézanne, Dali oder Strawinski, um nur einige zu nennen. Forscher vermuten, dass sich die Inhaltsstoffe des Champagners einerseits positiv auf die Moleküle des Hirns auswirken, die unsere gute Laune bewirken, das heißt, diese stimulieren und harmonisieren, und gleichzeitig eine beruhigende Wirkung haben. Eine beruhigende Wirkung haben auch die Spurenelemente Magnesium, Kupfer, Eisen, Kalzium, vor allem aber Zink. Wer abends nicht einschlafen kann, versuche es darum mit einem Glas Champagner, eine Stunde bevor er sich zur Ruhe begibt.

Champagner enthält im Gegensatz zu stillen Weinen sehr wenig Flavanoïde, denn diese perfiden Verbindungen werden durch die zweite Gärung und zusätzlich durch eine längere Lagerung abgebaut. Sie sind besonders tückisch, weil sie bei Personen, die unter Migräne leiden, verhindern, dass bestimmte Giftstoffe (Phenole) des Weins abgebaut werden. Apropos Migräne, wer darunter leidet, erträgt häufig keinen Wein – es sei denn, einen erstklassigen, lange gereiften Champagner.

Die Frage, ob und wie Champagner als Medikament einzusetzen sei, artet fast immer in einen Glaubensstreit um die richtige Medizin aus. Allopathie kontra Homöopathie? Schulmedizin kontra Naturheilkunde? Alles Quatsch. Es gibt nur eine Art richtige Medizin – diejenige nämlich, die den Schmerz, das Leiden lindert. Dazu trägt ein edler, großer Wein wie der Champagner garantiert mit ebenso viel Erfolg bei wie die Tonnen von Beruhigungsmitteln, Schlafpillen, Betablockern, Antidepressoren und was der Gifte mehr sind, die unserer auf den Hund gekommenen Zivilisation augenscheinlich das Überleben sichern. Deren Nebenwirkungen sind immer beträchtlich, die des maßvoll genossenen Champagners bescheiden, von einer abgesehen: der Freude, die er beim Schlucken bereitet. Und die ist an sich schon das beste aller Medikamente.

Von lauschigen Ufern und stillen Dörfern: Ferien in der Champagne

Die Champagne gehört nicht zu den großen Touristenregionen Frankreichs wie etwa die Loire oder die Provence. Sie ist eher eine Region, die man auf der Durchreise nur mal rasch streift. Das ist eigentlich schade, denn im Schatten der einsamen Wälder, in den verschlafenen Dörfern und entlang romantischer Ufer lässt es sich gemütlich leben. Über das Reisen in der Champagne …

„Reisen Sie mit an den Quell des sprudelnden Genusses", lockt ein Tourismusprospekt, der sich, wer weiß wie, auf meinen Arbeitstisch verirrt hat, und – abgesehen von der zweifelhaften Wortwahl rund um die Frage, ob Genuss wirklich schäumen kann – auch sonst mehr verspricht, als er halten kann. Denn die Champagne ist alles andere als eine Provinz für vordergründigen Feriengenuss, um noch einmal die gleiche Worthülse zu strapazieren. Die touristischen Infrastrukturen sind zwar vorhanden, aber eher bescheiden und weitgehend auf einen Tourismus für Eilige auf der Durchfahrt ausgerichtet. Der Champagner hat dabei einen ganz besonderen Stellenwert als Sehenswürdigkeit. Zahlreiche Keller locken zur Verkostung in „stimmungsvollen" (also fürchterlich kitschigen) Lokalen und einige der kilometerlangen Kreidekeller unter Reims oder Épernay kann man sogar mit der Miniaturbahn besuchen. Der „Quelle des Genusses" kommt man damit nicht unbedingt näher, eher einem Abziehbild der Region, handlich verpackt und romantisch verklärt und genau richtig für Leute, die sich mit möglichst wenig Aufwand an Zeit und Strecken eine neue Destination an den Hut stecken wollen wie der Sonntagsjäger seine Trophäe. Da lässt sich die größte Champagnerflasche bestaunen (in Cramant) oder die größte Champagner-Flöte (in Pierry) oder das größte Champagnerfass der Welt (bei Mercier in Épernay, wo der Besucher im Panoramalift in die Keller hinuntergleitet und im lasergesteuerter Minizug durch dieselben schaukelt). Jeder zweite Winzer führt

durch sein „Weinmuseum", wo ein paar alte Werkzeuge vor sich hingammeln, auf der Marne dampft der Abklatsch eines Mississippidampfers, auf dem man bei Folkloreklängen mit schlechtem Champagner dinieren kann. Schade ist das alles und wird der Region nun wirklich nicht gerecht, die einen ganz besonderen Charme besitzt.

Ich habe während meiner zahlreichen Reisen in der Champagne nur einmal einen touristischen Kellerbesuch unternommen und mich dabei immerhin köstlich amüsiert ob all der Halbwahrheiten, die man mir und dem staunenden Mitpublikum vorschwindelte. Ich habe eher unlustig die paar Monumente besucht, die man mir als „Must" angepriesen hat. Dafür bin ich stundenlang durch die Gässchen der verschlafenen Dörfer geschlendert, tagelang durch die Weinberge gestrichen wie ein läufiger Kater, habe in verruchten Dorfspelunken zusammen mit Rebarbeitern mit abgewerkten Händen und zerfurchten Gesichtszügen Pastis getrunken und so auf meine Art Land und Leute studiert. Ich war häufig im Winter in der Champagne unterwegs, wenn die Nebel durch die Gassen schleichen und der Raureif von den Dachrinnen tropft, und habe mir auf endlosen und einsamen Wanderungen fast die Füße abgefroren, mir so die Lunge entschlackt und den Geist ausgelüftet.

Den Wein einer Region begreift man nur, wenn man deren Seele begreift, und die Seele der Champagne verkörpern diesen unendlichen Hänge, die sich vor dem Betrachter ausbreiten wie die Wogen eines mitten in der Bewegung erstarrten Meers – und das sind sie erdgeschichtlich gesehen ja auch. Ein Abstecher in die Champagne lohnt sich allein deshalb, weil man sich mit eigenen Augen überzeugen kann, wie perfekt weiß der Kreideuntergrund der Champagne ist, wie dünn die Kruste aus urbarer Erde, wie steil die Hänge vieler erstklassiger Lagen. Der herrlichen Landschaft, ob ins grelle Licht des Mittsommertags getaucht oder zum diffusen Schema eines nebligen Wintermorgens verquollen, ist kein Fotoapparat gewachsen, und so kann man nichts anderes tun, als stundenlang in die Natur starren und versuchen, sie auf der inneren Leinwand festzubannen, wohl wissend, dass ihr Bild nach und nach verblassen wird und bald wieder der Auffrischung bedarf, was einen willkommenen Vorwand für einen neuen Abstecher in die Champagne bietet.

Die Champagne besitzt, von einer Anzahl Weichkäse wie Brie oder Chaource mal abgesehen oder der *andouillette*, einer Kuttelwurst aus Troyes, weder besonders typische regionale Produkte noch eine besonders aktive regionale Küche und schon gar nicht ein breites Angebot an regionalen Weinen. Die wirklichen regionalen Spezialitäten finden sich nur noch in verstaubten Kochbüchern, und was die Spitzengastronomie praktiziert, darf sich zwar durchaus sehen lassen, unterscheidet sich aber kaum von dem, was dem Besucher in der Île de France vorgesetzt wird. Nicht zuletzt, weil es an den geeigneten Grundzutaten fehlt: Flussfisch frisch vom Fischer etwa ist Romantik längst vergangener Tage. Was auf die Märkte kommt und dann in die Kochtöpfe der Champenois wandert, stammt meist aus den Fischzuchtanstalten des Atlantik und wird über Rungis geliefert, den Pariser Großmarkt, der die Ausmaße eines Dorfes besitzt. Was die Weine anbelangt: Natürlich kann man sich einen Coteaux de Champenois leisten, ob weiß oder rot, also eine stille Version des Champagners, oder einen Rosé aus Riceys. Das ist regional, das ist teuer – und das schmeckt doch nicht besser als ein durchschnittlich guter Alltagswein … Nein, dann schon lieber nur Champagner trinken zum gediegenen Mahl. Lohnendes Reiseziel für einen oberflächlichen Besuch ist und bleibt der Champagner selbst – und allenfalls die großzügige Landschaft, in der er entsteht. Der Rest ist dem besonders Interessierten vorbehalten, dem Reisenden etwa, der bereit ist, sich tagelang in ein unerschöpfliches Thema zu vertiefen, die französische Geschichte beispielsweise, die dieser Provinz mitunter ziemlich übel mitgespielt hat. Andere Kulturthemen sind etwa der Fabeldichter La Fontaine – er ist in Château-Thierry geboren; der Maler Renoir – sein Atelier steht in Essoyes für Besucher offen; die Tempelritter – sie waren außerordentlich präsent in der Champagne; oder das Leben de Gaulles, der in Colombey-les-Deux-Églises begraben liegt.

So oder so: Man nehme sich Zeit für eine Reise in die Champagne, zwei, drei Tage zumindest, besser noch eine Woche, auch wenn man einzig auf den Spuren des Champagners wandern will. Als Standort mag man Reims wählen – etwas exzentrisch gelegen, aber eindeutig die fröhlichste Ecke der Region, die typische französische Stadt der Mittelklasse. Hier gibt es eine ganze Menge guter Hotels in jeder Preisklasse und gute Speiselokale, und die Straßenverbindungen sind fast in alle Richtungen optimal. Besonders wenn die Tage kürzer werden, sind die Dörfchen und Städte der Region abends wie ausgestorben, Épernay, Châlons und Troyes mit inbegriffen. In Reims ist wenigstens etwas Leben. Hier wird man sich auch an einem Regentag nicht langweilen: Kulturhungrige können die Kathedrale besichtigen oder eines der vielen Museen, darunter ein Planetarium oder der Saal, in dem am 7. Mai 1945 das Waffenstillstandsabkommen der Alliierten mit dem Deutschen Reich unterzeichnet wurde. Unter den besuchenswerten Champagnerhäusern sind etwa Taittinger zu nennen, aber auch Ruinart, Veuve Clicquot und Laurent-Perrier. Hier empfängt man sie gerne: Melden Sie sich aber unbedingt telefonisch an. Bei der Organisation hilft das örtliche Tourismusbüro (in Frankreich Syndicat d'initiative genannt). Speisen werden Sie gediegen bei Boyer, dem besten Restaurant der Stadt, mit einer ausgewählten Karte und einem umfassenden Angebot von Champagner, oder pittoresk im Vigneron von Hervé Liégent, einer betont originell gehaltenen Speisestätte, geführt von einem launigen (und manchmal ganz schön launischen) Original. Sein Restaurant ist überladen mit allerlei Reliquien rund um den Champagner und er betreibt auch in punkto Küche eine gefährliche Gratwanderung zwischen Abklatsch und Kunst, ist aber gerade darum einen Besuch wert. Von Reims aus ist man im Nu im Marnetal oder in der Montagne de Reims, der Ader und der Lunge der Champagne, wo man all die vielen, kleinen Dörfer besuchen kann, die zu ihrem zeitlosen Charme beitragen: Cumières, Châtillon-sur-Marne, Chigny-les-Roses, Bouzy oder Ambonnay, um nur ein paar zu nennen, sowie ein paar offiziellere Sehenswürdigkeiten wie das Château der Prinzen von Condé in Condé oder den eigenartigen Wald von Verzy, der aus tausenden verkrüppelten und sich dahinwindenden, wie verwunschen wirkenden Buchen besteht, einer der eindrücklichsten Orte der Champagne, oder die pittoreske Windmühle des Nachbardorfes Verzenay.

Aber vielleicht logieren Sie auch in Epernay oder seiner näheren Umgebung, dem Herzen der Champagne, einer verschlafenen Kleinstadt nicht ohne Charme. Die Stadt besitzt zwei, drei ausgezeichnete Restaurants – Les Berceaux oder die Brasserie du Théâtre sind zu empfehlen – und eine Straße, an der viele große Häuser der Champagne zuhause sind: die Avenue de Champagne. Von Épernay aus sind Sie rasch in Aÿ oder Hautvillers, zwei anderen Hochburgen des Champagners, in Pierry oder der Côte des Blancs mit ihren sehenswerten Dörfern Oger, Le Mesnil, Cramant oder Vertus.

Wenn die Zeit es Ihnen erlaubt, machen Sie einen Abstecher in das Barséquanais oder das Baralbin, die beiden herrlichen Landstriche rund um Bar-sur-Seine und Bar-sur-Aube. Die Abtei von Clairvaux liegt hier, die mystische Zisterzienserabtei, oder die Cristallerie Royale de Champagne von Barel, eine Glasbläserei, deren Feuer seit 1666 nie ausgegangen sind (wie der eingangs erwähnte Reiseprospekt behauptet, zu etwas ist er also doch noch gut) und wo Sie ihre Gläsersammlung durch eine besonders feinwandige Flöte aufstocken können, die garantiert direkt aus der Champagne stammt. Vielleicht lassen Sie sich bei schönem Wetter zu einer Ballonfahrt überreden, einem ganz besonderen Abenteuer. Sie schweben still und frei wie ein Vogel durch die Lüfte über den grünen Hängen, die den besten Wein der Welt ergeben – die tüchtigen Ballonfahrer von Champagne Air Show in Reims haben mich schon mehrmals wieder heil auf den Boden gebracht, keine Angst also vor großer Höhe. Auf eine geglückte Landung wird übrigens immer mit einem Glas Champagner angestoßen …

Womit wir wieder beim Thema wären. Denn natürlich wird kein Reisender die Champagne verlassen, ohne sich ein paar Flaschen besorgt zu haben. Die meisten Häuser, ob groß oder klein, vor allem, wenn sie dem Besucher offen stehen, bieten Champagner zum Direktkauf an, meist zu einem korrekten Preis. Trouvaillen lassen sich bei vielen kleinen Winzern machen – doch nicht immer sind die, die zum

Touristenempfang eingerichtet sind, auch die mit den besten Weinen. Wenn Sie zu den wahren Champagnerliebhabern gehören, klopfen Sie nur bei den besten Kleinwinzern an die Tür – Alain Soutiran, Bonnaire, Diebolt-Vallois, Michel, Goutorbe, Bara, um nur einige zu nennen (Adressen siehe Teil 5), und verweisen Sie auf den Autor dieses Buchs: Man wird Sie garantiert gut empfangen. Eine ausgezeichnete Sammlung von Champagnern guter Kleinwinzer und einiger ausgesuchter großer Häuser (sowie eine ganze Anzahl nützlichen Krams rund um den Champagner wie Gläser, Karaffen etc.) bietet Winzer Alain Soutiran auch in seinem hübschen Ladenlokal im Zentrum von Ambonnay an – eine gute Adresse für Eilige, wo man Sie perfekt beraten wird, sofern Sie ein paar Brocken der französischen oder englischen Sprache mächtig sind.

Die besten Betriebe

Auf den nächsten Seiten finden Sie die wichtigsten Champagnerbetriebe verzeichnet, und zwar sowohl große Marken als auch Kleinwinzer und Genossenschaften. Die Betriebe sind alphabetisch geordnet. Was die Auswahl der Winzer anbelangt, habe ich mich dabei grundsätzlich auf die besten Betriebe beschränkt und auf solche, die nach Deutschland und in die Schweiz exportieren. Die Bewertung gemäß unten stehendem Schema ist eine persönliche und keine offizielle. Alle technischen Daten und weiteren Angaben stammen direkt von den Häusern.

Die Bewertung

Verdient Beachtung	♥
Verdient Vertrauen	♥♥
Unbedingt probieren	♥♥♥
Gehört zu den Topbetrieben	♥♥♥♥
Ist einsame Klasse	♥♥♥♥♥

Die wichtigsten Begriffe

Récoltant-Manipulant
Winzer, der Champagner ausschließlich aus eigenen Trauben herstellt

Négociant-Manipulant
Händler, der Champagner aus eigenen oder zugekauften Trauben herstellt

Coopérative-Manipulante
Genossenschaftskellerei, die Trauben zu Grundwein
oder Champagner verarbeitet.

Blanc de Blancs
Champagner ganz aus (weißen) Chardonnay-Trauben

Blanc de Noirs
Champagner ganz aus (roten) Pinot-Trauben

Demi-sec
Halbtrockener, also leicht süßer Champagner

Brut
Trocken dosierter Champagner

Cuvée
Verschnitt, Mischung, Weinart

(Siehe auch Kapitel *„Varianten von Brut bis Rosé …“*, Seite 136, sowie die Fachbegriffe zur Champagnerherstellung im Kapitel *„Das Geheimnis der Fabrikation…“*, Seite 126)

Champagne Henri Abelé
51100 Reims
Négociant-Manipulant

Eines der vielen Häuser, die für sich in Anspruch nehmen, zu den ältesten der Champagne zu gehören. Wurde im Jahre 1757 gegründet. 1834 schloss sich Auguste Ruinart de Brimont, ein Großneffe des Gründers, mit Antoine de Muller zusammen, einem ehemaligen Mitarbeiter von Veuve Clicquot, dessen Familie heute noch ein Weinunternehmen im spanischen Katalanien besitzt. Zu Beginn des 20. Jahrhunderts vereinigte Henri Abelé den väterlichen Betrieb und das Unternehmen seiner Mutter, einer geborenen de Muller. Bis 1942 standen die Nachfahren der Lütticher Gründerfamilie van der Veken-Abelé an der Spitze des Unternehmens. Während des Zweiten Weltkrieges wurde das Champagner-Haus an die Compagnie Française des Grands Vins abgetreten und gelangte 1985 in den Besitz des spanischen Cava-Riesen Freixenet. Der auf den Etiketten abgebildete Engel bezieht sich auf den Schutzengel der Kathedrale von Reims, das Symbol der Stadt.

Der Stil:

Abelé produziert ordentliche bis ausgezeichnete Champagner der Mittelklasse, ausgewogen, rund, gefällig und für jeden Geschmack. Empfehlenswert sind sowohl der einfache Brut *sans année* wie auch die Jahrgangschampagner, etwa der kräftige, rassige Sourire de Reims.

Die Produkte:

Brut aus je 1/3 Pinot Meunier, Pinot Noir und Chardonnay aus dem Marnetal.
Brut Rosé aus 48 Prozent Pinot Noir, 30 Prozent Chardonnay und 22 Prozent Pinot Meunier.
Brut Millésimé Grande Marque Impériale aus Grundweinen guter Lagen aus Aÿ und Bouzy, 5 Jahre lang gereift; 30 Prozent Pinot Noir, 30 Prozent Pinot Meunier und 40 Prozent Chardonnay.
Cuvée Spéciale Millésimé Soirées Parisiennes aus 45 Prozent Chardonnay, 33 Prozent Pinot Noir und 22 Prozent Meunier.
Cuvée Prestige Millésimé Sourire de Reims ausschließlich aus Grand-cru-

Grundweinen und abgefüllt in eine Spezialflasche, die eine Reproduktion einer Flasche aus dem Gründungsjahr des Hauses darstellt.

Cuvée Prestige Rosé Sourire de Reims aus Pinot-Noir-Trauben aus der Gemeinde Riceys, limitierte Auflage von 5000 Flaschen.

> Gründungsjahr: 1757
> Besitzer: Freixenet
> Reben in Eigenbesitz: 40 Hektar
> Angestellte: 20
> Jahresproduktion: 380 000 Flaschen

Champagne Ayala
51160 Aÿ
Négociant-Manipulant

Ayala liegt im Flecken Aÿ bei Epernay, dem Herzen der Champagne. Doch die Ähnlichkeit der Namen ist purer Zufall. Der Firmengründer Edmond de Ayala, ein vermögender Kolumbier aus einer Diplomatenfamilie, ließ sich 1850 in Aÿ nieder, wo er die Nichte des Vicomte de Mareuil heiratete. Diese brachte das Château d'Aÿ als Mitgift in die Ehe. 1934 verkauften die Nachfahren von Edmond de Ayala das Haus an Guinness. 1937 kam es an die Familie Ducellier, in deren Besitz es heute noch steht. Heute führt Alain Ducellier das kleine Haus. Ayala besitzt selber 25 Hektar Reben in der Nähe von Aÿ, die etwa 25 Prozent des Traubenbedarfs decken.

Der Stil:

Die Champagner von Ayala sind von eher unscheinbarem Stil, sehr zurückhaltend, zwar kompakt gebaut, aber wenig ausdrucksvoll, doch immer von zuverlässiger Qualität und markantem Charakter. Das macht sie nicht unbedingt geeignet für Einsteiger und schon gar nicht für Freunde neutraler, federleichter Champagner ohne viel Persönlichkeit. Wer aber den besonderen Stil des Hauses mag, hält ihm durch dick und dünn die Treue. Die Jahrgangscuvée ist besonders empfehlenswert.

Die Produkte:

Brut mit hohem Pinot-Noir-Anteil, kräftig, kompakt, von zurückhaltender Art.
Brut Rosé ein Verschnitt-Rosé mit Rotweinen aus der Umgebung von Aÿ.

Brut Millésimé aus Pinot Noir und Chardonnay, kräftig, herb, gut strukturiert.
La Grande Cuvée Millésimé aus Chardonnay und Pinot Noir, kräftig, herb, ein Wein, der im Alter von 5 Jahren ausgeliefert wird, den man aber generell 1 bis 2 Jahre zusätzlich im Keller lagern sollte.
Blanc de Blancs Millésimé aus Chardonnay einiger Grands crus der Côte des Blancs.
Demi-sec leicht süßer, nach Pfirsich und Aprikose duftender Dessertwein.

Gründungsjahr: 1860
Besitzer: Familie Ducellier
Reben in Eigenbesitz: 25 Hektar
Jahresproduktion: 1 Million Flaschen

Champagne Paul Bara
51150 Bouzy
Récoltant-Manipulant

Die Vorfahren von Paul Bara gründeten ihren Weinbaubetrieb im Jahre 1833 in der Gemeinde Bouzy im Süden der Montagne de Reims. Die Weine wachsen allesamt in als Grand cru klassierten Lagen dieses für seine Pinot Noir berühmten Dorfes. Paul Bara ist einer der wichtigsten Vertreter der Kategorie der Récoltants-Manipulants und einer der wenigen Winzer dieser Kategorie, die es zu internationalem Ruhm gebracht haben, dies nicht zuletzt aufgrund der Eigenart seiner Weine.
Er setzt denn auch über die Hälfte seiner Produktion auf den Exportmärkten ab. Bara ist ferner einer der wenigen Winzer in der Champagne, die einen beachtlichen stillen Rotwein der Appellation Coteaux Champenois keltern.
Der Stil:
Bara ist ein eigentlicher Meister des Pinot Noir, der Traubensorte, die seine Cuvées beherrscht. Diese geraten daher besonders kräftig und saftig. Sie besitzen immer Biss, Länge und Rasse und passen daher besser zu einem Mahl denn als Aperitif. Besonders die Spitzencuvées reifen ausgezeichnet. Bara ist ein Produzent für Kenner, die den Wein im Champagner mögen.

Die Produkte:

Grand Cru Brut Réserve kräftig, herb, für alle Gelegenheiten.

Grand Cru Brut Rosé

Grand Cru Brut Millésimé

Cuvée Comtesse Marie de France wird in beschränkter Menge hergestellt. Sie besteht aus Grundweinen der besten Jahrgänge und vorwiegend aus der Sorte Pinot Noir.

Cuvée Spécial Club ein Verschnitt der besten Cuvées mit 2/3 Pinot Noir und 1/3 Chardonnay, vollmundig, kräftig, saftig, reift hervorragend. Besonders empfehlenswert.

> Gründungsjahr: 1833
> Besitzer: Familie Bara
> Reben im Eigenbesitz: 11 Hektar
> Angestellte: 7
> Jahresproduktion: 90 000 Flaschen

Champagne Barancourt

51150 Bouzy

Négociant-Manipulant

Barancourt ist eine alte Marke, die Mitte der sechziger Jahre durch drei Champagnerproduzenten neu aufgebaut wurde. Der eigenwillige Stil seiner Weine brachte ihm rasch den Ruf ein, Champagner für Kenner zu produzieren. Neben Grundweinen aus der Gemeinde Bouzy mit ihrem charakteristischen Geschmack von roten Beeren werden auch solche aus der Aube und der Côte des Blancs verwendet. 1992 wurde Barancourt verkauft und gehört heute der Vranken-Gruppe an.

Der Stil:

Dank des hohen Anteils an Pinot Noir in seinen Cuvées, was ihnen einen ausgeprägten Geschmack verleiht, geraten die Weine von Barancourt kräftig und fruchtig. Sie sind durch die Bank von einwandfreier Machart, einfach und geradlinig im Ausdruck, allerdings ohne besondere Komplexität oder Finesse.

Die Produkte:

Brut Réserve aus 80 Prozent Pinot Noir und 20 Prozent Chardonnay.

Rosé Réserve ein Verschnitt-Rosé aus 85 Prozent Pinot Noir und 15 Prozent Chardonnay.

Brut Fondateurs aus 90 Prozent Pinot Noir und 10 Prozent Chardonnay.

Rosé Fondateurs Verschnitt-Rosé aus 90 Prozent Pinot Noir und 10 Prozent Chardonnay.

Brut Fondateurs Millésimé aus 90 Prozent Pinot Noir aus Bouzy und 10 Prozent Chardonnay.

> Gründungsjahr: 1966
> Besitzer: Gruppe Vranken Monopole
> Reben im Eigenbesitz: 200 Hektar (Vranken)
> Angestellte: 220 (Vranken)
> Jahresproduktion: 250 000 Flaschen (nur Barancourt)

Champagne Beaumont des Crayères
51318 Épernay
Coopérative-Manipulante

Die Genossenschaftsunternehmen sind ein wichtiger Faktor der Wirtschaft der Champagne. Sie ermöglichen auch kleinen Winzern das Überleben und sind gleichzeitig ein Garant für ausgezeichnete Grundweinqualität. Beaumont des Crayères wurde 1955 gegründet. Heute gehören ihr 200 Mitglieder an, die insgesamt 80 Hektar Rebland besitzen, und zwar rund um Mardeuil bei Épernay, mitten im Herzen der Champagne. Ein Winzer besitzt folglich im Schnitt keine 50 Ar. Das hohe qualitative Niveau verdankt die Marke ihrem technischen Direktor Jean-Paul Bertus, einer der besten *chefs de cave* der Champagne. Er verfügt über eine modern eingerichtete Kellerei, die eine präzise und kontrollierte Grundweinbereitung ermöglicht.

Der Stil:

Die Weine der Genossenschaft besitzen immer viel Frucht und Frische. Sie werden nur zurückhaltend dosiert. Empfehlenswert sind daher nicht nur die Spitzen-cuvées, sondern auch die einfacheren Weine, die über ein ausgezeichnetes „Preis-Freude-Verhältnis" verfügen. Die Grundweine für die Jahrgangschampagner werden teilweise in Holzfässern ausgebaut, sie werden daher besonders aromatisch und würzig, geraten allerdings auch etwas schwerfällig, besonders in Jahren wie 1990.

Die Produkte:

Cuvée de Réserve Brut aus 25 Prozent Chardonnay, 55 Prozent Pinot Meunier und 20 Prozent Pinot Noir, fruchtig, frisch, sauber, für alle Gelegenheiten.

Cuvée de Réserve Demi-Sec aus 25 Prozent Chardonnay, 55 Prozent Pinot Meunier und 20 Prozent Pinot Noir.

Cuvée Rosé Brut Privilège aus 30 Prozent Chardonnay, 50 Prozent Pinot Meunier und 20 Prozent Pinot Noir.

Cuvée de Prestige aus 45 Prozent Chardonnay, 15 Prozent Pinot Meunier und 40 Prozent Pinot Noir, schön ausgereifter, vollmundiger, würziger Champagner, den man zu einem Essen kredenzen kann.

Brut Millésimé Spéciale Nostalgie aus 70 Prozent Chardonnay und 30 Prozent Pinot Noir, fruchtiger, abgerundeter, eleganter Wein.

> Gründungsjahr: 1955
> Besitzer: Genossenschaft
> Reben im Eigenbesitz: 80 Hektar
> Angestellte: 10
> Jahresproduktion: 500 000 Flaschen

Billecart-Salmon
51160 Mareuil-sur-Aÿ
Négociant-Manipulant

Während der ersten hundert Jahre seines Bestehens, genauer gesagt von 1818 bis 1926, machte Billecart-Salmon kaum von sich reden. Dann übernahm Charles Roland-Billecart das Ruder und baute langsam und beharrlich die Stellung der Marke aus. Heute wird Billecart-Salmon von seinem ältesten Sohn geleitet, Francis

Roland-Billecart. Wenn eine Hand voll internationaler Weinkenner an einer mehrtägigen Degustation aller großer Champagner dieses Jahrhunderts einen Billecart-Salmon zum schönsten Champagner überhaupt kürten, vor all den weit bekannteren Spitzencuvées wie Krug, Roederer oder Bollinger, wundert dies den Kenner wenig. Denn in punkto Qualitätspolitik steht Billecart fast einmalig da in der Landschaft der Champagne. Allerdings sind die Verantwortlichen des Hauses von nobler Zurückhaltung, wenn es darum geht, die Vorzüge ihrer Marke anzupreisen, mit ein Grund dafür, dass der Name Billecart nur Eingeweihten ein Begriff ist. Ein anderer liegt in der Tatsache, dass Billecart fast 50 Prozent seiner Produktion in Frankreich selber absetzt und ein kleiner, unabhängiger Familienbetrieb geblieben ist – und hoffentlich noch lange bleiben wird.

Der Stil:

Alle Weine des Hauses sind von größtem Raffinement. Sie wirken so elegant und harmonisch, dass man leicht übersieht, dass sie auch besonders gut strukturiert und lebhaft sind, was ihnen ihr großes Reifepotential verleiht. Besonders die Cuvées mit Jahrgang gewinnen noch an Vielschichtigkeit und Ausgewogenheit, wenn man sie nach der Auslieferung ein bis zwei Jahre zusätzlich reifen lässt.

Die Produkte:

Brut Réserve aus 2/3 Pinot und 1/3 Chardonnay, Verschnitt dreier Jahre, elegant und voller Finesse.

Brut Rosé je zur Hälfte aus Chardonnay und Pinot Noir, besonders gelungener, ausgewogener Rosé.

Brut Millésimé Cuvée Nicolas Billecart aus 60 Prozent Pinot Noir und 40 Prozent Chardonnay, ausschließlich aus Grand-cru-Grundweinen der Montagne de Reims und der Côte des Blancs, besitzt sowohl unvergleichliche Rasse und Frische als auch große Eleganz. Besonders empfehlenswert für besondere Momente.

Blanc de Blancs Millésimé ausschließlich aus Grand-cru-Grundweinen der Côte des Blancs. Raffiniert und erfrischend, ideal zum Aperitif.

Brut Rosé Millésimé Cuvée Elisabeth Salmon einer der schönsten, elegantesten, raffiniertesten Rosés der Champagne. Fürs galante Diner.

Gründungsjahr: 1818
Besitzer: Familie Billecart
Reben im Eigenbesitz: --
Jahresproduktion: 500 000 Flaschen

Champagne Binet
51500 Rilly-la-Montagne
Négociant-Manipulant

Die Marke wurde 1849 durch den Händler Léon Binet ins Leben gerufen. „Bessere Qualität zum gleichen Preis wie die Konkurrenz oder kleinere Preise für gleiche Qualität" hieß die kämpferische Maxime des rührigen Champagnermachers. Dank ihr schuf er sich rasch einen guten Ruf im In- wie im Ausland. 1880 wurde Binet bereits in 30 verschiedene Länder verschickt, bis hin nach Indien, wo die Marke in der britischen Armee großes Ansehen genoss. Gleichzeitig belieferte Binet das Londoner Handelshaus Berry Brother's, das auch heute noch ein treuer Kunde ist. Nach dem Tode von Léon Binet wurde das Champagner-Haus von seiner Witwe übernommen, wechselte aber auf Grund der Wirtschaftskrise in der ersten Hälfte des Jahrhunderts zweimal den Besitzer. Heute gehört es zur Frey-Gruppe. Diese besitzt einen 86 Hektar großen Rebberg, der 40 Prozent der Produktion beider Marken sicherstellt. Bis zum Verkauf von Germain an Vranken wurde die Marke Binet generell für die besten Produkte aus dem Hause Frey verwendet, die Basischampagner kamen als Champagne Germain auf den Markt. 80 Prozent der Produktion wird außerhalb von Frankreich abgesetzt.
Der Stil:
Binet steht für gefällige, gut gemachte, ausgewogene Champagner der Mittelklasse, die jedermann gefallen. Besonders empfehlenswert ist der Blanc de Blancs.
Die Produkte :
Cuvée Brut Élite Assemblage der drei Rebsorten.
Binet Rosé aus 85 Prozent Pinot Noir und 15 Prozent Chardonnay.
Cuvée Millésimé ausgewogen, gefällig.

Blanc de Blancs aus 5 Jahre gereiften Grundweinen, ein fruchtiger, süffiger Aperitifwein.

Cuvée Sélection aus 2/3 Pinot Noir und 1/3 Chardonnay, besonders fruchtig und saftig.

> Gründungsjahr: 1849
> Besitzer: Jean-Jacques Frey
> Reben im Eigenbesitz: 86 Hektar (zusammen mit Germain)
> Jahresproduktion: 300 000 Flaschen (nur Binet)

Champagne Boizel
51200 Épernay
Négociant-Manipulant

Bei Boizel hält eine Frau das Zepter in der Hand: Seit 1984 führt Evelyne Roques-Boizel das Familienunternehmen und sorgt damit dafür, dass die Tradition der energischen und tatkräftigen Frauen der Champagne auch im neuen Jahrtausend andauern wird. Kurz nach ihrem Eintritt in die Firma investierte sie in neue Kelleranlagen und verdoppelte innerhalb kürzester Zeit die Jahresproduktion des über 160 Jahre alten Betriebs. Mittlerweile gehört das Haus zu der neu gegründeten Gruppe Boizel Chanoine Champagne, an der die Familie Boizel zu 18 Prozent beteiligt ist. Mitinhaber sind zwei andere bekannte Champenois, Bruno Paillard und Philippe Baijot. Boizel besitzt nur wenig eigene Reben und bezieht den Großteil der Trauben bei 120 Winzern unter Vertrag. 60 Prozent der Produktion wird außerhalb Frankreichs abgesetzt.

Der Stil:

Champagne Boizel produziert teils einfache, geradlinige und sehr reintönige, teils recht opulente, vollmundige Weine zu erschwinglichen Preisen. Besonders empfehlenswert ist die Sondercuvée Joyau de France. Bemerkenswert auch der Brut Rosé.

Die Produkte:

Brut Réserve aus 30 Prozent Chardonnay, 55 Prozent Pinot Noir und 15 Prozent Pinot Meunier, einfach, erfrischend, für alle Gelegenheiten.

Brut Rosé aus 50 Prozent Pinot Noir, 10 Prozent Chardonnay und 40 Prozent Pinot Meunier.

Blanc de Blancs aus Trauben von Grand-cru- und Premier-cru-Lagen der Côte des Blancs, lebhaft, erfrischend, ein guter Aperitifwein.

Brut Millésimé aus Grundweinen, die teils in kleinen Holzfässern ausgebaut wurden; 55 Prozent Pinot Noir, 35 Prozent Chardonnay und 10 Prozent Pinot Meunier, vollmundig und würzig.

Brut Millésimé Joyau de France aus 35 Prozent Chardonnay und 65 Prozent Pinot Noir, elegant, raffiniert, für besondere Gelegenheiten.

Gründungsjahr: 1834
Besitzer: Die Holding Boizel Chanoine Champagne,
an der die Familie Boizel zu 18 Prozent beteiligt ist.
Verantwortliche: Evelyne Roques-Boizel
Reben im Eigenbesitz: 2 Hektar
Jahresproduktion: 2,6 Millionen Flaschen

Champagne Bollinger
51160 Aÿ
Négociant-Manipulant

Bollinger wurde im Jahr 1828 durch einen aus Württemberg stammenden Deutschen namens Joseph Bollinger gegründet. In der zweiten Hälfte des 19. Jahrhunderts wurde Bollinger besonders in England, aber auch in Amerika bekannt. Während und nach dem Zweiten Weltkrieg wurde das Haus von einer der berühmten Champagner-Witwen geführt: Lily Bollinger. Die Schwarzweißaufnahmen der Firmeninhaberin, die auf ihrem Fahrrad durch die hauseigenen Rebberge radelt, gehören zu den unvergesslichen Dokumenten dieser schwierigen Periode in der Geschichte der Champagne. Vierzig Jahre stand Lily Bollinger an der Spitze ihres Unternehmens und brachte das Haus auf seine heutige Größe. Nach ihrem Tod im Jahre 1977 übernahm ihr Neffe Christian Bizot die Firmenleitung. In einer 1991 publizierten Qualitätscharta verpflichtete er sich offiziell, die Qualitätspolitik des Hauses hochzuhalten. Dieses Dokument erweist sich aus heutiger Sicht geradezu richtungweisend für die Qualitätspolitik der ganzen Champagne in den letzten Jahren des Jahrtausends. Bollinger gehört zum engen Kreis der Spitzenbetriebe der Champagne, zusammen mit Krug, Pol Roger, Roederer und Billecart-Salmon.

Der Stil:

Das Wichtigste vorweg: Die Champagner aus dem Hause Bollinger gefallen nicht jedermann. Sie sind immer zurückhaltend dosiert und lange gereift, besitzen Körper, Struktur und Würze. Das gilt nicht nur für die Sondercuvées und Jahrgangschampagner, sondern auch für den Brut, einen besonders charaktervollen Wein für seine Kategorie. Eine Flasche Bollinger ist ein Ereignis für sich und eignet sich fürs gediegene Fest.

Die Produkte:

Special Cuvée aus 60 Prozent Pinot Noir, 25 Prozent Chardonnay und 15 Prozent Pinot Meunier, mindestens 3 Jahre gelagert, kräftig und würzig, zum Mahl zu genießen.

Grande Année Jahrgangschampagner aus 65 Prozent Pinot Noir und 35 Prozent Chardonnay, mindestens 5 Jahre gereift, ein kräftiger, markiger Wein, der auch nach der Auslieferung noch 1 bis 2 Jahre reifen sollte und zum Essen genossen am besten schmeckt.

R.D. (steht für *récemment dégorgé*) einzigartiger Wein, der vor der Auslieferung mindestens 8 Jahre und länger reift, ein ungemein würziger, vielschichtiger, abgerundeter Champagner der Spitzenklasse, der sich schon durch seine gereifte, goldgelbe Farbe von seinen Mitkonkurrenten unterscheidet.

Grande Année Rosé ein Jahrgangschampagner, der mit rund 10 Prozent Rotwein aus Pinot-Noir-Trauben verschnitten wird, fruchtig, fleischig und herb, mit ausgeprägter Struktur und von ungemeiner Rasse, der auch nach der Auslieferung noch etwas reifen darf.

Vieilles Vignes Françaises rare und teure Sondercuvée, die in Kleinstauflage gekeltert wird, ungemein fruchtiger, verführerischer, vollmundiger Champagner aus 100 Prozent Pinot Noir.

Gründungsjahr: 1829
Besitzer: Familie Bollinger
Reben im Eigenbesitz: 149 Hektar
Angestellte: 125
Jahresproduktion: 1.800 000 Flaschen

Champagne Bonnaire
51530 Cramant
Récoltant-Manipulant

Champagne Bonnaire liegt in Cramant, sechs Kilometer südlich von Épernay. Cramant gehört mit Aÿ, Bouzy, Verzenay und Avize zu den historischen Champagner-Gemeinden, deren Weine schon im Mittelalter für ihre Qualität berühmt waren. Aus Cramant kommen heute mit die besten Chardonnay-Grundweine der Champagne. Die erste Flasche des Hauses wurde im Frühjahr 1932 abgefüllt – heute ist Bonnaire mit einer Jahresproduktion von 200 000 Flaschen einer der größten und bekanntesten Selbstkelterer der Region. Der Blanc de Blancs ist ein äußerst sorgfältig gemachtes Produkt, das besonders in Frankreich, mehr und mehr aber auch im Ausland, wo rund 20 Prozent der Produktion abgesetzt werden, viel Anerkennung findet.

Der Stil:

Bonnaire ist ein Spezialist des Blanc de Blancs – schließlich ist mehr als die Hälfte der Rebfläche mit Chardonnay bestockt. Seine Champagner und besonders der Jahrgangschampagner besitzen etwas vom Duftreichtum eines großen, weißen Burgunders und sind von geradezu unglaublicher Frische und Saftigkeit im Mund. Sie können zum Aperitif genossen werden, machen aber auch als Begleiter eines Fischgerichtes viel Freude. Die Blanc de Blancs von Bonnaire gehören zur absoluten Spitzenklasse unter den Champagnern.

Die Produkte:

Brut Tradition die einfachste Cuvée des Hauses – ein preisgünstiger Champagner für alle Gelegenheiten.

Grand Cru Brut Blanc de Blancs ausschließlich aus weißen Grundweinen komponiert, die in Grand-cru-Lagen wachsen, ein hochklassiger, besonders erfrischender Aperitifwein.

Cramant Grand Cru Brut Millésimé Blanc de Blancs Jahrgangschampagner ausschließlich aus Grundweinen von Rebbergen aus Cramant. Hervorragender, fruchtiger, ungemein rassiger Klassechampagner fürs Fest.

> Gründungsjahr: 1932
> Besitzer: Jean-Louis Bonnaire
> Reben im Eigenbesitz: 22 Hektar (2 Hektar Pinot Noir,
> 8 Hektar Pinot Meunier und 12 Hektar Chardonnay)
> Angestellte: 15
> Jahresproduktion: 200 000 Flaschen

Champagne Bricout & Koch
51190 Avize
Négociant-Manipulant

Avize ist eine historische Champagnergemeinde in der Côte des Blancs. Hier gründete ein ausgewanderter Deutscher namens Koch im Jahre 1820 seinen Champagnerbetrieb. Seine Söhne schlossen sich 1870 mit einem bekannten Weinfachmann namens Arthur Bricout zusammen. In der Belle Époque erreichte das Unternehmen einige Bekanntheit. Bricout rühmt sich, gute Beziehungen zu mehr als 170 Winzern zu erhalten, die sich dafür engagiert haben, Traubengut einwandfreier Qualität zu liefern, und kann auf einen beachtlichen Rebbesitz zählen. Heute gehört die Marke zu Champagne Delbeck.

Der Stil:

Die Champagner von Bricout zeichnen sich nicht durch besondere Originalität aus, schon eher durch saubere Machart. Aufgrund ihres beachtlichen Anteils an Chardonnay geraten sie elegant, ausgewogen und sehr gefällig. Die meisten Cuvées sind typische, erfrischende Aperitif-Champagner.

Die Produkte:

Cuvée Brut Réserve aus 40 Prozent Chardonnay, 30 Prozent Pinot Noir und 30 Prozent Pinot Meunier, 36 Monate gereift, trocken oder halbtrocken.
Cuvée Brut Rosé aus 80 Prozent Chardonnay und 20 Prozent Coteaux Champenois Rouge (Pinot Noir), 36 Monate gereift.
Cuvée Millésimé aus 60 Prozent Chardonnay und 40 Prozent Pinot Noir, vor der Auslieferung 4 bis 6 Jahre gereift.
Cuvée Arthur Bricout ausschließlich aus Grand-cru-Grundweinen komponiert, 70 Prozent Chardonnay, 30 Prozent Pinot Noir, vor der Auslieferung mindestens 5 Jahre gereift, sehr elegant und ausgewogen.

> Gründungsjahr: 1820/1870
> Besitzer: Champagne Delbeck
> Reben im Eigenbesitz: 270 Hektar
> Angestellte: 50
> Jahresproduktion: mehr als 3 Millionen Flaschen

Champagne Canard-Duchêne
51500 Rilly-la-Montagne
Négociant-Manipulant

Canard-Duchêne ist aus der Heirat des Victor Canard, von Beruf Schreiner und Küfer in Ludes, mit Léonie Duchêne, einer Winzerstochter, entstanden. 1868 gründeten sie ihren eigenen Betrieb in der Montagne de Reims. Seit 1978 gehört Canard-Duchêne zu Veuve Clicquot und damit zum Imperium der Gruppe LVMH (Louis Vuitton-Moët-Hennessy). Der Stammsitz ist jedoch immer noch in Ludes bei Rilly, dem Dorf der Gründer der Marke. Über die Hälfte der Produktion wird – vor allem über die Großverteiler – in Frankreich abgesetzt, wo die Marke einen sehr hohen Bekanntheitsgrad besitzt. Es gehört jedoch zum erklärten Ziel der Besitzer, die Marke in den nächsten Jahren im Ausland bekannter zu machen.

Der Stil:

Brut, Demi-sec und Jahrgangschampagner sind nur bedingt zu empfehlen. Es handelt sich um Dutzendchampagner ohne viel Persönlichkeit. Erfreulicher die Sondercuvée Charles VII, die neuerdings in mehreren Varianten angeboten wird – unter anderem als interessanter Blanc de Noirs ausschließlich aus Pinot-Noir-Trauben.

Die Produkte:

Canard-Duchêne Brut aus 25 Prozent Chardonnay, 40 Prozent Pinot Noir und 35 Prozent Pinot Meunier.

Canard-Duchêne Demi-Sec wie Brut, aber halbsüß dosiert.

Canard-Duchêne Brut Rosé wie Brut, mit 15 Prozent Rotwein aus Pinot Noir verschnitten.

Canard Duchêne Brut Millésimé aus 30 Prozent Chardonnay, 42 Prozent Pinot Noir und 28 Prozent Pinot Meunier.

Grande Cuvée Charles VII Brut aus 40 Prozent Chardonnay, 50 Prozent Pinot Noir und 10 Prozent Pinot Meunier, ausgewogen, fruchtig, gefällig aufgrund seines verhältnismäßig hohen Chardonnay-Anteils, der das Geschmacksbild dominiert.

Grande Cuvée Charles VII Brut Blanc de Noirs aus 100 Pinot Noir, betont fruchtig, süffig, zur Zeit die erfreulichste Cuvée des Hauses.

Grande Cuvée Charles VII Rosé ein Brut, der zusätzlich mit Pinot-Rotwein verschnitten wurde, fruchtig, unaufdringlich, passt bestens zu Weichkäse oder einem Vorspeisenbuffet.

Gründungsjahr: 1868
Besitzer: LVMH
Reben im Eigenbesitz: 18 Hektar
Angestellte: 50
Jahresproduktion: 3,7 Millionen Flaschen

Champagne Charles de Cazanove
51200 Epernay
Négociant-Manipulant

Im Jahre 1811 durch Charles-Gabriel de Cazanove gegründet, kam die Marke 1958 an den Getränkekonzern Martini und von da an den Riesen Moët-Hennessy und verlor so einiges an Eigenständigkeit und Bedeutung. 1985 ging sie jedoch in den Besitz der Familie Lombard über, die seither große Anstrengungen für eine bessere Positionierung der traditionellen Marke unternommen hat. Dank Exklusivverträgen sichert sich das Haus Trauben von rund 1 200 Hektar Reben. Seit Februar 1999 ist Charles de Cazanove an der Börse quotiert.

Der Stil:

De Cazanove steht für fruchtige, gefällige, zuverlässige Champagner der Mittelklasse. Besonders die Chardonnay-betonten Cuvées der Serie „Brut Azur" sind modern gemachte Produkte für alle Gelegenheiten.

Die Produkte:

Brut Azur Premier Cru aus 60 Prozent Chardonnay, 30 Prozent Pinot Noir und 10 Prozent Pinot Meunier. Für diese Cuvée wird lediglich Most erster Pressung (*cuvée*) von Trauben aus Premier-cru-Lagen verwendet. Das Resultat ist ein erfrischender, abgerundeter Aperitif-Champagner.

Brut Azur Premier Cru Millésimé aus 80 Prozent Chardonnay und 20 Prozent Pinot Noir. Wird aus Most erster Pressung der besten Lagen assembliert. Fruchtiger, eleganter Wein für alle Gelegenheiten.

Stradivarius Cuvée Prestige aus 2/3 Chardonnay (Côte des Blancs) und 1/3 Pinot Noir (Montagne de Reims). Die eigentliche Visitenkarte des Hauses, aus erstklassigen Grundweinen assembliert und dank rund 6 Jahren Kellerreife besonders reif und voll und von angenehmer, unaufdringlicher Würze.

> Gründungsjahr: 1811
> Besitzer: Familie Lombard
> Reben im Eigenbesitz: - -
> Angestellte: 38
> Jahresproduktion: 3,2 Millionen Flaschen

Champagne Cattier
51500 Chigny-les-Roses
Négociant-Manipulant

Auf ihre lange Geschichte als Familienbetrieb sind die Cattier besonders stolz: Die Gründung des Weinbaubetriebes lässt sich auf das Jahr 1763 zurückdatieren. Die Marke Cattier wurde 1920 eingetragen. Der Betrieb ist in Chigny-les-Roses beheimatet, einem charmanten Dorf in der Montagne de Reims. Aushängeschild der Marke ist eine der seltenen Lagencuvées der Champagne, der Clos du Moulin, den zwei namhafte Fluggesellschaften ihren Erste-Klasse-Passagieren servieren. Die eigenen Rebberge decken einen Großteil des Traubenbedarfs des kleinen Hauses.

Der Stil:
Alle Weine aus den Kellern von Cattier sind von zuverlässiger Machart und besitzen Biss und Kraft. In den meisten Assemblagen überwiegt der Pinot Noir. Die Cuvée Clos du Moulin ist im Gegensatz zu den meisten Sondercuvées kein Jahrgangschampagner, sondern immer aus drei verschiedenen großen Jahrgängen gekeltert, etwa 1986, 1988 und 1989. Sie kommt immer sehr reif auf den Markt und ist betont fruchtig, vollmundig und saftig und daher höchst empfehlenswert, trotz ihres relativ hohen Preises. Dieser rechtfertigt sich jedoch aus der Rarheit der Cuvée, die in einer Auflage von rund 10 000 Flaschen auf den Markt kommt.

Die Produkte:
Brut aus 75 Prozent Pinot Noir und Meunier und 25 Prozent Chardonnay, fruchtig und würzig.
Brut Blanc de Blancs aus 100 Prozent Chardonnay, erfrischend, sauber gemacht.
Brut Rosé ein zuverlässiger Verschnitt-Rosé für alle Gelegenheiten.
Brut Millésimé aus 2/3 Pinot Noir und Meunier, 1/3 Chardonnay, saftig, kräftig, kompakt, darf auch nach der Auslieferung noch etwas reifen.
Brut Cuvée Renaissance Millésimé aus 40 Prozent Chardonnay, 40 Prozent Pinot Noir und 20 Prozent Pinot Meunier, dank seines höheren Chardonnay-Anteils etwas gefälliger und zugänglicher als der „normale" Jahrgangschampagner.

Brut Clos du Moulin aus 50 Prozent Pinot Noir und 50 Prozent Chardonnay, vollmundiger, rassiger und eleganter, voll ausgereifter und doch frisch und lebhaft gebliebener Wein für besondere Gelegenheiten.

> Gründungsjahr: 1920
> Besitzer: Familie Cattier
> Reben im Eigenbesitz: 18 Hektar (6 Hektar zusätzlich unter Vertrag)
> Angestellte: 18
> Jahresproduktion: 500 000 Flaschen

Champagne Gaston Chiquet
51318 Épernay
Récoltant-Manipulant

Die Chiquet sind Weinbauern in der Champagne seit 1746. 1919 begannen sie, ihre Weine selber abzufüllen und gehören somit zu den ersten Selbstkelterern der Champagne. 1935 trennte sich Gaston Chiquet von seinem Bruder und schuf seine eigene Marke. In den fünfziger Jahren erweiterten Gaston Chiquet und sein Sohn Claude den Rebbesitz und damit die Produktion. Die Weinberge der Chiquet liegen im Herzen der Champagne, im Vallée de la Marne rund um Dizy, Aÿ und Hautvillers.

Der Stil:

Die Champagner aus dem Hause Chiquet zeichnen sich durch geradlinige, klare, saubere Machart aus. Es handelt sich durchweg um sehr zuverlässige, unspektakuläre, solide Produkte. Die Jahrgangschampagner besitzen ein ausgezeichnetes Reifepotential. Die Cuvée Millésimé ist besonders empfehlenswert.

Die Produkte:

Brut Tradition aus 35 Prozent Chardonnay, 20 Prozent Pinot Noir und 45 Prozent Pinot Meunier, süffiger, preisgünstiger Champagner für alle Gelegenheiten.
Brut Rosé traditionell bereiteter, zuverlässiger Rosé.

Champagne Blanc de Blancs aus Chardonnay-Trauben, die in Aÿ, also mitten im Reich des Pinot Noir wachsen, was ihnen einen ganz besonderen, würzigen Charakter verleiht – eine originelle Spezialität, die vielleicht nicht ganz die Feinheit eines Blanc de Blancs aus der Côte des Blancs besitzt, aber dafür viel herbe Würze.

Champagne Millésimé aus 60 Prozent Pinot Noir und 40 Prozent Chardonnay, kräftig, fruchtig, gut reifend, auch nach der Abfüllung. Ein Champagner, den man am besten 2 bis 3 Jahre im Keller vergisst.

Champagne Special Club aus 70 Prozent Chardonnay und 30 Prozent Pinot Noir, die eleganteste Cuvée aus dem Haus. Empfehlenswert zum Essen, zu Fisch.

> Gründungsjahr: 1935
> Besitzer: Familie Chiquet
> Rebfläche: 22 Hektar
> Angestellte: 18
> Jahresproduktion: 200 000 Flaschen

Veuve Clicquot Ponsardin
51100 Reims
Négociant-Manipulant

Philippe Clicquot, ein Abkömmling einer begüterten Bankiersfamilie, gründete seinen Weinhandel im Jahre 1772. Rund 25 Jahre später übergab Philippe Clicquot die Geschäfte seinem Sohn François. Mehrere Jahrzehnte lang führte dessen Witwe Nicole-Barbe Ponsardin das Unternehmen, brachte es dank ihrer Tüchtigkeit zu Ruhm und Ansehen und begründete so die Tradition der tüchtigen Witwen der Champagne. Ende der siebziger Jahre fusionierte das Haus mit der (heute wieder selbstständigen) Marke Henriot und erwarb Canard-Duchêne, bevor es seinerseits von der Luxusproduktegruppe LVMH (Louis Vuitton-Moët-Hennessy) absorbiert wurde.

Der Stil:

In den letzten Jahren hat Veuve Clicquot eine bemerkenswerte Stiländerung erfahren. Besonders die Luxuscuvées sind wieder auf der Höhe der Reputation des alten Hauses, die meisten Weine präsentieren sich heute frischer, sauberer, ausgewogener als Ende der achtziger Jahre.

Die Produkte:

Veuve Clicquot Brut Carte Jaune aus 30 Prozent Chardonnay, 55 Prozent Pinot Noir und 15 Prozent Pinot Meunier, frisch und fruchtig, für alle Gelegenheiten.

Veuve Clicquot Rich Reserve Millésimé aus 33 Prozent Chardonnay, 62 Prozent Pinot Noir und 5 Prozent Pinot Meunier, leicht süß dosiert, Aroma getrockneter Aprikosen und weißer Früchte.

Veuve Clicquot Demi-sec aus 30 Prozent Chardonnay, 45 Prozent Pinot Noir und 25 Prozent Pinot Meunier, halbtrocken dosiert.

Veuve Clicquot Rosé Réserve Millésimé aus 33 Prozent Chardonnay, 56 Prozent Pinot Noir, 11 Prozent Pinot Meunier, fruchtiger, gefälliger Rosé.

Veuve Clicquot Vintage Réserve aus 33 Prozent Chardonnay, 62 Prozent Pinot Noir und 5 Prozent Pinot Meunier, ausgewogener, vollmundiger, eleganter Jahrgangschampagner.

La Grande Dame Millésimé aus 39 Prozent Chardonnay und 61 Prozent Pinot Noir, blumige und fruchtige Sondercuvée für besondere Anlässe, besonders empfehlenswert.

La Grand Dame Rosé Millésimé aus 40 Prozent Chardonnay und 60 Prozent Pinot Noir.

Gründungsjahr: 1772
Besitzer: LVMH
Reben im Eigenbesitz: 286 Hektar
Angestellte: 470
Jahresproduktion: 10 Millionen Flaschen

Champagne Delamotte

Champagne Salon
51190 Le-Mesnil-sur-Oger
Négociant-Manipulant

Delamotte ist eine alte Marke. Bis 1948 stand sie im Besitz der Familie de Nonancourt, Eigentümer auch der Laurent-Perrier-Gruppe, zu der Delamotte seit 1989 gehört, zusammen mit der kleinen Marke Salon, ebenfalls in Mesnil beheimatet, mit der Delamotte eng verbunden ist. Delamotte wie Salon stellen eigentliche Geheimtips unter den Champagnern dar. Kenner schätzen sie hoch, dem großen Publikum sind sie dafür weitgehend unbekannt. Das hängt nicht zuletzt mit der relativ bescheidenen Produktion der beiden Marken zusammen.
Salon produziert einen einzigen Champagner mit Jahrgang ausschließlich aus Chardonnay, die Cuvée S – und das auch nur in den besten Jahren – in einer Auflage von rund 80 000 Flaschen. Sie kommt immer voll ausgereift auf den Markt, nach einer Lagerzeit, die 10 Jahre und länger betragen kann. Die Cuvées großer alter Jahrgänge – 1928, 1955, 1971, 1979 – sind gesuchte und entsprechend teure Raritäten.
Der Stil:
Delamotte und Salon sind in Le-Mesnil-sur-Oger beheimatet, mitten in der Côte des Blancs. Die Vorherrschaft der Sorte Chardonnay ist denn auch eines der Kennzeichen der Cuvées dieser beiden kleinen, aber feinen Marken. Beide stehen für besonders elegante, bekömmliche, raffinierte, vielschichtige, würzige Champagner, die vorzüglich ein ganzes Mahl begleiten.
Die Produkte:
Delamotte Brut Non Millésimé aus 50 Prozent Chardonnay, 30 Prozent Pinot Noir und 20 Prozent Pinot Meunier, ausgewogen, blumig, frisch.
Delamotte Blanc de Blancs aus 100 Prozent Chardonnay, rassiger, frischer, lebhafter Wein mit ausgeprägtem Sortencharakter.
Delamotte Blanc de Blancs Millésimé aus 100 Prozent Chardonnay, rassig und raffiniert, von ausgesuchter Feinheit, idealer, bekömmlicher Aperitifwein.

Brut Rosé ausschließlich aus Pinot Noir. Besonders fruchtig und beerig, bestens geeignet für ein festliches Picknick.

Salon Cuvée S Blanc de Blancs Millésimé fällt immer sehr jahrgangstypisch aus. Der 1983er etwa ist fast dekadent würzig und aromatisch, der 1982er sehr reif und rund, der 1988er füllig und doch gut strukturiert. Wein für Kenner und Liebhaber voll ausgereifter Champagner.

Gründungsjahr: Delamotte 1760/Salon 1921
Besitzer: Groupe Laurent Perrier
Reben im Eigenbesitz: 15 Hektar
Angestellte: 9
Jahresproduktion: 420 000 Flaschen

Champagne Delbeck
51053 Reims
Négociant-Manipulant

Durch Frederick Delbeck im Jahr 1832 in Reims gegründet. Dank Weinen ausgesuchter Qualität Hoflieferant der französischen Krone und eine der wichtigsten Marken während der Belle Époque. Die größten Künstler dieser schillernden Epoche illustrierten die Etiketten des Hauses. Im 20. Jahrhundert wurde es eher still um die ehemals so bedeutende Marke. 1964 kam das Haus zu Piper-Heidsieck, wurde 1990 wieder unabhängig und kam 1995 unter die Fittiche zweier erfahrener Champenois, Pierre Martin und Olivier de la Giraudière. Deren erklärtes Ziel ist es, die Marke wieder zu altem Glanz zu führen.

Der Stil:

Delbeck war in den letzten Jahren für klassische, kräftige Champagner der Mittelklasse bekannt. Wie sich die neue Direktion auf den Stil der Weine auswirkt, wird sich in den nächsten Jahren weisen: Die ersten unter neuem Management gekelterten Weine sind erst seit kurzem auf dem Markt.

Die Produkte:

Brut Héritage aus 2/3 Pinot Noir und 1/3 Chardonnay.

Demi-sec aus 2/3 Pinot Noir und 1/3 Chardonnay, halbsüß dosiert.

Cramant Grand Cru aus 100 Prozent Chardonnay, rassig und frisch.

Bouzy Grand Cru aus 80 Prozent Pinot Noir und 20 Prozent Chardonnay, ungemein fruchtig und vollmundig, mit Biss.

Brut Vintage aus 2/3 Pinot Noir und 1/3 Chardonnay, mächtiger, fruchtbetonter Champagner mit beeindruckender Struktur, kann lange reifen.

Brut Héritage Rosé aus 90 Prozent Pinot Noir und 10 Prozent Chardonnay, klassischer Rosé für alle Gelegenheiten.

> Gründungsjahr: 1832
> Besitzer: Pierre Martin und
> Olivier de la Giraudière
> Reben im Eigenbesitz: 140 Hektar
> Angestellte: 9
> Jahresproduktion: 200 000 Flaschen

Champagne Deutz
51160 Aÿ
Négociant-Manipulant

Deutz-Geldermann wurde wie andere große Champagnerhäuser von zwei gebürtigen Deutschen gegründet: William Deutz und Pierre-Hubert Geldermann. Bis 1993 stand das Haus im Besitz der Gründerfamilien. Auch nach seinem Verkauf an die Roederer-Gruppe wird es noch von einem ihrer Nachfahren geleitet. Deutz gehört – wie Billecart-Salmon und Gosset – zu den unterschätzten Champagnermarken. Qualitativ ist die Marke gleich hinter dem Spitzenquartett Bollinger/Krug/Roederer/Pol Roger anzusiedeln. Diese Klassierung hat ihren Preis: Die Champagner von Deutz sind nicht billig.

Der Stil:

Deutz produziert Champagner für Kenner. Der Pinot Noir dominiert die meisten

Cuvées. Diese sind, wenn sie ausgeliefert werden, fast immer noch so jugendlich-ungestüm, dass sie von vielen Verkostern in Unkenntnis der Dinge als aggressiv und grün bezeichnet werden. Das ist wohl auch einer der Gründe, warum Deutz beim breiten Publikum nur zurückhaltende Anerkennung findet. Die Jahrgangschampagner und die Cuvées Spéciales lässt man daher am besten 1 bis 2 Jahre im Keller reifen.

Die Produkte:

Deutz Brut aus 60 Prozent Pinot Noir, 30 Prozent Chardonnay und 10 Prozent Pinot Meunier, herb und sehr trocken, zum Mahl zu genießen.

Deutz Rosé ganz aus Pinot Noir verschnitten.

Blanc de Blancs Millésimé mehrheitlich aus Chardonnay der Côte de Blancs assembliert. Raffinierter, eleganter Tropfen, der ausgezeichnet zu Meeresfrüchten mundet.

Cuvée William Deutz die Spitzencuvée enthält fast 60 Prozent Pinot Noir, was ihr einen besonders fruchtigen Geschmack verleiht. Im Alter von etwa 8 bis 10 Jahren genossen, entwickelt sie eine geradezu einmalige Komplexität sowie Frische und Rasse und verdient, zu ganz besonderen Speisen genossen zu werden – etwa einem fangfrischen, rasch in kochendem Wasser getöteten und anschließend kurz über der Holzglut grillierten Hummer, den man mit Scheiben gehäuteter Grapefruit und ein paar knackigen Salatblättern begleitet.

Cuvée William Deutz Rosé aus 75 Prozent Pinot Noir und 25 Prozent Chardonnay, frisch, würzig, kräftig.

Gründungsjahr: 1838
Besitzer: Champagne Louis Roederer
Reben im Eigenbesitz: 42 Hektar
Angestellte: 60
Jahresproduktion: 940 000 Flaschen

Champagne Diebolt-Vallois
51530 Cramant
Récoltant-Manipulant

Dieses 1959 gegründete Champagnerhaus kultiviert jeweils zur Hälfte weiße und schwarze Trauben. Die vier mit Chardonnay bepflanzten Hektar befinden sich in Cramant und Cuis, zwei Gemeinden der Côte des Blancs, die für ihre ausgezeichneten Terroirs berühmt sind. Ein Teil der Reben aus der Grand-cru-Lage Cramant besitzt ein außerordentlich hohes Durchschnittsalter. Sie ergeben die reinsortige Cuvée Spéciale, die Spitzencuvée des kleinen Winzerbetriebs. Die Grundweine für diese Cuvée werden teilweise in Holzfässern ausgebaut, was ihnen zusätzlich Komplexität und Ründe verleiht. 40 Prozent der Produktion werden nach Amerika, Japan, Deutschland, Belgien, England und in die Schweiz exportiert.

Der Stil:

Alle Produkte des Betriebes sind von ausgezeichneter Qualität, aber von höchst unterschiedlicher Art. Seinen Ruf hat sich Diebolt aber ganz eindeutig mit dem Blanc de Blancs und der hervorragenden Cuvée Prestige ganz aus Chardonnay geschaffen, die einen ausgesprochenen Eigencharakter besitzt und besonders würzig, fruchtig, voll und lang im Mund liegt.

Die Produkte:

Cuvée Tradition aus allen drei Sorten verschnitten, ein klassischer, sehr zurückhaltend dosierter Champagner.

Cuvée Blanc de Blancs ganz aus Chardonnay aus den Dörfern Cramant und Cuis assembliert, besonders fruchtig und elegant.

Cuvée Passion aus Grundweinen mit Holzfassausbau, keine malolaktische Gärung, die Weine werden weder gefiltert noch geschönt. Eigenwilliger, charaktervoller, würziger Champagner zum Mahl.

Cuvée Prestige ganz aus Chardonnay von sehr alten Weinstöcken, die im Herzen der Rebberge von Cramant wachsen. Geringer Ertrag aufgrund des Alters der Weinstöcke, daher besonders würzig und konzentriert.

Gründungsjahr: 1959
Besitzer: Jacques Diebolt mit seinen beiden Kindern
Reben im Eigenbesitz: 8,5 Hektar
Angestellte: 4
Jahresproduktion: 70 000 Flaschen

Champagne Drappier
10200 Urville
Négociant-Manipulant

Drappier ist eines der wenigen Häuser mit Sitz im Departement Aube, die es zu einiger Bekanntheit gebracht haben. Das ist nicht nur der einwandfreien Qualität seiner Weine zu verdanken, sondern auch zwei illustren Kunden, denen die würzigen, vollmundigen Weine des Hauses offenbar besonders behagen: dem ehemaligen französischen Staatschef de Gaulle und dem Filmstar Jean-Paul Belmondo. Die Drappier sind Winzer seit fast zwei Jahrhunderten. Mit der Produktion der eigenen 60 Hektar Reben in Urville werden rund 85 Prozent des Bedarfs an Trauben gedeckt. Zugekauft werden vor allem Trauben aus den Gemeinden Cramant, Bouzy und Ambonnay.

Der Stil:
Die Champagner aus dem Hause Drappier sind fruchtig und körperreich, wie dies typisch ist für die Pinot Noirs der Côte des Bars. Wer sich erst an den etwas schwerfälligen, aber durchaus interessanten, würzigen Stil gewöhnt hat, wird an den Weinen des Hauses großen Gefallen finden.

Die Produkte:
Cuvée Carte Blanche Brut aus 90 Prozent Pinot Noir.
Cuvée Blanc de Blancs Signature aus 100 Prozent Chardonnay.
Rosé Brut Val des Demoiselles aus 100 Prozent Pinot Noir, einer der wenigen *rosé de saignée* der Champagne, also aus champagnisierten Rosé-Grundweinen gekeltert und nicht durch Zugabe von Rotwein hergestellt, fruchtig und beerig und daher sehr empfehlenswert.

Cuvée Charles de Gaulle Millésimé Jahrgangschampagner aus 80 Prozent Pinot Noir und 20 Prozent Chardonnay. Cuvée de Collection zu Ehren von Charles de Gaulle, der die Champagner von Drappier besonders gerne auf seinen privaten Empfängen servierte.

La Grande Sendrée aus 45 Prozent Chardonnay und 55 Prozent Pinot Noir. Diese Prestigecuvée des Hauses stammt vom gleichnamigen, nach Süden ausgerichteten und besonders geschützten Weinberg, der mit besonders alten Rebstöcken bepflanzt ist. Sie wird nur in Kleinauflage gekeltert und gehört garantiert zu den interessantesten Produkten ihrer Ursprungsregion.

> Gründungsjahr: 1808
> Besitzer: André und Michel Drappier
> Reben im Eigenbesitz: 60 Hektar
> Angestellte: 30
> Jahresproduktion: 800 000 Flaschen

Champagne Duval Leroy
51130 Vertus
Négociant-Manipulant

Das 1859 durch die Heirat von Hortense Duval mit dem Winzer und Händler Édouard Leroy entstandene Unternehmen gehört heute mit zu den zehn größten Betrieben der Region. Es steht immer noch zu 100 Prozent im Besitz der Gründerfamilie. Nach dem Tod ihres Mannes im Jahr 1991 hat Carole Duval Leroy die Leitung des Hauses übernommen, das sie mit viel Umsicht und Weitblick führt und damit die Reihe der tüchtigen Witwen der Champagne fortsetzt. Mit seinen 140 Hektar im Côte des Blancs deckt Duval Leroy ein Viertel seines Bedarfs an Trauben.

Der Stil:

Duval Leroy war ursprünglich ein Spezialist der so genannten *marques d'acheteur*, der Handelsmarken, die man gemäß den Wünschen des Käufers keltert und etikettiert. Supermärkte und Restaurants ließen (und lassen) hier ihren

Hauschampagner keltern. In den letzten Jahren wird jedoch mehr und mehr die eigene Marke Duval Leroy in den Vordergrund gestellt – mit einigem Erfolg. Nachdem Duval Leroy bewiesen hat, dass man preisgünstige Champagner in anständiger Qualität produzieren kann, demonstriert man nun, wozu man im Sektor der Spitzenweine fähig ist, etwa mit der Sondercuvée Fleur de Champagne Millésimé Extra-Brut, die besonders elegant und rassig ausfällt.

Die Produkte:

Fleur de Champagne Brut je nach Jahr aus rund 80 Prozent Chardonnay und 20 Prozent Pinot Noir gekeltert, erfrischend, elegant, für alle Gelegenheiten.

Fleur de Champagne Blanc de Noirs aus 60 Prozent Pinot Noir und 40 Prozent Pinot Meunier, fruchtig und saftig.

Fleur de Champagne Blanc de Chardonnay frisch und bekömmlich.

Fleur de Champagne Rosé de Saignée aus Rosé-Grundweinen der Sorte Pinot Noir champagnisiert und nicht durch Zugabe von Rotwein in die Assemblage, lebhaft und fruchtig.

Fleur de Champagne Millésimé aus 75 Prozent Chardonnay und 25 Prozent Pinot Noir, 6 Jahre in Kreidefelskellern gereift, elegant, rassig, lang anhaltend.

Fleur de Champagne Extra-Brut Millésimé wie der normale Jahrgangschampagner, aber undosiert abgefüllt, kräftiger, rassiger Wein, der 1 bis 2 Jahre zusätzliche Reifezeit gut erträgt. Das zur Zeit interessanteste Produkt des Hauses.

Gründungsjahr: 1859
Besitzer: Carole Duval
Reben im Eigenbesitz: 140 Hektar
Angestellte: 120
Jahresproduktion: 6,5 Millionen Flaschen

Champagne Nicolas Feuillatte
51206 Épernay
Coopérative-Manipulante

Nicolas Feuillatte ist ein Weltenbummler, der mit dem Kaffeegroßhandel sein Vermögen machte. Anfang der siebziger Jahre erbte er einen zwölf Hektar großen Rebberg in der Montagne de Reims. Er schuf die Marke Nicolas Feuillatte, die er 1976 an das Centre Vinicole de la Champagne abtrat. Diese Genossenschaftsgruppe in Chouilly vereinigt dank ihrer 4 000 Mitglieder (das sind 25 Prozent aller Champagnerwinzer!) über fünf Prozent der Rebfläche der Champagne. Dank einer riesigen Bandbreite an Grundweinen aus allen guten Lagen der Champagne bieten die Macher von Nicolas Feuillatte eine breite Palette von Champagnern ordentlicher bis erfreulicher Qualität an.

Der Stil:

Gemeinsam ist allen Weinen aus den Kellern der Genossenschaft, die unter der Marke Nicolas Feuillatte vertrieben werden, ihre Geradlinigkeit, ihre Rasse und Frische. Es handelt sich nicht um besonders feingliedrige, delikate oder intellektuelle Champagner, sondern vielmehr um ungestüme, fröhliche, schnörkellose Weine für alle Gelegenheiten.

Die Produkte:

Premier Cru Brut oder **Demi-sec** ausgewogen, erfrischend, knackig.
Premier Cru Brut Rosé
Premier Cru Blanc de Blancs eleganter, rassiger Aperitifwein.
Premier Cru Millésimé klassischer Jahrgangschampagner ohne viel Persönlichkeit.
Cuvée Spéciale Palme d'Or fruchtig, füllig, angenehm säuerlich, aber nicht besonders elegant oder fein.

Gründungsjahr: 1972
Besitzer: Centre Vinicole de la Champagne
Reben im Eigenbesitz: 1 950 Hektar
Angestellte: 160
Jahresproduktion: 5 Millionen Flaschen

Champagne Fleury Père & Fils
10250 Courteron
Négociant-Manipulant

Fleury hat zwei Besonderheiten. Erstens liegen die Reben des Hauses in der Côtes des Bars, also dem Departement Aube, wo der Pinot Noir Grundweine besonders vollmundiger, würziger Art ergibt, und zweitens werden sie seit 1992 ganz nach den Richtlinien der Biodynamik bestellt. Die Grundweine, die Besitzer Jean-Pierre Fleury dazukauft, stammen ebenfalls aus biodynamischem Anbau, so dass seine Cuvées unter dem Label Demeter, das die Richtlinien naturnahen Anbaus kontrolliert und garantiert, vertrieben werden können. So bietet Fleury einen der wenigen nennenswerten und qualitativ hochstehenden Champagner aus kontrolliertem, naturnahem Anbau.

Der Stil:

Fleury keltert Weine mit ausgeprägter Persönlichkeit, die man eigentlich nur heiß lieben oder abgrundtief hassen kann. Die einfacheren Weine sind von reifer, goldener Farbe, besonderer Würze und ausgeprägtem Eigengeschmack, die Spezialcuvées besitzen zusätzlich Rasse und Frische.

Die Produkte:

Fleury Brut würziger, Pinot-betonter Wein für alle Gelegenheiten, schmeckt besser zum Essen als zum Aperitif.

Cuvée Spéciale Fleur de l'Europe vollmundiger, charaktervoller, kräftiger Wein mit ausgeprägtem Eigengeschmack.

Fleury Rosé Brut geradliniger, fruchtiger Rosé.

Champagne 2000 et une Nuit Sondercuvée mit einem Hauptanteil an Chardonnay. Besitzt, was den anderen Cuvées etwas fehlt: viel Feinheit und Rasse neben der ausgeprägten Würze und ist daher besonders empfehlenswert, wurde allerdings nur in Kleinauflage produziert.

Gründungsjahr: 1895
Besitzer: Jean-Pierre Fleury
Reben in Eigenbesitz: 13 Hektar
Angestellte: 11
Jahresproduktion: 185 000 Flaschen

Champagne Michel Genet
51530 Chouilly
Récoltant-Manipulant

Der kleine Familienbetrieb wurde in den sechziger Jahren von Michel Genet gegründet. Die sieben Hektar Anbaufläche befinden sich in Chouilly und Cramant, zwei Grand-cru-Gemeinden der Côte des Blancs. Sie sind ausschließlich mit Chardonnay bestockt und auf 31 Parzellen verteilt. Genet ist einer der vielen Winzer, die möglichst naturnah arbeiten, ohne sich ganz auf eine Schule versteifen zu wollen. 40 Prozent der Produktion werden außerhalb Frankreichs abgesetzt.
Der Stil:
Genets Weine sind klassische Blanc de Blancs. Sie sind außerordentlich sauber gearbeitet und besitzen viel Frische, Finesse und die rassige Fruchtigkeit der Weine aus Cramant.
Die Produkte:
Brut Esprit Grand Cru aus 100 Prozent Chardonnay gekeltert, fruchtig, geradlinig, für alle Gelegenheiten.
Grande Réserve Millésimé aus 100 Prozent Chardonnay, fein und rassig zugleich, gut strukturiert, hat Biss.
Brut Rosé Millésimé
Prestige de la Cave Millésimé die beste Cuvée des Hauses, aus Grundweinen besonderer Qualität gekeltert, reich und würzig, von großer Klasse.

Gründungsjahr: 1960
Besitzer: Familie Genet
Reben im Eigenbesitz: 7 Hektar
Angestellte: 1
Jahresproduktion: 50 000 Flaschen

Champagne René Geoffroy
51480 Cumières
Récoltant-Manipulant

Cumières, dessen Rebberge als Premier-cru-Lage klassiert sind, liegt im Herzen des Marnetals unweit von Épernay. Die Geoffroy sind Winzer in Cumières seit dem 18. Jahrhundert. Die 13 Hektar Weinberge liegen über die Gemeinden Cumières, Hautvillers, Damery und Fleury verstreut. Im Rebsatz von 42 Prozent Pinot Noir, 39 Prozent Meunier und 19 Prozent Chardonnay überwiegen terroir-bedingt die schwarzen Rebsorten. René Geoffroy praktiziert den naturnahen Anbau seiner Weinberge (intgerierter Weinbau, frz. *lutte raisonnée*).
Die Weinbereitung geschieht betont traditionell: Der Most vergärt in großen Eichenholzbottichen.

Der Stil:

Die Champagner von René Geoffroy sind genau richtig für Liebhaber authentischer, bodenständiger Produkte. Das soll nun aber nicht heißen, dass die Champagner aus diesem Kleinbetrieb der alten Schule angehören und als rustikale Brocken daherkommen – ganz im Gegenteil.

Die Produkte:

Carte Blanche Brut ein Verschnitt von zwei Jahrgängen ausschließlich aus schwarzen Trauben (50 Prozent Pinot Noir und 50 Prozent Meunier), existiert auch in einer halbsüßen Variante, fruchtiger, süffiger Champagner für alle Gelegenheiten.
Champagne Brut Rosé ein Champagner aus Rosé-Wein und nicht durch Beigabe von Rotwein entstanden, saftig und erfrischend.
Brut Premier Cru Cuvée de Réserve ein Verschnitt von 2 Jahrgängen aus 50 Prozent Pinot Meunier, 40 Prozent Pinot Noir und 10 Prozent Chardonnay,

fruchtig und vollmundig.

Brut Premier Cru Cuvée Sélectionnée aus 2/3 Pinot Noir und 1/3 Chardonnay, kräftiger, rassiger Champagner mit ausgeprägtem Eigencharakter. Gut geeignet zur Begleitung eines Mahls.

Brut Premier Cru Cuvée Prestige aus 2/3 Chardonnay und 1/3 Pinot Noir, würzig, reif, frisch und kräftig – begleitet Meeresfrüchte oder ein ganzes Mahl.

Gründungsjahr: 1700
Besitzer: René und Jean-Baptiste Geoffroy
Reben im Eigenbesitz: 13 Hektar
Angestellte: 7
Jahresproduktion: 120 000 Flaschen

Champagne Germain
51500 Rilly-la-Montagne
Négociant-Manipulant

1898 durch Henri-Antoine Germain gegründet, einen Winzer aus der Montagne de Reims. Ein Nachfahre des Gründers machte in den fünfziger Jahren dieses Jahrhunderts vor allem als Präsident des Fußballklubs von Reims von sich reden. Gehörte wie seine Schwestermarke Binet zur Frey-Gruppe und wurde 1999 an Vranken verkauft – ohne die Rebberge allerdings, die bei Binet bleiben. Alle Weine lagern in charakteristischen Kreidekellereien bis zu 40 Meter unter dem Boden.

Der Stil:

Bezeichnete Binet bis Mitte 1999 die Spitzenprodukte aus dem Frey-Imperium, wurde die Marke Germain vor allem für die einfacheren Cuvées verwendet. So weit die Theorie: Tatsächlich schmecken die geradlinigen, schnörkellosen und fröhlichen Weine der Marke Germain nämlich so gut wie die Weine mit dem Etikett Binet. Gewiss, es handelt sich nicht um Renommier- Champagner für Kenner und solche, die es werden wollen, sondern vielmehr um leicht zugängliche, einfache, aber immer sauber gemachte Schäumer, vernünftig im Preis. Wie sich Germain nach seinem Verkauf an Vranken weiterentwickeln wird, bleibt abzuwarten.

Die Produkte:

Prestige Brut Tête de Cuvée aus 70 Prozent Pinot Noir und
30 Prozent Chardonnay.

Prestige Brut Premier Cru aus 100 Prozent Pinot Noir.

Prestige Brut Millésimé aus 70 Prozent Pinot Noir und 30 Prozent Chardonnay.

Prestige Rosé aus 60 Prozent Pinot Noir, 20 Prozent Chardonnay und
20 Prozent Meunier.

Blanc de Blancs Millésimé aus 100 Prozent Chardonnay, erfrischend, lebhaft,
süffig, besonders empfehlenswert.

Président Brut Tête de Cuvée aus 50 Prozent Chardonnay und
50 Prozent Pinot Noir, ausgewogen, gut gemacht.

Gründungsjahr: 1898
Besitzer: Vranken Monopole
Reben im Eigenbesitz: --
Angestellte: 25
Jahresproduktion: 2 Millionen Flaschen

Champagne Pierre Gimonnet & fils
51530 Cuis
Récoltant-Manipulant

Wie viele Champagnerwinzer begannen die Gimonnets ihr neues Metier als Selbst-
kelterer eher aus der Not heraus und weil sie in der Krisenzeit der dreißiger Jahre ihre
Trauben nicht mehr verkaufen konnten. Seither hat sich der Betrieb einen soliden
Ruf als Spezialist für Chardonnay geschaffen. Die 26 Hektar Weinberge in der Côte
des Blancs verteilen sich auf die Premier-cru-Gemeinde Cuis und die Grands crus
Cramant und Chouilly. Angebaut wird ausschließlich die weiße Sorte Chardonnay.

Der Stil:

Die Gimonnets gehören mit zu den größten Selbstkelterern der Region. Ihre Weine
zeichnen sich aus durch ausgesprochene Fruchtigkeit, Rasse und Länge und sind
durchweg von hervorragender Qualität.

Die Produkte:

Brut Cuis Premier Cru Blanc de Blancs aus 100 Prozent Chardonnay der Gemeine Cuis assembliert. Kommt immer schön reif auf den Markt, ein ausgewogener, bekömmlicher Aperitifwein.

Brut Premier Cru Blanc de Blancs Gastronome Millésimé der einfachere der beiden Jahrgangschampagner, finessenreich und intensiv im Geschmack.

Brut Premier Cru Blanc de Blancs Fleuron Millésimé reift 4 bis 6 Jahre in der Flasche, vollmundig, rassig, mit leichtem Nussgeschmack.

Maxi-Brut Premier Cru Blanc de Blancs Œnophile undosierter Blanc de Blancs, herb, sehr trocken, von großer Rasse und Frische.

Brut Premier Cru Chardonnay „Spécial Club" Millésimé aus Chardonnay-Trauben gekeltert, die zum größten Teil aus Cramant stammen, und aus alten Reben, vor der Auslieferung 5 bis 7 Jahre auf der Flasche gereift und nur sehr zurückhaltend dosiert. Der beste Wein des Hauses und eine der ganz großen Cuvées der Champagne, von außergewöhnlicher Rasse, Eleganz und Komplexität, ein Wein fürs Fest.

Gründungsjahr: 1750
Besitzer: Familie Gimonnet
Reben im Eigenbesitz: 26 Hektar
Jahresproduktion: 160 000 – 180 000 Flaschen

Champagne Gosset
51160 Aÿ
Négociant-Manipulant

Bereits im Jahr 1584 produzierte Pierre Gosset, Bürgermeister von Aÿ, Wein aus der Ernte seiner eigenen Weinberge. 14 Generationen von Gossets sind seither gefolgt, haben im 18. und 19. Jahrhundert den eigentlichen Champagnerbetrieb aufgebaut und ihn an die Spitze der Hierarchie der Häuser gebracht. Anfang der 90er Jahre dieses Jahrhunderts trennte sich die Familie Gosset von ihrem Betrieb und verkaufte ihn an eine andere Familie, nämlich Renaud-Cointreau,

Besitzer des bekannten Cognac-Hauses Frapin. Geleitet wird Gosset heute von Beatrice Cointreau.

Der Stil:

Gosset pflegt einen Pinot-Noir-betonten Stil und produziert besonders kräftige, vollmundige Champagner. Markenzeichen ist die eigenwillige, bauchige Flasche, die sehr gut zum exquisiten Inhalt passt. Gosset ist bei Kennern beliebter als beim großen Publikum. Das ist eigentlich schade, den Gosset ist eines der wenigen Häuser seiner Klasse, die nicht nur exzellente Spitzencuvées anbietet, sondern auch einen hervorragenden Brut zum ansprechenden Preis. Gosset produziert außerdem einen ansprechenden Marc de Champagne (Tresterbrand) sowie zuverlässige rote und weiße Stillweine unter der Appellation Coteaux Champenois.

Die Produkte:

Gosset Brut Excellence die einfachste Cuvée des Hauses, aus Chardonnay und Pinot Noir assembliert, frisch, fruchtig, unkompliziert, für alle Gelegenheiten.

Gosset Grande Réserve besonders empfehlenswerter, würziger und kräftiger, gut ausgereifter Brut, der bestens zu einer Mahlzeit passt.

Gosset Grand Rosé klassischer Rosé-Champagner fürs Vorspeisenbuffet oder zum Picknick.

Gosset Grand Millésimé reifer, vollmundiger, immer perfekt ausbalancierter Wein außerordentlicher Qualität, besitzt sowohl Frische als auch Fülle und fruchtige Würze. Zum Mahl: Hat auch vor kräftigen Speisen keine Angst.

Gosset Celebris ausschließlich aus Grands-cru-Grundweinen assembliert, kostbare Spitzencuvée außerordentlicher Qualität, von ähnlichem Stil wie der Jahrgangschampagner, aber noch kräftiger, abgerundeter, voller – ein Wein für besondere Gelegenheiten.

Gründungsjahr: 1584
Besitzer: Familie Renaud-Cointreau
Reben im Eigenbesitz: 120 Hektar
Angestellte: 23
Jahresproduktion: 750 000 Flaschen

Champagne Henri Goutorbe
51160 Aÿ
Récoltant-Manipulant

Die Goutorbe haben den Weinstock buchstäblich im Blut. Denn in der Familie ist man gleichzeitig *pépiniériste*, also Produzent von Rebsetzlingen, wie auch Winzer und Weinmacher. René Goutorbe kümmert sich seit 1970 um den Familienbetrieb. Die Weinberge sind zu 65 Prozent mit Pinot Noir, zu 30 Prozent mit Chardonnay und zu 5 Prozent mit Meunier bestockt. Goutorbe ist daher ein eigentlicher Spezialist des Pinot Noir. Der Empfang auf dem Betrieb fällt immer besonders herzlich aus.

Der Stil:

Die Weine dieses mittelgroßen Betriebes sind besonders zuverlässig und immer durch die Fruchtigkeit und den Biss der Pinot-Noir-Grundweine geprägt, deren Temperament durch Beigabe von etwas Chardonnay und Meunier gezügelt wird. Cuvée Prestige und Jahrgangschampagner sind besonders zu empfehlen.

Die Produkte:

Cuvée Tradionnelle Brut aus 65 Prozent Pinot Noir, 30 Prozent Chardonnay und 5 Prozent Pinot Meunier, fruchtiger, knackiger Wein für alle Gelegenheiten.

Cuvée Prestige Brut reift etwas länger als die einfachere Cuvée und gerät daher abgerundeter, aromatischer bei ähnlichem Stil.

Cuvée Millésimé Brut Grand Cru das eigentliche Aushängeschild des Hauses, ein enorm kräftiger, vollmundiger Champagner mit Aromen roter Beeren und Grapefruit, saftig und mundfüllend und ewig lang – hat auch vor kräftigen Speisen keine Angst und schmeckt hervorragend zu Geflügel.

Gründungsjahr: 1945
Besitzer: Familie Goutorbe
Reben im Eigenbesitz: 20 Hektar
Angestellte: 15
Jahresproduktion: 120 000 Flaschen

Champagne Charles Heidsieck
51100 Reims
Négociant-Manipulant

Die drei Heidsieck-Häuser gehen auf den gleichen Gründer zurück: Florenz-Ludwig Heidsieck, ein deutscher Auswanderer, der sich 1777 in Reims niederließ und drei Jahre später mit dem Produzieren von Champagner begann. Weil der Firmengründer keine Kinder hatte, wurde sein Unternehmen aufgeteilt: Einer seiner Neffen, Charles Heidsieck, gründete die Marke seines Namens, ein anderer, Christian, die Marke Piper-Heidsieck und ein drittes Familienmitglied, Auguste, Heidsieck Monopole. Wenn Charles Heidsieck allgemein als beste der drei Marken angeschaut wird, hat sie dies nicht zuletzt ihrem langjährigen Kellermeister und Weinmacher Daniel Thibault zu verdanken, einem der besten Assembleure der Champagne. Die Weine der Marke reifen in riesigen, kathedralenartigen, unterirdischen Sälen mit einer Lagerkapazität von 15 Millionen Flaschen.

Der Stil :

Charles Heidsieck produziert eine schöne Palette besonders vollmundiger, reintöniger Weine erstklassiger Qualität. Die klassischen, kräftigen Brut Réserve werden seit 1997 mit dem Datum der *mise en cave*, also des Beginns der Kellerreifung nach abgeschlossener Champagnisation, versehen. Seit 1998 wird auch das Degorgierdatum angegeben. Alles in allem präsentiert Charles Heidsieck damit ein originelles und einmaliges Konzept, das allerdings für Laien nicht immer leicht nachvollziehbar ist.

Die Produkte:

Brut Réserve Mise en Cave mit Jahrgang des Beginns der Kellerreife, mehrere Jahrgänge erhältlich. Nicht zu verwechseln mit einem Jahrgangschampagner, der Inhalt ist eine Assemblage mehrerer Jahre. Es handelt sich fast durchweg um charaktervolle, interessante Produkte.

L'Œnothèque Charles Heidsieck mit Jahrgangschampagnern zurück bis ins Jahr 1970 und älteren Weinen der Serie „Mise en Cave". Für besondere Gelegenheiten.

Blanc des Millénaires Millésimé ganz aus Chardonnay, elegant, reif und lang.

Gründungsjahr: 1851
Besitzer: Groupe Rémy-Cointreau
Reben im Eigenbesitz: 30 Hektar
Jahresproduktion: 1,6 Millionen Flaschen

Champagne Piper-Heidsieck
51100 Reims
Négociant-Manipulant

Piper-Heidsieck ist das größte der Heidsieck-Häuser. Wie Charles Heidsieck
gehört es zur Rémy-Cointreau-Gruppe, wie Charles Heidsieck verdankt es die
Qualität seiner Weine dem *chef de cave* Daniel Thibault. Piper Heidsieck besitzt
besonders besuchenswerte Keller in Reims, die man teilweise mit dem Elektrozug
durchfahren kann. Eine unterirdische Kammer aus der Zeit der Französischen
Revolution bietet 50 bis 400 Personen Platz, zum Mittag- und Abendessen
oder für diverse Empfänge.

Der Stil:

Seit Anfang der neunziger Jahre hat sich die Qualität der Weine von Piper
beträchtlich verbessert und ist erfreulich in die Nähe des (unabhängigen)
Schwesterhauses Charles Heidsieck gerückt. Der Brut ist zuverlässig, und die
Sondercuvées Brut Sauvage und Brut Rare sind besonders empfehlenswert.

Die Produkte:

Cuvée Brut aus 55 Prozent Pinot Noir, 30 Prozent Pinot Meunier und 15 Prozent
Chardonnay. Fruchtig und kräftig, sehr zuverlässig, für alle Gelegenheiten.
Brut Millésimé geradliniger, klassischer Jahrgangschampagner für alle
Gelegenheiten.
Brut Sauvage Millésimé aus 2/3 Pinot Noir und 1/3 Chardonnay, fast ohne
Dosage abgefüllt; herber, kantiger, saftiger Champagner für Liebhaber, der ausge-
zeichnet reifen kann.
Demi-sec aus 55 Prozent Pinot Noir, 30 Prozent Pinot Meunier, 15 Prozent
Chardonnay, halbtrocken dosiert.
Brut Rosé aus 45 Prozent Pinot Noir, 40 Prozent Pinot Meunier und 15 Prozent

Chardonnay, mit Zusatz von Rotwein, klassischer Rosé für alle Gelegenheiten.
Brut Rare Millésimé aus 65 Prozent Chardonnay und 35 Prozent Pinot Noir.
Die Sondercuvée ist sicher der beste Wein des Hauses, vollmundig, würzig und
doch herrlich elegant – für zärtliche Stunden.

> Gründungsjahr: 1785
> Besitzer: Groupe Rémy-Cointreau
> Reben im Eigenbesitz: - -
> Jahresproduktion: 7 Millionen Flaschen

Champagne Heidsieck Monopole
51100 Reims
Négociant-Manipulant

Heidsieck Monopole wurde 1834 gegründet. Den Beinamen „Monopole" erhielt
die Marke allerdings erst 1923. 1972 kam das Haus an die Mumm-Gruppe. Seit
1998 gehört es zum Vranken-Imperium. Wie sich der Stil und die Qualität des
kleinsten der drei Heidsieck-Häuser entwickeln wird, bleibt daher abzuwarten.
Heidsieck Monopole besitzt 110 Hektar eigene Reben, darunter mit Pinot Noir
bestockte Parzellen in besonders guten Lagen der Montagne de Reims.
Der Stil:
Brut und Jahrgangschampagner sind zuverlässig gemachte, ausgewogene
Champagner der Mittelklasse. Die Sondercuvée Diamant bleu ist vollmundig,
geschmeidig und elegant und daher besonders empfehlenswert.
Die Produkte:
Blue Top Monopole Brut aus 70 Prozent Pinot Noir, 10 Prozent Pinot Meunier
und 20 Prozent Chardonnay, fruchtig, lebhaft, für alle Gelegenheiten.
Red Top Monopole Sec wie Brut, aber leicht süß dosiert.
Diamant Bleu Millésimé Sondercuvée 50 Prozent Pinot Noir und 50 Prozent
Chardonnay, vollmundig und würzig, zum Mahl.

Gründungsjahr: 1834
Besitzer: Vranken-Gruppe
Reben im Eigenbesitz: 110 Hektar
Jahresproduktion: 4 Millionen Flaschen

Champagne Henriet-Bazin
51380 Villers-Marmery
Récoltant-Manipulant

Die Henriets sind Winzer in Villers-Marmery seit mehreren Generationen. Marie-Noëlle Henriet, die heute den Betrieb führt, gehört zu den jüngsten Verantwortlichen der Champagne. Die Reben des wenig bekannten Kleinbetriebs liegen in der Montagne de Reims, genauer in den Grand-cru-Gemeinden Verzenay und Verzy und in Villers-Marmery selber, einem Premier cru. Sie werden möglichst naturnah bestellt.

Der Stil:

Auf sich aufmerksam gemacht hat Champagne Henriet-Bazin durch seine ungewöhnlich finessereichen Chardonnay aus einer Lage, die eigentlich der Sorte Pinot Noir vorbehalten ist. Die besondere Bekömmlichkeit und Finesse seiner Weine ist denn auch das eigentliche Markenzeichen des entdeckenswerten Kleinbetriebs.

Die Produkte:

Sélection Brut Premier Cru einfach, schörkellos, sauber, für alle Gelegenheiten.
Brut Blanc de Blancs Premier Cru bekömmliche Chardonnay-Cuvée – als sommerlicher Aperitif.
Rosé Brut Grand Cru saftiger, fruchtiger Rosé aus Grand-cru-Grundweinen.
Grand Cru Brut Millésimé ausgewogener, geradliniger Jahrgangschampagner für alle Gelegenheiten.
Blanc de Noirs Grand Cru Brut saftiger, beeriger Champagner ausschließlich aus Pinot Noir.
M.N. Henriet Cuvée Prestige Blanc de Blancs besonders blumiger, bekömmlicher, eleganter, festlicher Aperitif-Champagner und die eigentliche Besonderheit des Hauses.

Gründungsjahr: 1968
Besitzer: Familie Henriet
Reben im Eigenbesitz: 7,5 Hektar
Angestellte: 3
Jahresproduktion: 60 000 Flaschen

Champagne Henriot
51066 Reims
Négociant-Manipulant

Das Machen von Champagner ist eine alte Familientradition bei den Henriots. Der heutige Verantwortliche des Hauses, Joseph Henriot, zählt einen Geistlichen zu seinen Vorfahren, der als erster die Techniken der Champagnerproduktion aufgezeichnet hat: Jean Godinot, dessen Nichte im Jahre 1794 einen Henriot ehelichte. 1808 gründete dieser das Champagnerhaus, von dem hier die Rede ist.
Von 1985 bis 1994 gehörte Henriot zu Veuve Clicquot und damit zum Riesen LVMH (Louis Vuitton-Moët-Hennessy). Jospeh Henriot leitete gleichzeitig beide Häuser. Mittlerweile hat er seinen Betrieb wieder zurückgekauft und zusätzlich in ein bekanntes Burgunder Handelshaus investiert: Bouchard Père & Fils in Beaune.
Der Stil:
Henriot verwendet mehr Chardonnay-Trauben als die meisten anderen Betriebe der gleichen Größenordnung. Die Cuvées des Hauses geraten denn auch betont elegant und bekömmlich.
Die Produkte:
Blanc de Blancs Brut ausschließlich aus Chardonnay der Côte des Blancs assembliert, harmonisch, duftig und frisch.
Brut Millésimé kräftig und vollmundig.
Brut Rosé Millésimé kräftiger, fruchtiger Rosé für alle Gelegenheiten.
Cuvée des Enchanteleurs Brut Millésimé Pinot Noir aus der Montagne de Reims und Chardonnay aus der Côte des Blancs ergeben einen hochklassigen Wein von schier unglaublicher Raffinesse. Die Grundweine vergären in Eichenfässern. Mit einer der Paradeweine der Champagne.

Gründungsjahr: 1808
Besitzer: Holding der Familie Henriot
Reben im Eigenbesitz: 100 Hektar
Angestellte: 50
Jahresproduktion: 1 Million Flaschen

Champagne Jacquart
51066 Reims
Coopérative-Manipulante

Der Name Jacquart (nicht zu verwechseln mit dem Récoltant-Manipulant André Jacquart in Mesnil-sur-Oger) steht für das fünftgrößte Champagnerhaus überhaupt und eine der effizientesten und dynamischsten Winzergenossenschaften der Champagne. 700 Winzer gehören der Kooperative an. Diese bearbeiten rund 1 000 Hektar Weinberge in den besten Lagen der Champagne. Was Pressen und Kelteranlagen anbelangt, gehört Jacquart zu den besteingerichteten und modernsten Betrieben der Champagne. Die Jahresproduktion beträgt rund 10 Millionen Flaschen: Etwa ein Drittel wird unter der Marke Jacquart vertrieben.

Der Stil:

Dank einer geradezu unüberschaubar großen Palette an Grundweinen besonderer Qualität sind alle Weine, die unter der Marke Jacquart vertrieben werden, von zuverlässiger bis ausgezeichneter Qualität. Besonders empfehlenswert sind die Cuvées Spéciales.

Die Produkte:

Brut Tradition aus 1/3 Chardonnay, 1/3 Pinot Noir und 1/3 Pinot Meunier.

Mosaïque Brut aus 45 Prozent Chardonnay, 40 Prozent Pinot Noir und 15 Prozent Pinot Meunier.

Mosaïque Millésimé wie Brut, jedoch mit Jahrgang im Handel, raffiniert, kräftig, würzig.

Blanc de Blancs Millésimé ganz aus Chardonnay der besten Grands crus (Avize, Chouilly, Vertus) assembliert, elegant, raffiniert, blumig und fruchtig im Geschmack.

Cuvée Mosaïque Rosé bekömmlicher Rosé für alle Gelegenheiten.
Cuvée Nominée Millésimé die Spitzencuvée des Hauses, würzig, vollmundig, reichhaltig und vielschichtig, ein Wein fürs Festessen. Sie wird leider in einer ganz und gar unmöglichen, geschmacklosen Flasche vertrieben. Hier ist der Inhalt einmal besser als die Verpackung!

Gründungsjahr: 1961
Besitzer: Genossenschaft
Rebenfläche im Eigenbesitz: 1 000 Hektar
Angestellte: 90
Jahresproduktion: 3 Millionen Flaschen

Champagne Krug
51051 Reims
Négociant-Manipulant

Würde es ein Klassement der Marken der Champagne geben, Krug würde zweifellos den Titel «Premier grand cru exceptionnel» tragen, ähnlich wie Château Yquem in Bordeaux. Krug ist in jeder Hinsicht vorbildlich, nicht nur, was die Qualität und die Eigenständigkeit seiner Weine anbelangt, sondern auch bezüglich seiner Imagepolitik und Geschäftsführung. Seit mehreren Jahrzehnten gehört das Haus einer großen Gruppe an (früher Rémy-Cointreau, heute dem Riesen LVMH, der die Marke 1999 erstanden hat). Dennoch hat es seine Unabhängigkeit bewahren können: Immer noch sind Mitglieder der Gründerfamilie, die Brüder Rémy und Henri Krug, nicht nur erstklassige Weinbereiter, sondern auch wortgewandte Botschafter ihrer Weine und der Kultur des Champagners überhaupt, für die Leitung des Hauses zuständig, bestimmen gemeinsam die Assemblage – und auch für die nächste (sechste) Generation am Ruder ist bereits gesorgt.
Der Stil:
Was die Champagner von Krug auszeichnet, ist ihre Finesse und ihre außerordentliche aromatische Komplexität. Alle Grundweine sind von ausgesuchter Qualität und vergären in kleinen Eichenholzfässern, was einiges zum

einmaligen Krug-Stil beiträgt. Die Champagner des Hauses sind von außerordentlicher Langlebigkeit und dürfen auch nach dem Erwerb noch mehrere Jahre lagern. Alte Jahrgänge von Krug tauchen denn auch regelmäßig in Auktionen auf, etwa die legendären 1928 oder 1955. Die Serie „Krug Collection" gilt einigen besonders alten, voll ausgereiften Jahrgängen, die in Kleinstauflage herausgebracht werden und einigen wenigen Sammlern vorbehalten sind.

Die Produkte:

Krug Grande Cuvée aus Grundweinen mehrerer Jahrgänge. Vielschichtig, von großer Würze, unglaublich vollmundig und lang, der Jahrgangscuvée wenn nicht überlegen, so zumindest ebenbürtig. Einer der außergewöhnlichsten Weine der Champagne.

Krug Millésimé häufig schlanker und delikater als die Grande Cuvée, von großer Eleganz und Feinheit, kommt immer voll ausgereift auf den Markt, hält problemlos 3 Jahre und länger im Keller.

Krug Rosé ungewöhnlich würziger, geschmeidiger, eigenwilliger Tropfen mit der Nase eines Sauternes und dem Körper eines reifen Rotweins.

Krug Clos du Mesnil ganz aus Chardonnay einer einzigen Lage der Côte des Blancs, schwach gold-grüne Farbe, frisches, unglaublich komplexes Aroma, von außergewöhnlicher Rasse und Länge. Einer der wenigen Lagenchampagner der Region.

Gründungsjahr: 1843
Besitzer: LVMH
Unternehmensleitung: Henri und Rémy Krug
Reben im Eigenbesitz: 19 Hektar
Angestellte: 44
Jahresproduktion: 500 000 Flaschen

Champagne Lanson Père & Fils S.A.
51056 Reims
Négociant-Manipulant

Lanson wurde 1760 gegründet und gehörte bis in die achtziger Jahre dieses Jahrhunderts zu den besten und bekanntesten Champagnerhäusern überhaupt. Dann aber begann sich das Verkaufskarussel zu drehen … Aus den Händen der Gründerfamilie kam Lanson zur Familie Gardinier und wurde an den Nahrungsmittelkonzern BSN weitergereicht, nachdem die Marke vorher eine Zeit lang der Pernod-Ricard-Gruppe gehört hatte. Schließlich erwarb der Riese LVMH das Haus, verleibte sich die 200 Hektar Rebberge ein und veräußerte die Marke an die Gruppe Marne & Champagne weiter, wo Lanson nur einer von vielen Markennamen war (siehe auch unter diesem Namen). Die Qualität der Weine nahm ab und vom bekannten Lanson-Stil der authentischen, vollmundigen Weine war jahrelang nichts mehr zu spüren. Seit kurzem scheinen sich die Verantwortlichen von Marne Champagne jedoch wieder um eine bessere Positionierung der Marke zu bemühen. Die Noble Cuvée 1989, rechtzeitig zum Jahrtausendfest ausgeliefert, lässt jedenfalls wieder etwas von altem Glanz erahnen.
Der Stil:
Den meisten unter dieser Marke gehandelten Weinen fehlt es etwas an Persönlichkeit. Dies gilt nicht für die (nur mehr selten zu findenden) Weine der Jahrgänge 1985 und älter. Zur Zeit der Redaktion dieses Buches scheint sich jedoch ein positiver Stilwechsel anzubahnen. Lanson ist daher im Auge zu behalten.
Die Produkte:
Lanson Black Label Brut aus 50 Prozent Pinot Noir, 35 Prozent Chardonnay und 15 Prozent Meunier.
Lanson Blanc de Blancs aus 100 Prozent Chardonnay, zu jeweils 1/3 aus Avize, Cramant und Oger.
Lanson Ivory Label halbtrocken aus 50 Prozent Pinot Noir, 35 Prozent Chardonnay und 15 Prozent Meunier.
Lanson Brut Rosé aus 53 Prozent Pinot Noir, 32 Prozent Chardonnay und 15 Prozent Meunier unter Zugabe von Pinot-Noir-Rotwein produziert.

Lanson Gold Label Brut Millésimé aus 48 Prozent Chardonnay aus Cramant und Oger und 52 Prozent Pinot Noir aus Verzenay.

Lanson Noble Cuvée Brut Millésimé aus 70 Prozent Chardonnay und 30 Prozent Pinot Noir, vielschichtig, vollmundig, die empfehlenswerteste Cuvée des Hauses.

> Gründungsjahr: 1760
> Besitzer: Marne & Champagne
> Reben im Eigenbesitz: --
> Angestellte: 425 (Marne & Champagne Gruppe)
> Jahresproduktion: 6,7 Millionen

Champagne Larmandier-Bernier
51130 Vertus
Récoltant-Manipulant

Larmandier-Bernier ist einer der vielen Winzerbetriebe der Champagne, die dank gewissenhafter Arbeit in Rebberg und Keller Schaumweine ausgezeichneter Qualität produzieren. Seine 11 Hektar Rebfläche liegen über die Grand-cru-Gemeinden Cramant, Chouilly, Oger und Avize und das Premier cru Vertus verstreut. Die Rebberge werden so natürlich wie möglich bestellt. So werden die Weinbergsböden wieder wie früher umgepflügt und nicht chemisch von Unkraut befreit, und die Erträge hält man bewusst klein. Über die Hälfte der Produktion wird auf dem Exportmarkt abgesetzt.

Der Stil:

Die Fruchtigkeit der Chardonnays aus der Côte des Blancs ist das Markenzeichen aller Cuvées des Familienbetriebs. Weil die Dosage immer sehr zurückhaltend erfolgt (der Né d'une Terre de Vertus wird gar undosiert verkorkt), besitzen die Champagner von Larmandier-Bernier immer viel Nerv und Rasse.

Die Produkte:

Vertus Brut Tradition Premier Cru aus 80 Prozent Chardonnay und 20 Prozent Pinot Noir. Frisch, bekömmlich.

Vertus Brut Rosé Premier Cru Chardonnay, vermischt mit etwas Pinot Noir aus

Vertus.

Né d'une Terre de Vertus Premier Cru non dosé 100 Prozent Chardonnay aus Vertus, ohne Dosage verkorkt, herb, kräftig, rassig.

Blanc de Blancs Extra-Brut Premier Cru 80 Prozent Chardonnay aus Vertus, 20 Prozent Chardonnay aus Cramant, Avize und Oger.

Blanc de Blancs Extra-Brut Grand Cru Millésimé Vieilles Vignes de Cramant 100 Prozent Chardonnay von alten Reben aus Cramant. Mineralischer, herber, eigenwilliger Wein, der bestens zu Meeresfrüchten schmeckt.

Champagne Brut Special Club Millésimé 100 Prozent Chardonnay aus drei verschiedenen Weinbergen: Cramant, Chouilly und Vertus, würzig, füllig, zum Mahl zu genießen.

Gründung: Ende des 18. Jahrhunderts
Besitzer: Familie Larmandier
Reben im Eigenbesitz: 11 Hektar
Angestellte: 8
Jahresproduktion: 95 000 Flaschen

Champagne Laurent-Perrier
51150 Tours-sur-Marne
Négociant-Manipulant

Laurent-Perrier beweist aufs Schönste, dass sich Größe und Qualität in der Champagne nicht ausschließen müssen. Das Haus im Besitz der Familie de Nonancourt produziert rund acht Millionen Flaschen pro Jahr – zum größten Teil Weine beachtlicher, teilweise gar außerordentlicher Qualität. Gegründet wurde Laurent-Perrier 1812. In den Besitz der Familie de Nonancourt kam das Haus 1939. Seit 1949 wird es durch Bernard de Nonancourt geleitet. Drei weitere Champagnermarken stehen im Besitz dieser Familie: Deutz, Salon und Delamotte (siehe auch unter diesen Namen).

Ihren hervorragenden Ruf (und ihren Namen) verdankt die Marke einer der vielen tüchtigen Witwen der Champagne, Mathilde Perrier, die nach dem Tod ihres Gatten im Jahre 1887 das Haus fast vier Jahrzehnte lang leitete.

Der Stil:

Laurent-Perrier bietet eine ganze Palette besonders reintöniger, ausgewogener, vollmundiger und doch rassiger Weine an. Die meisten von ihnen sind besonders zurückhaltend dosiert und machen Kennern wie Anfängern Freude. Die Spitzencuvée Grand Siècle kommt normalerweise ohne Jahrgang auf den Markt, als Verschnitt drei großer Jahre, kann aber auch die Bezeichnung *exceptionnellement millésimé* tragen und enthält dann Grundweine eines einzigen Jahrgangs, wie 1985 oder 1990.

Die Produkte:

Brut Laurent-Perrier aus 45 Prozent Chardonnay, 40 Prozent Pinot Noir und 15 Prozent Pinot Meunier, ausgewogen, gefällig, blumig, für alle Gelegenheiten.

Ultra Brut aus 55 Prozent Chardonnay und 45 Prozent Pinot Noir. Undosiert abgefüllter, mindestens 4 Jahre gereifter, luftiger und delikater Wein mit fruchtigen, blumigen und mineralischen Noten.

Brut Vintage Jahrgangschampagner aus 55 Prozent Chardonnay und 45 Prozent Pinot Noir, frisch und kräftig, zum Mahl.

Demi-Sec aus 45 Prozent Chardonnay, 40 Prozent Pinot Noir und 15 Prozent Pinot Meunier, halbtrockener Wein mit fruchtigem Bukett, abgerundet im Geschmack.

Cuvée Rosé Brut aus 100 Prozent Pinot; zuverlässiger Rosé für alle Gelegenheiten.

Grand Siècle „La Cuvée" aus Pinot Noir und Chardonnay drei verschiedener Jahrgänge, mindestens 6 Jahre gereift, intensives, ausdrucksvolles Bukett, kraftvoll und rund, besonders empfehlenswert.

Grand Siècle Alexandra Rosé aus 80 Prozent Pinot Noir und 20 Prozent Chardonnay, einer der schönsten Rosés der Champagne, besitzt Kraft und Fülle.

Gründungsjahr: 1812
Besitzer: Familie Nonancourt
Reben im Eigenbesitz: 105 Hektar
Jahresproduktion: 7 Millionen Flaschen

Champagne Leclerc-Briant
51204 Épernay
Négociant-Manipulant

Das 1872 gegründete Familienunternehmen, ursprünglich ein reiner
Winzerbetrieb, besitzt 30 Hektar Weinberge, die sich auf fünf Gemeinden des
Marnetals und der Montagne de Reims verteilen. Spezialität des kleinen, aber
feinen Betriebs sind Champagner, die wie große Burgunder den Namen der Lage
tragen, aus der sie stammen: Les Chèvres Pierreuses, Le Clos des Champions
oder Les Crayères. Die Sondercuvée Divine ist tatsächlich ein geradezu göttlicher
Tropfen und ein Vorgeschmack aufs Champagnerparadies.

Der Stil:

Pascal Leclerc ist nie um einen Einfall verlegen. Entsprechend groß ist die
Bandbreite seiner immer ausgezeichnet gearbeiteten, vollmundigen und charaktervollen Champagner.

Die Produkte:

Cuvée de Réserve Brut aus 70 Prozent Pinot Noir und 30 Prozent Chardonnay.
Blanc de Blancs Brut Premier Cru ganz aus Chardonnay.
Brut Extra Blanc de Noirs aus 70 Prozent Pinot Noir und 30 Prozent Meunier,
vergnüglicher, fruchtiger Wein, zum Picknick.
Demi-sec halbtrockener Wein aus 70 Prozent Pinot Noir und 30 Prozent Meunier.
Brut Rosé Millésimé aus 100 Prozent Pinot Noir, saftiger Begleiter eines ganzen
Mahls.
Serie „**Les Authentiques**": interessante Einzelcuvées aus Premier-cru-Lagen.
Divine Sondercuvée aus 50 Prozent Pinot Noir und 50 Prozent Chardonnay, voll
ausgereift im Alter von 7 Jahren im Handel, limitierte Stückzahl. Saftig, vollmun-
dig, rassig, besonders empfehlenswerter Wein fürs Festmahl.
Collection Historique Leclerc-Briant Millésimé teure Luxuscuvées hervorragen-
der Qualität zu historischen Ereignissen, darunter die Cuvée du Solstice 2000.

Gründungsjahr: 1872
Besitzer: Pascal Leclerc
Reben im Eigenbesitz: 30 Hektar
Angestellte: 20
Jahresproduktion: 250 000 Flaschen

Champagne Lenoble
51480 Damery
Négociant-Manipulant

Das Haus wurde 1920 durch Armand Raphael Graser gegründet, dem Urgroßvater von Anne und Antoine Malassagne, dem Geschwisterpaar, das heute den Betrieb leitet. Zum Familienbesitz gehören 18 Hektar Weinberge. Ein Großteil davon liegt in der Gemeinde von Chouilly in der Côte des Blancs. Die eigenen Reben decken den Traubenbedarf des Hauses zu 60 Prozent. Sie werden möglichst naturnah bestellt. Alle Weine lagern in Kreidekellern aus dem 18. Jahrhundert.

Die Produkte:

Brut Réserve aus 40 Prozent Chardonnay, 30 Prozent Pinot Noir und 30 Prozent Pinot Meunier, würzig, vollmundig, reif.

Brut Rosé Millésimé aus 85 Prozent Chardonnay der Grand-cru-Lage Chouilly in der Côte des Blancs, verschnitten mit 15 Prozent Pinot Noir, fruchtig und saftig, zum Picknick.

Blanc de Blancs Grand Cru 100 Prozent Chardonnay aus Chouilly, kräftig und fruchtig, besitzt Rasse, als Aperitif oder zu Fisch.

Blanc de Blancs Grand Cru Millésimé 100 Prozent Chardonnay aus Chouilly, Grand cru der Côte des Blancs, rassig und elegant, zu Meeresfrüchten.

Grande Cuvée Gentilhomme Millésimé zu 100 Prozent aus Chardonnay der Grand-cru-Lagen der Côte des Blancs assembliert und in Kleinauflage abgefüllt, besonders eleganter, festlicher, höchst empfehlenswerter Tropfen.

Gründungsjahr: 1920
Besitzer: Familie Malassagne
Reben im Eigenbesitz: 18 Hektar
Angestellte: 8
Jahresproduktion: 300 000 Flaschen

Champagne Mailly Grand Cru
51500 Mailly Champagne
Coopérative-Manipulante

Die Geschichte von Mailly ist die Geschichte eines ganz besonderen Abenteuers. 1929 schlossen sich eine Handvoll Winzer zur ersten Weinbaugenossenschaft der Champagne zusammen. Weil die großen Marken die Grundweine aus der neuerrichteten Kellerei boykottierten, verlegte man sich auf die Produktion von fertigem Champagner, den man auch selber vertrieb. Im Gegensatz zu anderen Genossenschaften vertreibt Mailly seine gesamte Ernte selber und verkauft weder Grundweine noch Champagner *sur lattes*. Verarbeitet werden ausschließlich Weine der heute rund siebzig Mitglieder, die im Schnitt jeder einen Hektar Rebfläche besitzen.

Der Stil:
Mailly liegt in der Montagne de Reims. Die Gemeinde ist als Grand cru klassiert. Die Genossenschaft verarbeitet zum größten Teil Pinot-Noir-Trauben aus dieser Lage. Alle Weine besitzen einen hohen Anteil an dieser Sorte und geraten daher besonders fruchtbetont und fleischig. Mailly Grand Cru produziert Champagner mit viel Eigencharakter, die daher nicht jedermann gefallen. Wer jedoch den Wein im Champagner liebt, wird – wie der Autor dieses Buchs – rasch einen Narren fressen an den außergewöhnlichen Schäumern aus diesem generell unterschätzten, kleinen Qualitätsbetrieb.

Die Produkte:
Brut Réserve aus 75 Prozent Pinot Noir und 25 Prozent Chardonnay.
Demi-sec aus 75 Prozent Pinot Noir und 25 Prozent Chardonnay halbtrocken ausgebaut.

Brut Rosé aus 90 Prozent Pinot Noir und 10 Prozent Chardonnay.

Extra-Brut aus 75 Prozent Pinot Noir und 25 Prozent Chardonnay, undosiert abgefüllt, herb, kräftig, knackig und rassig – für Kenner und Liebhaber sehr trockener Champagner.

Blanc de Noirs aus 100 Prozent Pinot Noir, unerhört saftig und fruchtig.

Brut Millésimé aus 75 Prozent Pinot Noir und 25 Prozent Chardonnay, außergewöhnlich fruchtig auch dieser Wein und trotz 6-jähriger Kellerreife noch so jugendlich, wenn er ausgeliefert wird, dass man ihn besser 1 bis 2 Jahre zusätzlich reifen lässt.

Cuvée des Echansons aus 75 Prozent Pinot Noir, 25 Prozent Chardonnay, sehr fruchtig, der Jahrgangscuvée ähnlich, aus ausgesuchten Grundweinen komponiert, daher zusätzliche, raffinierte Note.

Gründungsjahr: 1929
Besitzer: Genossenschaft
Verantwortliche: Präsident Xavier Muller,
Direktor Jean-Francois Preau
Reben im Eigenbesitz: 70 Hektar
Mitglieder: 70
Jahresproduktion: 450 000 Flaschen

Champagne Marie Stuart
51059 Reims
Récoltant-Manipulant

Das Haus wurde 1867 von Maître Daubresse gegründet, einem Juristen aus Reims. Dieser kam auch auf die skurrile Idee, der Marke den Namen der legendären Königin zu verleihen. Seit 1994 gehört der Betrieb zur Alain-Thiénot-Gruppe, die neben dem gleichnamigen Champagnerhaus auch Château Rahoul in den Graves (Bordeaux) besitzt. Firmensitz, Büros und Kellerei befinden sich in Reims, wo das Haus 2 Kilometer Keller besitzt, in denen mehr als 4 Millionen Flaschen reifen. Nur etwa 25 Prozent der produzierten Menge wird auf den Exportmärkten abgesetzt.

Der Stil:

Marie Stuart produziert einfache, geradlinige, saubere Champagner ohne viel Persönlichkeit, die jedermann gefallen. Seit der Übernahme durch Alain Thiénot lassen sich immerhin qualitative Fortschritte feststellen – die Weine scheinen an Persönlichkeit zu gewinnen. Es lohnt sich daher, die Marke im Auge zu behalten.

Die Produkte:

Brut Premier Cru aus 60 Prozent Pinot Noir, 15 Prozent Pinot Meunier und 25 Prozent Chardonnay.

Cuvée du Zodiaque aus 50 Prozent Pinot Noir, 15 Prozent Pinot Meunier und 35 Prozent Chardonnay. Angenehm fruchtig im Geschmack.

Brut Rosé aus 60 Prozent Pinot Noir, 15 Prozent Pinot Meunier, 25 Prozent Chardonnnay und 10 Prozent Rotwein. Einfacher, fruchtiger Rosé.

Blanc de Blancs ganz aus Chardonnay der Côte des Blancs assembliert, bekömmlich, leicht, zum Aperitif.

Marie Stuart Millésimé aus 80 Prozent Chardonnay und 20 Prozent Pinot Noir, zuverlässig, recht elegant.

Cuvée de la Reine aus 90 Prozent Chardonnay der Côte des Blancs und 10 Prozent Pinot Noir aus der Montagne de Reims.

Gründungsjahr: 1867
Besitzer: Alain-Thiénot-Gruppe
Reben im Eigenbesitz: --
Jahresproduktion: 1,1 Millionen Flaschen

Marne & Champagne
51205 Épernay
Négociant-Manipulant

Marne & Champagne ist der heimliche Riese und – nach Moët & Chandon – der zweitgrößte Champagnerproduzent der Region. Über 22 Millionen Flaschen verlassen jährlich die Kellereien dieses Betriebes, der keine eigenen Weinberge besitzt, sondern hunderte von Garantieverträgen mit Winzern, welche die Versorgung mit

Trauben und Grundweinen sicherstellen. Heimlich übrigens deshalb, weil er Champagner nicht unter seinem Namen auf den Markt bringt, sondern als einige hundert Phantasiemarken. Dazu gehören historische Marken wie Gauthier, Besserat de Bellefon, Lanson und Massé, also solche, die einst tatsächlich als unabhängige Häuser existiert haben, aber auch solche, die nichts weiter sind als Bezeichnungen für eine Serie von Weinen. Die bekanntesten sind Alfred Rothschild, Pol Gessner und Giesler. Gegründet wurde der Betrieb im Jahre 1933 durch Gaston Burtin. Dieser stützte sich dabei auf die Struktur des 1858 gegründeten Hauses Gauthier. Heute sind seine Nichte Marie-Laurence Mora und ihr Mann für die Geschäftsleitung zuständig. In den Kellern des Unternehmens lagern insgesamt 70 Millionen Flaschen Champagner aller möglicher Qualitäten und Stilrichtungen. Diese werden weltweit in 120 Länder verschickt.

Stil und Qualität:

Angesichts der Größenordnung des Betriebs lässt sich kein bestimmter Stil definieren. Generell handelt es sich bei den Champagnern aus dem Haus um technisch einwandfreie Produkte ohne viel Eigencharakter. Am interessantesten sind sicher die Weine, die unter den bekannten Marken vertrieben werden.

Gründungsdatum: 1933
Besitzer: Familie Mora
Reben im Eigenbesitz: ---
Jahresproduktion: 22 Millionen Flaschen

Champagne Mercier
51333 Épernay
Négociant-Manipulant

Mercier ist die wohl bekannteste Champagnermarke in Frankreich und dort überall, aber auch wirklich überall zu finden. Besonders die Großverteiler setzen jede Menge Champagner aus diesem Hause ab. Der Bekanntheitsgrad geht nicht zuletzt auf das Genie ihres Gründers, Eugène Mercier, zurück, der schon früh ein besonderes Gespür für Öffentlichkeitsarbeit entwickelte. So hat er beispielsweise extra für die Weltausstellung in Paris 1889 ein riesiges Champagnerfass herstellen lassen, das zwei Dutzend Ochsen nach Paris schleppten. Dieses Fass kann man heute noch in der Empfangshalle des Hauses in Epernay bestaunen. Seit 1970 gehört Mercier zum Imperium des Riesen LVMH (Louis Vuitton-Moët-Hennessy).

Der Stil:

Brut und Demi-sec sind einfache, eher neutrale Schaumweine für alle Gelegenheiten. Die Jahrgangschampagner und die Cuvée Eugène Mercier geradlinige, erfrischende, bekömmliche Champagner ohne viel Persönlichkeit.

Die Produkte:

Mercier Brut aus 15 Prozent Chardonnay, 45 Prozent Pinot Noir und 40 Prozent Pinot Meunier.

Mercier Demi-sec aus 65 Prozent Pinot Noir und 35 Prozent Pinot Meunier, halbtrocken dosiert.

Cuvée Eugène Mercier aus 10 Prozent Chardonnay, 55 Prozent Pinot Noir und 35 Prozent Pinot Meunier.

Mercier Brut Millésimé aus 50 Prozent Chardonnay, 35 Prozent Pinot Noir und 15 Prozent Pinot Meunier.

Mercier Brut Rosé aus Pinot Noir und Pinot Meunier.

Mercier Demi-sec Rosé leicht süß dosierter Rosé.

Gründungsjahr: 1858
Besitzer: Gruppe LVMH
Reben im Eigenbesitz: 231 Hektar
Jahresproduktion: 5 Millionen Flaschen

Champagne José Michel & Fils
51530 Moussy
Récoltant-Manipulant

Die Michel sind Winzer in Moussy seit 1860. Seit 1912 füllen sie selber Champagner ab und gehören damit zu den ältesten Selbstkelterern der Region. José Michel führt das Familienunternehmen seit 1955, tatkräftig unterstützt von

Gattin und drei Söhnen. Die 21 Hektar Reben liegen im Marnetal in der Nähe von Epernay. Sie sind zur Hälfte mit der Sorte Pinot Meunier bestockt, der traditionellen Rebsorte dieser Region, ergänzt durch acht Hektar Chardonnay und drei Hektar Pinot Noir. José Michel besitzt eine stolze Sammlung alter Jahrgangschampagner zurück bis ins Jahr 1914. Die meisten sind zwar unverkäuflich, er bietet jedoch immer noch eine kleine Menge jüngerer Jahrgänge an.

Der Stil:

José Michel ist ein Spezialist der Sorte Pinot Meunier, der er wie kaum ein anderer die Treue hält. Diese Sorte prägt denn auch die Assemblage des einfachen Brut, der so süffig und fruchtig und bekömmlich ausfällt wie nur wenige Weine seiner Art und daher besonders empfehlenswert ist. Von allererster Güte sind jedoch auch die Jahrgangschampagner und die Blanc de Blancs.

Die Produkte:

Carte Blanche Brut aus einem hohen Anteil an Pinot Meunier, ergänzt durch etwas Chardonnay, süffig, blumig und fruchtig, mit einem Hauch von Holunderaroma; sehr empfehlenswert und vernünftig im Preis, als Erfrischungsgetränk, zum Aperitif.

Extra-Brut aus 40 Prozent Chardonnay und 60 Prozent Pinot Meunier, undosiert abgefüllt, herb, kräftig, erfrischend.

Brut Millésimé aus 70 Prozent Chardonnay und 30 Prozent Pinot Meunier, saftig und rassig, mit charakteristischen Aromen von Zitrusfrüchten, zu Fisch und Meeresfrüchten.

Blanc de Blancs ganz aus Chardonnay, blumig, erfrischend, für alle Gelegenheiten.

Blanc de Blancs Millésimé kräftig und würzig, Champagner zum Mahl.

Brut Rosé aus Pinot Noir und Pinot Meunier.

Spécial Club Millésimé aus 50 Prozent Chardonnay und 50 Prozent Pinot Meunier, voller Charakter und Kraft, rassig und elegant, für besondere Gelegenheiten.

Gründungsjahr: 1955
Besitzer: José & Bruno Michel
Reben im Eigenbesitz: 21 Hektar
Angestellte: 12
Jahresproduktion: 175 000 Flaschen

Champagne Moët & Chandon
51333 Épernay
Négociant-Manipulant

Jede Sekunde, so vermelden die Inhaber des Riesenbetriebes stolz, werde irgendwo auf der Welt eine Flasche Moët & Chandon geöffnet. Dass ein Großteil der rund 31 Millionen Flaschen Produktion des Riesenbetriebs dennoch von ausgezeichneter Qualität ist, darf als Zeichen gelten für die hochtechnisierte und höchst effiziente Art, mit der hier gearbeitet wird. Einige der zahlreichen Gärtanks der Kellerei haben die Ausmaße von Wohnblöcken und die Pressen stehen in riesigen Sälen gleich dutzendweise, in Reih und Glied wie eine Elitetruppe.
Moët wurde im Jahre 1743 gegründet. Den Namen Moët & Chandon trägt das Haus seit 1832. Bereits in der zweiten Hälfte des 19. Jahrhunderts war Moët mit eines der größten und wichtigsten Champagnerhäuser überhaupt. Moët besitzt mehr Reben als sonstwer in der Champagne – fast 800 Hektar sind es, die dennoch nur etwa ein Viertel des Traubenbedarfs decken. Seit 1987 gehört das Haus zur Luxusproduktegruppe LVMH (Louis Vuitton-Moët-Hennessy).
Der Stil:
Trotz der riesigen Produktion sind auch die einfachen Brut Impérial und Brut Impérial Millésimé von erstaunlicher Qualität, auch wenn sie nicht über eine ausgeprägte Persönlichkeit verfügen. Wer die Wahl hat zwischen einer unbekannten Kleinmarke und einem Schäumer aus dem Hause Moët, geht garantiert weniger Risiken ein, wenn er sich für letzteren entscheidet. Auch die teure Luxuscuvée Dom Pérignon ist qualitativ tadellos gehalten, aber weit davon entfernt, der beste Wein der Champagne zu sein, wie dies der Preis vermuten lassen könnte. Man bezahlt folglich weit stärker das Prestige und den Ruf der Marke als den Inhalt.

Die Produkte:

Brut Impérial das Paradepferd des Hauses, ein einfacher, frischer Champagner für alle Gelegenheiten.

Brut Impérial Millésimé sauber gekeltert, herb und elegant, sehr zuverlässig, für alle Gelegenheiten.

Demi-sec halbtrocken dosiert.

Brut Rosé und **Brut Rosé Millésimé** fruchtige, einfache Rosé.

Brut 1er Cru etwas eleganter als der Impérial, lebhaft, fein.

Dom Pérignon Millésimé gesuchte und teure Sondercuvée, vollmundig und würzig, mit gutem Reifepotential, mit einer der teuersten Champagner überhaupt und heute eher im Ruf eines Weines für Snobs.

> Gründungsjahr: 1743
> Besitzer: LVMH
> Reben in Eigenbesitz: 775 Hektar
> Jahresproduktion: 36,2 Millionen Flaschen

Champagne G.H. Mumm & Cie
51053 Reims
Négociant-Manipulant

Der Champagner mit dem charakteristischen roten Band auf der Flasche ist für viele Konsumenten d e r Schaumwein überhaupt. Er stammt aus einem Haus, das 1827 durch eine deutsche Weinhändler-Familie gegründet wurde und bereits Anfang dieses Jahrhunderts sämtliche Absatzrekorde brach. Die Idee des roten Bandes der französischen Ehrenlegion auf der Flasche, also des „Cordon rouge", stammt aus dem Jahre 1875. Seit 1952 gehörte Mumm zum kanadischen Getränke-konzern Seagram, wie der Schwesterbetrieb Perrier-Jouët. 1999 wurden beide Häuser von der amerikanischen Gruppe Hicks Muse und der Frey-Gruppe (Champagne Binet) aufgekauft. Mumm besitzt Rebberge in den besten Lagen der Champagne, die jedoch nur knapp 20 Prozent des Traubenbedarfs decken.

Der Stil:

Hauptabnehmer von Mumm ist der amerikanische Kontinent. Ob darin der Grund liegt, dass Mumm bei europäischen Kennern wenig Anklang findet? Der Cordon rouge ist ein knapp ordentlicher, etwas altmodischer Dutzendschäumer, und auch den Sondercuvées fehlt es an Raffinesse.

Die Produkte:

Cordon rouge Brut aus 50 Prozent Pinot Noir, 30 Prozent Chardonnay und 20 Prozent Pinot Meunier.

Cordon rouge Brut Millésimé aus 80 Prozent Pinot Noir und 20 Prozent Chardonnay.

Cordon Rosé Brut wie Brut unter Zugabe von etwas Rotwein aus Bouzy.

Cordon vert demi-sec aus 60 Prozent Pinot Noir, 15 Prozent Chardonnay und 25 Prozent Pinot Meunier, halbtrocken dosiert.

Carte Classique Extra-dry leicht süß dosierter Champagner.

Mumm de Cramant Grand Cru Brut ganz aus Chardonnay aus der Grand-cru-Gemeinde Cramant in der Côte des Blancs.

Grand Cordon Brut Millésimé aus 45 Prozent Chardonnay und 55 Prozent Pinot Noir aus den besten Lagen der Montagne de Reims und der Côte des Blancs.

Gründungsjahr: 1827
Besitzer: Hicks Muse/Frey
Reben im Eigenbesitz: 218 Hektar
Angestellte: 212
Jahresproduktion: 7,5 Millionen Flaschen

Bruno Paillard
51100 Reims
Négociant-Manipulant

Bruno Paillard gehört wie Paul-François Vranken zu den jungen Wölfen der Champagne. Der 1953 als Sohn einer alteingesessenen Winzerfamilie geborene Weinfachmann war zuerst als Weinmakler tätig. Anfang der achtziger Jahre gründete er sein eigenes Handelshaus und versuchte sich dadurch auf dem Markt zu platzieren, dass er Champagner ausgesuchter Qualität mit viel Eigencharakter produzierte. Alle seine Weine tragen das Degorgierdatum auf dem Rücketikett, eine zusätzliche Qualitätsgarantie für den Konsumenten. Bruno Paillard ist Miteigentümer von Champagne Boizel und Teilhaber der Holding Boizel Chanoine Champagne, zu der seit kurzem auch Champagne De Venoge gehört.

Der Stil:

Die Weine aus dem Hause Bruno Paillard sind sehr sorgfältig gearbeitet und immer nur zurückhaltend dosiert. Die meisten Cuvées sind vollmundig, würzig und kräftig und begleiten vorzüglich ein ganzes Mahl.

Die Produkte:

Brut Première Cuvée aus 22 Prozent Pinot Meunier, 33 Prozent Chardonnay und 45 Prozent Pinot Noir, ausgewogen und gefällig.

Blanc de Blancs ganz aus Chardonnay, elegant und bekömmlich.

Rosé Brut Première Cuvée aus 85 Prozent Pinot Noir und 15 Prozent Chardonnay.

Brut Millésimé aus 60 Prozent Pinot Noir und 40 Prozent Chardonnay, würzig, gut strukturiert und rassig.

Brut Chardonnay Réserve Privée leckerer, fruchtiger, saftiger Champagner für alle Gelegenheiten. Zusammen mit dem Jahrgangschampagner das beste Produkt des Hauses.

Gründungsjahr: 1981
Besitzer: Bruno Paillard
Reben im Eigenbesitz: 120 Hektar
Angestellte: 11
Jahresproduktion: 500 000 Flaschen

Champagne Jean Pernet
51190 Le-Mesnil-sur-Oger
Récoltant-Manipulant

Mittelgroßer Winzerbetrieb in der Côte des Blancs, 1948 von Christophe und Frédéric Pernet gegründet. Besitzt hier Reben in Grand-cru-Lage und mit Pinot Noir bestockte Parzellen in der Nähe von Epernay. 60 Prozent der Produktion gehen in den Export, besonders in die Schweiz und nach Deutschland.

Der Stil:

Aus dem Familienbetrieb kommen vor allem ausgezeichnete Blanc de Blancs aus dem Traubengut einiger der besten Lagen der Côte des Blancs. Die Weine zeichnen sich vor allem durch Feinheit und Eleganz aus.

Die Produkte:

Brut Tradition aus Pinot Noir, Pinot Meunier und Chardonnay.

Brut Rosé aus Chardonnay, durch Zugabe von Rotwein aus Pinot Noir.

Brut Réserve Blanc de Blancs ganz aus Chardonnay, elegant und ausgewogen, zum Aperitif.

Brut Cuvée Prestige Grand Cru Blanc de Blancs ganz aus Chardonnay von Grand-cru-Lagen assembliert und 3 Jahre im Keller gereift.

Brut Millésimé Grand Cru Blanc de Blancs ausschließlich aus Chardonnay von Grand-cru-Lagen, mindestens 4 Jahre gereift, der beste Wein des Hauses.

> Gründungsjahr: 1948
> Besitzer: Christophe und Frédéric Pernet
> Reben im Eigenbesitz: 16 Hektar
> Angestellte: 8
> Jahresproduktion: 75 000 Flaschen

Champagne Joseph Perrier
51016 Châlons-sur-Marne
Négociant-Manipulant

Eine alte, angesehene und häufig unterschätzte Marke, die in Deutschland und der Schweiz zu Unrecht wenig bekannt ist, dafür aber in England viel Beachtung genießt, dem Land, das rund ein Drittel der Produktion absorbiert. Joseph Perrier, im Jahre 1825 gegründet, stand seit 1888 über ein Jahrhundert lang im Besitz der gleichen Familie. Heute wird das Haus von der Alain-Thiénot-Gruppe kontrolliert. Es besitzt 21 Hektar Reben in den besten Lagen der Champagne wie Cumières, Damery und Hautvillers, die rund ein Drittel des Traubenbedarfs decken.

Der Stil:

Der ganz auf Tradition und Diskretion setzende Betrieb bietet eine komplette Palette fruchtiger, abgerundeter, sehr zuverlässiger Champagner an, die Einsteigern wie Kennern gefallen. Das Haus produziert ferner stille Rot- und Weißweine der Appellation Coteaux Champenois und einen Marc de Champagne.

Die Produkte:

Cuvée Royale Brut aus 35 Prozent Chardonnay und 65 Prozent Pinot Noir und Pinot Meunier assembliert, eleganter, fruchtiger, geschmeidiger und vollmundiger Wein mit gutem Preis-Freude-Verhältnis.

Cuvée Royale Demi-sec halbtrocken dosierter Verschnitt der drei Rebsorten.

Cuvée Royale Brut Blanc de Blancs elegante Chardonnay-Cuvée aus den besten Grundweinen des Hauses. Raffinierter Aperitif.

Cuvée Royale Brut Millésimé aus 50 Prozent Chardonnay und 50 Prozent Pinot Noir, vor der Auslieferung mindestens 5 Jahre auf der Flasche gereift, vollmundig, reichhaltig, aromatisch und abgerundet.

Cuvée Royale Brut Rosé aus 75 Prozent Pinot Noir und 25 Prozent Chardonnay davon 12 Prozent Rotwein aus Cumières, kann ein ganzes Mahl begleiten.

Cuvée Josephine aus 55 Prozent Pinot Noir und 45 Prozent Chardonnay. Besonders erfreulicher, eleganter, raffinierter Champagner in einer schönen Flasche – für besondere Gelegenheiten, fürs Fest.

Gründungsjahr: 1825
Besitzer: Alain Thiénot
Reben im Eigenbesitz: 21 Hektar
Angestellte: 30
Jahresproduktion: 650 000 Flaschen

Champagne Perrier-Jouët
51200 Épernay
Négociant-Manipulant

Das bekannte Haus wurde 1811 vom Ehepaar Nicolas Marie Perrier und Adèle Jouët gegründet. Deren Sohn Charles Perrier war einer der ersten Champagnerproduzenten, der trockene Champagner mit Jahrgang für die englische Kundschaft des Hauses produzierte. Er erwarb Rebberge in den besten Lagen der Champagne, wie Aÿ, Mailly, Dizy, Verzenay, vor allem aber Avize und Cramant in der Côte des Blancs, deren Weine er besonders schätzte. 1959 wurde Perrier-Jouët von G.H. Mumm aufgekauft und gehörte damit lange zur kanadischen Getränkegruppe Seagram, die sich 1999 von beiden Häsuern trennte. Die 65 Hektar eigene Reben decken knapp 40 Prozent des Bedarfs an Trauben. In den Kreidekellern in Épernay lagern ständig mehr als 10 Millionen Flaschen.

Der Stil:

Die Weine aus dem Hause Perrier-Jouët, allen voran die bekannte Sondercuvée Belle Époque in der charakteristischen, blumenverzierten Flasche, sollen Eleganz, Harmonie und Finesse ausdrücken. Viele Weinkritiker zählen das Haus denn auch zur Spitzengruppe der großen Marken. Das scheint besonders in den letzten Jahren eher übertrieben. Ein Großteil der Weine aus dem Haus sind ordentliche Mittelklasse, und auch die oben zitierte Sondercuvée scheint seit längerem etwas von ihrer Magie und ihrem Glanz verloren zu haben.

Die Produkte:

Grand Brut Verschnitt von Grundweinen aus der Montagne de Reims, dem Vallée de la Marne und der Côte des Blancs.

Brut Millésimé zuverlässige, klassische Jahrgangscuvée.

Blason de France schön verpackte Sondercuvée in einer Brut- und einer Rosé-Variante, beides fruchtige, geschmeidige, gefällige Weine mittlerer Komplexität.

Cuvée Belle Epoque Millésimé elegant und raffiniert – und besonders schön verpackt.

Cuvée Belle Époque Rosé Millésimé die vielleicht schönste Cuvée des Hauses, ein fast dekadent würziger, einschmeichelnder, geschmeidiger Rosé für zärtliche Viertelstunden.

> Gründungsjahr: 1811
> Besitzer: Hicks Muse/Grey
> Reben in Eigenbesitz: 65 Hektar
> Angestellte: 74
> Jahresproduktion: 2,5 Millionen Flaschen

Champagne Philipponnat
51160 Mareuil-sur-Aÿ
Négociant-Manipulant

Die Philipponnats waren ursprünglich Winzer, ehe sie ihr Glück im Weinhandel suchten. Im Jahre 1935 erwarben sie die 5,5 Hektar des eindrücklichen Rebberges Clos des Goisses in Mareuil-sur-Aÿ und schuffen mit der herrlichen Lagencurá, deren Grundwein einzig aus Trauben dieses Rebbergs stammen, eine der Legenden der Champagne. 1987 bis 1997 gehörte der mittelgroße Qualitätsbetrieb zur Marie-Brizard-Gruppe, die ihn an die neu geschaffene Holding Chanoine Boizel Champagne abtrat. Der Verkauf ging nicht ganz reibungslos über die Bühne, traten die Angestellten doch in den Ausstand, um gegen die unfairen Personal-maßnahmen zu protestieren, die offenbar eine der Bedingungen des Kaufes darstellten. Zu Philipponnat gehört auch die kleine Marke Abel Lepitre.

Der Stil:

Philipponnat hat das Zeug zur ganz großen Marke. Seine zum Großteil aus Pinot Noir assemblierten Cuvées besitzen einen unverwechselbaren Charakter und schiere Kraft, und die ganz aus Pinot Noir komponierte Lagencuvée Clos des Goisses könnte einer der ganz großen, exklusiven Champagner sein. Dieses außergewöhnliche Potential hat der langjährige Besitzer Marie Brizard nie voll ausgeschöpft. Es steht zu hoffen, dass dies die neuen Eigner nachholen. Philipponnat ist daher eine Marke, die man im Auge behalte sollte.

Die Produkte:

Royale Réserve Brut aus 30 Prozent Chardonnay und 70 Prozent Pinot Noir und Pinot Meunier, kräftig, geradlinig, bekömmlich.

Réserve Brut Rosé fruchtiger, zuverlässiger Rosé für alle Gelegenheiten.

Le Reflet du Millénaire dank höherem Chardonnay-Anteil rassig und elegant, schmeckt besonders gut zu Fischgerichten.

Réserve Spéciale Millésimé aus Chardonnay und Pinot Noir, klassischer, charaktervoller Jahrgangschampagner.

Grand Blanc Millésimé ganz aus Chardonnay assembliert.

Clos des Goisses Millésimé verdankt seine besondere Fruchtigkeit und Kraft den von der Sonne verwöhnten Pinot-Noir-Trauben des Bilderbuchrebbergs Clos des Goisses in Mareuil-sur-Aÿ. Mit einer der schönsten Weine der Champagne.

> Gründungsjahr: 1910
> Besitzer: Groupe Boizel Chanoine Champagne
> Reben im Eigenbesitz: 16 Hektar
> Angestellte: 20
> Jahresproduktion: 800 000 Flaschen

Champagne Pol Roger
51206 Épernay
Négociant-Manipulant

Winston Churchill schwor auf diese Marke, die daher in England besonderen Bekanntheitsgrad genießt. Sie steht immer noch im Besitz der Gründerfamilie und wird heute von Christian de Billy und Christian Pol Roger geleitet. Gegründet wurde sie 1849 in Aÿ. Zusammen mit Krug, Bollinger und Billecart-Salmon bildet Pol Roger das qualitative Spitzenquartett der Champagne. Wie Billecart-Salmon von eher diskretem Naturell, verdiente Pol Roger in unseren Breiten größere Beachtung.

Der Stil:

Alle Produkte des Hauses sind von ausgesuchter Qualität und von einem ganz dem Raffinement, der Eleganz, der Delikatesse und der Harmonie verpflichteten Stil. Die Jahrgangschampagner sind äußerst gut strukturiert und vielschichtig und reifen ausgezeichnet auch nach der Auslieferung. Ursprünglich überwiegend aus Pinot Noir gekeltert, besteht in den letzten Jahren eine Tendenz hin zu etwas mehr Chardonnay in den Assemblagen, ohne dass die Champagner des Hauses dafür an Charakter eingebüßt haben.

Die Produkte:

Brut Réserve sans Année aus Chardonnay, Pinot Noir und Pinot Meunier zu gleichen Teilen, elegant und ausgewogen, als festlicher Aperitif.

Brut Millésimé aus 60 Prozent Pinot Noir und 40 Prozent Chardonnay, hervorragende Jahrgangscuvée, fruchtig und gut strukturiert, von großer Eleganz. Reift ausgezeichnet auch nach der Auslieferung. Für besondere Gelegenheiten, zum festlichen Mahl.

Brut Blanc de Chardonnay Millésimé aus 100 Prozent Chardonnay, von herausragender Eleganz und Frische, mit verführerischem, fruchtig-blumigem Bukett.

Brut Rosé Millésimé aus 70 Prozent Pinot Noir und 30 Prozent Chardonnay, eleganter Rosé mit delikater Frucht, Wein für Verliebte.

Demi-sec halbtrocken ausgebaut.

Réserve Spéciale PR aus 50 Prozent Chardonnay und 50 Prozent Pinot Noir, vielschichtig und von außergewöhnlicher Harmonie.

Cuvée Sir Winston Churchill je nach Jahr aus rund 2/3 Pinot Noir, und 1/3 Chardonnay, interessant im Alter von 10 Jahren, dann besonders vollmundig, würzig, delikat und harmonisch.

Gründungsjahr: 1849
Besitzer: Familie Pol Roger
Reben im Eigenbesitz: 85 Hektar
Angestellte: 55
Jahresproduktion: 1.500 000 Flaschen

Champagne Pommery
51053 Reims
Négociant-Manipulant

Einer der ganz großen Namen der Champagne und mit einer der mengenmäßig bedeutendsten Champagnerproduzenten, jedoch eher für durchschnittliche Qualität bekannt als für Weine, die seinem klingenden Namen würdig sind. Pommery verdankt seinen Erfolg einer der vielen tüchtigen Witwen der Champagne, nämlich Louise Pommery, die das Haus ab 1858 leitete. Bis 1979 stand der Betrieb im Besitz ihrer Nachfahren, und noch heute amtet dort ein Mitglied der ehemaligen Besitzerfamilie als Oenologe: Prinz Alain de Polignac. Danach wechselten die Besitzer: Von 1979 bis 1984 gehörte das Haus dem Geschäftsmann Xavier Gardinier (heute Château Phélan Ségur in Bordeaux) und von 1984 bis 1991 der Danone-BSN-Gruppe. 1991 kam es in den Besitz des Luxuskonzerns LVMH.

Der Stil:

Pommery besitzt 300 Hektar Reben in sieben Grands crus: Avize, Cramant und Sillery für den Chardonnay; Aÿ, Bouzy, Mailly und Verzenay für den Pinot Noir. Das müsste eigentlich die Qualität der Weine dieser Marke garantieren. Leider weiß man bei Pommery offenbar immer noch nicht, dieses Potential voll auszuschöpfen. Die meisten Schäumer der Marke sind nur von durchschnittlicher Qualität und etwas ältlichem, schwerfälligem Stil. Erfreulich immerhin der neu lancierte Blanc de Noirs Wintertime.

Die Produkte:

Pommery Brut Royal aus Chardonnay, Pinot Noir und Meunier, davon 1/3 Chardonnay, 3 Jahre gereift.

Pommery Brut Royal Apanage 6 Monate länger gereift als der Brut Royal.

Pommery Brut Rosé

Blanc de Blancs Summertime ganz aus Chardonnay, leicht und bekömmlich.

Blanc de Noirs Wintertime ganz aus Pinot Noir und Meunier, fruchtig und kräftig, zur Zeit die empfehlenswerteste Cuvée des Hauses.

Brut Millésimé aus Grand-cru-Grundweinen, reift vor der Auslieferung mindestens 4 Jahre.

Cuvée Louise Spezialcuvée aus Grand-cru-Grundweinen, der Pinot Noir stammt aus Aÿ, der Chardonnay von Avize und von Cramant.

> Gründungsjahr: 1836
> Besitzer: LVMH
> Reben im Eigenbesitz: 300 Hektar
> Angestellte: 320
> Jahresproduktion: 6 Millionen Flaschen

Champagne Louis Roederer
51100 Reims
Négociant-Manipulant

Eine der ganz großen Marken der Champagne, immer noch im Besitz der Erben der Gründerfamilie. Louis Roederer I., ein gebürtiger Elsässer, trat 1827 in den von seinem Onkel gegründeten Betrieb in Reims ein. Als er 1870 verstarb, gehörte das Haus zu den wichtigsten Exportbetrieben der Champagne. 1876 wurde die berühmte Marke Cristal kreiert, und zwar im Auftrag des russischen Zaren Alexander II. Ab den dreißiger Jahren des 20. Jahrhunderts führte Camille Olry-Roederer den Betrieb. 1975 erbte ihre Tochter Claude Rouzaud das Haus. Heute ist deren ältester Sohn, Jean-Claude Rouzaud, für Roederer verantwortlich. Roederer verdankt seine außergewöhnliche Klasse nicht zuletzt den 190 Hektar Reben, die sich auf die besten Anbaugebiete der Champagne verteilen. In den besten Jahren deckt Roederer damit über 70 Prozent seines Bedarfs an Trauben aus eigener Produktion. 75 Hektar liegen in der Côte des Blancs, der Rest in der Montagne de Reims und dem Vallée de la Marne. Alle Rebberge profitieren von einer Klassierung als Premier- oder als Grand-cru-Lage.

Das Haus verfügt ferner über erstaunliche Mengen an Reserveweinen: 800 000 Liter warten in 150 verschiedenen Holzbottichen darauf, in einer Assemblage zu dienen, ein Besitz von unschätzbarem Wert, der es den

Verantwortlichen erlaubt, den Weinen ohne Jahrgang den typischen Roederer-Charakter zu verleihen.

Die Produkte:

Brut Premier aus 66 Prozent Pinot Noir und 34 Prozent Chardonnay, aus den Grundweinen von mindestens vier verschiedenen Jahrgängen hergestellt und 4 Jahre im Keller gereift. Einer der harmonischsten, vollmundigsten Brut der Champagne, was seinen Preis rechtfertigt.

Blanc de Blancs und **Blanc de Blancs Millésimé** ganz aus Chardonnay der familieneigenen Rebberge. Außerordentlich finessenreicher, eleganter Aperitifwein für besondere Gelegenheiten.

Brut Vintage ungewöhnlich reifer, vollmundiger Jahrgangschampagner von der Noblesse einer Spezialcuvée. Zum Festmahl.

Brut Rosé aus 80 Prozent Pinot Noir und 20 Prozent Chardonnay, klassischer Rosé, harmonisch und fruchtig.

Grand Vin Sec im Gegensatz zu dem, was der Name suggeriert, ein leicht süß dosierter Wein, dennoch elegant, weich, subtil.

Cristal Brut Millésimé eine der Legenden der Champagne, in Kleinauflage aus Trauben assembliert, die in Grand-cru-Lage wachsen. Klar wie ein Bergbach, frisch und von unglaublich dezenter, leckerer Aromatik. Ein Wein, den man sich mindestens einmal im Leben leisten sollte.

     Gründungsjahr: 1776
     Besitzer: Familie Rouzaud
     Reben im Eigenbesitz: 190 Hektar
     Angestellte: 140
     Jahresproduktion: 2,7 Millionen Flaschen

Champagne Ruinart
51100 Reims
Négociant-Manipulant

Dom Thierry Ruinart war ein Mönch und Weintechniker, ähnlich wie der berühmt-berüchtigte Dom Pérignon, und die Fabel, die seine Nachfahren um sein Leben und Wirken gestrickt haben, steht auf ähnlich wackeligen Füßen wie die um den Kellermeister aus Hautvillers. Tatsache ist dafür, dass Dom Ruinarts Neffe Nicolas Ruinart im Jahre 1729 offiziell das erste Champagnerhaus überhaupt gründete. Pioniere waren auch seine Nachfolger, die als Erste auf die Idee kamen, die stillgelegte Kalksteinbrüche in der Nähe von Reims zu erwerben, die teilweise aus gallo-römischer Zeit stammten, um dort ihre Weine zu lagern. Heute stehen diese besuchenswerten Katakomben des Weins unter Denkmalschutz. 1963 wurde das Unternehmen, das bis dahin in den Händen der Gründerfamilie geblieben war, von Moët & Chandon erworben und gehört heute zum Luxuskonzern LVMH (Louis Vuitton-Moët-Hennessy).

Der Stil

Ruinart pflegt den Stil der Chardonnay-betonten, luftigen und eleganten Weine ausgesuchter Qualität – vielleicht manchmal etwas auf Kosten von Konzentration und Länge. Den Weine der Serie „R" fehlt es etwas an Persönlichkeit. Dom Ruinart Rosé und Blanc de Blancs sind dafür besonders empfehlenswert.

Die Produkte:

„R" de Ruinart Brut aus allen drei Rebsorten der Champagne, gefällig, zuverlässig.
„R" de Ruinart Brut Millésimé elegant und bekömmlich, mittelgewichtig.
„R" de Ruinart Brut Rosé zuverlässiger, klassischer Rosé für alle Gelegenheiten.
Dom Ruinart Blanc de Blancs Brut Millésimé ausschließlich aus Grundweinen der Côte des Blancs gekeltert. Einer der liebenswürdigsten, bekömmlichsten, feingliedrigsten, luftigsten Weine der Champagne, für zärtliche Stunden.
Dom Ruinart Brut Rosé Millésimé betont eleganter, raffinierter Rosé – zu Vorspeisen, zu einem leichten Mahl.

Gründungsjahr: 1729
Besitzer: LVMH (Louis Vuitton-Moët-Hennessy)
Reben im Eigenbesitz: 15 Hektar
Angestellte: 79
Jahresproduktion: 2,2 Millionen Flaschen

Champagne De Sousa & Fils
51190 Avize
Récoltant-Manipulant

De Sousa ist ein Kleinbetrieb, bekannt für Weine ausgesuchter Qualität zu vernünftigen Preisen. Der Betrieb wurde im Jahre 1948 gegründet. Die Familie besitzt Reben in drei Grand-cru-Gemeinden der Côte des Blancs: Avize, Cramant und Oger. Seit 1986 bewirtschaftet Erick de Sousa den Betrieb, zusammen mit seiner Frau Michelle. Trauben einwandfreier Qualität aus den besten Lagen und bei optimaler Reife geerntet, bilden die Basis für die hervorragenden Cuvées des kleinen Hauses. De Sousa weiß auch mit der Zeit zu gehen: Auf einem gut gemachten, mehrsprachigen Internetseite (www.champagnedesousa.com) erfahren Netsurfer alles Wissenswerte über das kleine Haus.
Der Stil:
Wie alle Selbstkelterer aus der Côte des Blancs ist auch de Sousa ein Spezialist des Chardonnay. Brut Réserve und vor allem der überaus empfehlenswerte Jahrgangschampagner, zu hundert Prozent aus dieser Sorte gekeltert, sind deshalb von besonderer Frische und Rasse.
Die Produkte:
Brut Tradition die einfachste Cuvée des Hauses, ein Verschnitt aller drei Rebsorten, mit einem Chardonnay-Anteil von 50 Prozent. Existiert auch als Demi-Sec.
Brut Réserve ganz aus Chardonnay-Trauben gekeltert, die in Grand-cru-Lagen der Côte des Blancs reifen. Kommt erst im Alter von etwa 3 Jahren auf den Markt, also voll ausgereift.
Brut-Rosé ein Brut, der zusätzlich mit 8 Prozent Pinot-Noir-Rotwein verschnitten wurde.

Brut Millésimé das Aushängeschild des Hauses. Eine herrlich fruchtige, rassige Chardonnay-Cuvée aus in Grand-cru-Lagen gereiften Trauben.

> Gründungsjahr: 1948
> Besitzer: Erick De Sousa
> Reben im Eigenbesitz: 6 Hektar
> Angestellte: 4
> Jahresproduktion: 50 000 Flaschen

Champagne Alain Soutiran
51150 Ambonnay
Négociant-Manipulant

Die Soutirans sind Winzer seit sechs Generationen. 1970 gründete Alain Soutiran seinen eigenen Betrieb. Heute gehören 8,3 Hektar Anbaufläche in Ambonnay und Umgebung zu seiner Domäne. Fast zwanzig Jahre arbeitete Alain Soutiran als Récoltant-Manipulant, als selbst kelternder Winzer, der nur Weine seiner Domänen verarbeitet. In der zweiten Hälfte der neunziger Jahre entschloss er sich zum Wechsel seines Statuts und wurde zum Négociant-Manipulant, wie vieler seiner Kollegen. Weiteres Erntegut stammt daher aus dem Zukauf von Trauben aus 12 Hektar Grands crus und Premiers crus in der näheren Umgebung, teils bei Mitgliedern seiner Familie.

Der Stil:
Alain Soutiran produziert qualitativ hochstehende, technisch einwandfrei vinifizierte Champagner mit viel Eigencharakter. Als Spezialist der Sorte Pinot Noir offeriert er fleischige, fruchtige Cuvées mit kräftigen, unverwechselbaren Aromen. Doch auch sein Blanc de Blancs und sein Rosé verdienen Beachtung, ebenso wie der stille Rotwein der Appellation Coteaux de Champenois, auf den der Hausherr besonders stolz ist.

Die Produkte:
Brut Grand Cru aus 70 Prozent Pinot Noir und 30 Prozent Chardonnay, kräftiger, fleischiger Wein, der bestens zu einer deftigen Mahlzeit passt.

Brut Grand Cru Millésimé aus 65 Prozent Pinot Noir und 35 Prozent Chardonnay.

Brut Rosé Grand Cru nach alter Art aus zu Rosé ausgebautem Pinot Noir hergestellt, fruchtig und eindrücklich.

Brut Blanc de Blancs Grand Cru ganz aus Chardonnay zwei verschiedener Ernten, saftig, rassig, von herber Eleganz.

Gründungsjahr: 1970
Besitzer: Alain Soutiran
Reben im Eigenbesitz: 8,3 Hektar
Angestellte: 5
Jahresproduktion: 130 000 Flaschen

Champagne Taittinger
51000 Reims
Négociant-Manipulant

Qualitätshaus in Familienbesitz, gegründet im Jahr 1734. In den Besitz der Familie Taittinger und damit zu seinem heutigen Namen 1931 gekommen. Im Jahr 1987 hat sich Taittinger eine Winery im Napa Valley geleistet, die Domaine Carneros, die einen viel beachteten *sparkling wine* produziert. Zur Familienholding gehören ferner die kleine Champagnermarke Irroy, die Hotelkette Campanile und der Schaumweinhersteller Bouvet-Ladubay in der Loire.

Taittinger besitzt einen der schönsten unterirdischen Keller in Reims sowie das stilvolle Schlösschen Château de la Marquetterie in Pierry. Seit 1960 steht Claude Taittinger an der Spitze des erfolgreichen Unternehmens.

Der Stil:

Die meisten Cuvées des Hauses sind von zuverlässiger bis ausgesuchter Qualität, auch wenn der einfache Brut etwas unter seiner hohen Dosage leidet. Taittinger macht ein Geheimnis um die Zusammensetzung seiner Cuvées, gibt also nie bekannt, zu welchen Proportionen sie aus welcher Sorte verschnitten sind. Mit einer Ausnahme: Die Sondercuvée Comtes de Champagne ist ein reinrassiger

Blanc de Blancs und eine der besten Chardonnay-Cuvées der Champagne. Weniger zum Trinken als zum Sammeln sind die gesuchten und daher teuren Sondercuvées der Serie „Collection", deren Flasche jedes Jahr von einem anderen namhaften Künstler gestaltet wird. Etwa Victor Vasarely (Brut 1978), Arman (Brut 1980), André Masson (Brut 1982), Vieira da Silva (Brut 1983), Roy Lichtenstein (Brut 1985), Hans Hartung (Brut 1986) und Toshimitsu Imai (Brut 1988).

Die Produkte:

Brut Réserve gefällig, rund, einfach, für alle Gelegenheiten.

Brut Millésimé aus Chardonnay und Pinot Noir, vollmundig und zuverlässig.

Brut Prestige Rosé klassischer Rosé.

Comtes de Champagne Blanc de Blancs Brut Millésimé exquisiter, betont eleganter, luftiger und raffinierter Wein und mit eine der besten Chardonnay-Cuvées der Champagne.

Comtes de Champagne Rosé Brut Millésimé eleganter, raffinierter Rosé – zu einer festlichen, ausgewogenen Mahlzeit.

Taittinger Collection Millésimé teure Sondercuvée zu Sammeln. Doch auch der Inhalt ist nicht ohne: Er besteht aus ausgesuchten Grundweinen des betreffenden Jahres.

> Gründungsjahr: 1734
> Besitzer: Familie Taittinger
> Reben im Eigenbesitz: 265 Hektar
> Angestellte: 220
> Jahresproduktion: 4,7 Millionen Flaschen

Champagne Alain Thiénot
51500 Taissy
Négociant-Manipulant

Alain Thiénot war Bankier und Champagnermakler, bevor er 1980 sein eigenes Haus gründete. Er residiert in hochmodernen Gebäuden und besitzt Weinberge in Aÿ, Mesnil-sur-Oger, Dizy und Pierry. Alain Thiénot ist außerdem Besitzer von

Château Rahoul und drei weiteren Gütern im Bordelais sowie von Champagne Marie Stuart. Seit kurzem kontrolliert er auch die bekannte Champagnermarke Joseph Perrier in Châlons-en-Champagne.

Der Stil:

Unter dieser Marke wird eine überschauliche Palette zuverlässiger, ausgezeichnet gemachter, lebhafter, weil säurebetonter und fruchtiger Champagner angeboten.

Die Produkte:

Brut aus 25 Prozent Chardonnay, 35 Prozent Pinot Noir und 20 Prozent Pinot Meunier.

Millésimé aus 70 Prozent Chardonnay und 30 Prozent Pinot Noir, herb, frisch, gut reifend.

Rosé Millésimé traditionell hergestellter Rosé.

Grande Cuvée Millésimé die Spitzencuvée aus 60 Prozent Pinot Noir, 30 Prozent Chardonnay und 10 Prozent Pinot Meunier, vollmundig, rassig, fleischig, ein temperamentvoller und doch nicht aggressiver Champagner zu einem fröhlichen Mahl.

Gründungsjahr: 1985
Besitzer: Alain Thiénot
Reben im Eigenbesitz: 23 Hektar
Angestellte: 27
Jahresproduktion: 300 000 Flaschen

Champagne Vranken Monopole
51130 Vertus
Négociant-Manipulant

Paul-François Vranken ist einer der erfolgreichsten Jungunternehmer der Champagne. 1975 hat er sein eigenes Champagnerhaus gegründet: Ein Vierteljahrhundert später steht er einem Imperium von Marken vor, zu dem neben Vranken auch etwa Heidsieck Monopole, Germain, Charles Lafitte und Barancourt gehören. Die Marke Demoiselle, mittlerweile die wichtigste des Hauses, ist eine Kreation aus dem Jahr 1985. Die Vranken-Gruppe besitzt rund 200 Hektar eigene Reben und produziert gut zehn Millionen Flaschen jährlich. Damit gehört sie mit zu den wichtigsten Champagnerproduzenten überhaupt.

Der Stil:

Den Stil der Weine, die unter den Marken Barancourt und Heidsieck Monopole vertrieben werden, haben wir unter diesen Marken beschrieben. Die meisten Schäumer aus den Kellern der Gruppe Vranken sind zuverlässige Mittelklasse. Galt die Marke Demoiselle in der zweiten Hälfte der achtziger Jahre als ausgezeichnete Sondercuvée mit Jahrgang, schmücken deren Etikett heute eher langweilige Weine. Am besten schmecken mittlerweile die Cuvées unter dem Label Charles Lafitte. Doch alles schient immer in Bewegung bei Vranken, und was heute gilt, ist vielleicht morgen schon wieder überholt …

Die Produkte:

Champagne Demoiselle Brut aus 60 Prozent Pinot Noir und 40 Prozent Chardonnay, ausgewogen, gefällig, für alle Gelegenheiten.

Cuvée 21 Le Secret de Demoiselle zum 21-jährigen Bestehen des Hauses kreiert, elegante Flasche mit Metallverzierungen.

Vranken Monopole Brut ganz aus Chardonnay, als Aperitif oder zu Schalentieren.

Charles Laffitte Cuvée 2000 aus 50 Prozent Chardonnay und 50 Prozent Pinot Noir, lebhafter, kräftiger Champagner fürs Fest, zu einem leichten Mahl.

Gründungsjahr: 1976
Besitzer: Paul-François Vranken für mehr als die Hälfte der Anteile
Reben im Eigenbesitz: 200 Hektar
Angestellte: 200
Jahresproduktion: 10 Millionen Flaschen

Champagne de Venoge
51200 Épernay
Négociant-Manipulant

Kleines Champagnerhaus, das im Jahr 1837 durch Henri-Marc de Venoge, einem reichen Schweizer aus der Waadt gegründet wurde. Wie viele Häuser hat es seinen Sitz an der Avenue de Champagne in Épernay. 1996 ist de Venoge zur Rémy-Cointreau-Gruppe gestoßen. Diese investierte in eine neue, moderne Kellerei und erwarb zusätzliche 17 Hektar Rebbesitz in der Montagne de Reims. Kurze Zeit später kam die Marke an die neu gegründete Holding Boizel Chanoine Champagne, an der auch Bruno Paillard beteiligt ist.

Der Stil:

Den Basisweinen von De Venoge mangelte es etwas an Charakter. Wie weit die Investitionen und der erneute Besitzerwechsel sich diesbezüglich positiv auswirken werden, bleibt abzuwarten. Interessanter sind der Blanc de Noirs und die elegante, aber nicht billige Sondercuvée Champagne des Princes.

Die Produkte:

Cordon Bleu Brut Sélect einfacher, ausgewogener Brut für alle Gelegenheiten.
Cordon Bleu Demi-sec wie Brut, aber halbtrocken dosiert.
Rosé Brut einfacher, eher neutraler Rosé.
Cordon Bleu Blanc de Blancs Millésimé ganz aus Chardonnay gekeltert, elegant und bekömmlich, zum Aperitif.
Le Grand Vin des Princes Millésimé in eine karaffenähnliche Flasche abgefüllt, elegant und delikat, sehr fruchtig, zum Aperitif für besondere Gelegenheiten.
Cordon Bleu Millésimé vor der Auslieferung mindestens 5 Jahre gereift.
Blanc de Noirs saftiger, kräftiger, fruchtiger Champagner ganz aus Pinot Noir, zum Picknick.

Gründungsjahr: 1837
Besitzer: Gruppe Boizel Chanoine Champagne
Reben im Eigenbesitz: 115 Hektar
Angestellte: 5
Jahresproduktion: 800 000 Flaschen

© Sigloch Edition, Zeppelinstraße 35a, D-74653 Künzelsau
Internet: www.sigloch.de
Der Autor: Rolf Bichsel ist Chefredakteur
des internationalen Weinmagazins Vinum,
CH-8030 Zürich
Internet: www.ivinum.com
Nachdruck verboten. Alle Rechte vorbehalten. Printed in Germany
Reproduktion: Otterbach Repro, Rastatt
Satz: Sigloch Edition, Künzelsau
Druck: W. Kohlhammer, Stuttgart
Papier: 115 g/m² nopaCoat matt, Nordland Papier AG, Dörpen
Bindearbeiten: Sigloch Buchbinderei, Künzelsau
ISBN 3-89393-191-0